Max Lucado

Wie man Riesen besiegt

Meistern Sie die Widrigkeiten des Lebens

Über den Autor

Max Lucado ist Pastor der *Oak Hills Church* in San Antonio, Texas. Er ist verheiratet, Vater von drei Töchtern und Verfasser vieler Bücher. Über 130 Millionen Exemplare seiner Werke wurden inzwischen weltweit verkauft. Die Zeitschrift *Christianity Today* zählt ihn zu den bekanntesten christlichen Autoren unserer Zeit.

MAX LUCADO

Wie man Riesen besiegt

Meistern Sie die Widrigkeiten des Lebens

Aus dem Englischen
von Jens Uhder

GerthMedien

MIX
Papier aus verantwortungsvollen Quellen
FSC® C083411

Verlagsgruppe Random House FSC® N001967
Das für dieses Buch verwendete FSC®-zertifizierte Papier
Munken Premium Cream liefert Arctic Paper Munkedals AB, Schweden.

Die amerikanische Originalausgabe erschien im Verlag W Publishing Group
unter dem Titel „Facing Your Giants".
Originally published in the USA under the title: Facing Your Giants

1. Auflage der Sonderausgabe 2016
Best.-Nr. 817132
ISBN 978-3-95734-132-7

Umschlaggestaltung: Hanni Plato
Umschlagfoto: Steve Gardner, PixelWorks
Satz: Greiner & Reichel GmbH, Köln
Druck und Verarbeitung: CPI books GmbH, Leck
Printed in Germany

INHALT

Als Goliat sich in Bewegung setzte
und auf David losstürzen wollte,
lief auch David ihm entgegen.

1. Samuel 17,48 (Hfa)

1
IM ANGESICHT DES RIESEN

Der schmächtige Junge mit dem bartlosen Milchgesicht kniet am Bach. Die Knie sind feucht vom Uferschlamm, und das frische Wasser umspült kühl seine Hand. Wenn er darauf achten würde, könnte er im Spiegel des Wassers seine ebenmäßigen Züge erblicken: Kupferrotes Haar, ebenmäßig gebräunte Haut und Augen, die den Mädchen im Land den Atem rauben. Doch er hat kein Auge für sein Spiegelbild. Er ist auf der Suche nach Steinen – nach Steinen aus dem Fluss. Schönen glatten Bachkieseln, die sich gut in einer Hirtentasche transportieren lassen, und die in eine lederne Steinschleuder hineinpassen. Flach müssen sie sein und schwer, damit sie mit der Wucht eines Meteoriten den Schädel eines Löwen, eines Bären oder – in diesem Falle – eines Riesen treffen.

Goliat starrt vom gegenüberliegenden Hang herüber. Wenn er nicht so verblüfft wäre, dann würde er sich biegen vor Lachen. Er und das Heer der übrigen Philister machen die Hälfte des Tals zu einem Wald von Speeren. Es ist ein johlender, blutrünstiger Schlägertrupp mit Stirnbändern, Schlagstöcken und Stacheldraht-Tattoos. Goliat überragt sie alle. Mit seinen knapp drei Metern, seinen hautengen Hosen und einer 60 Kilo schweren Rüstung steht er da und prahlt drohend, wie ein Kämpfer in der „American Wrestling"-Meisterschaft. Er hat eine Kragenweite von 40 cm, einen Gurtumfang von 120 cm und einen Helm in Übergröße. Seine Bizepsmuskeln sind prall, seine Bauchmuskeln wie ein Waschbrett, und seine Stimme gellt durch das ganze Tal: „Ich verhöhne heute die Schlachtreihen Israels! Gebt mir einen Mann, dass wir miteinander kämpfen! (1. Samuel 17,10 RE). Wer traut sich? Wer von euch hat Mumm? Schickt mir euren besten Mann."

Niemand unter den Hebräern wagte sich hervor. Bis zu diesem Tag, an dem David auf den Plan tritt.

Erst an diesem Morgen war er im Lager erschienen. Er hatte sich kurzfristig vom Schafehüten abgemeldet, um seinen Brüdern an der Front ein wenig Brot und Käse vorbeizubringen. Aber als er mit ansehen musste, wie Goliat Gott verhöhnte, da fiel seine Entscheidung. Er nahm seinen Stab in die Hand und nun sucht er sich fünf glatte Steine aus dem Bach und legt sie in seine Tasche. Dann greift er nach seiner Schlinge und macht sich auf den Weg, um dem Philister gegenüberzutreten (1. Samuel 17,40).[1]

Goliat macht sich über den Jungen lustig und nennt ihn „Stockwürstchen". „Bin ich denn ein Hund, dass du mit Stöcken zu mir kommst?" (1. Samuel 17,43 RE). Der kleine, schmächtige David tritt dem stämmigen, schwergewichtigen Goliat gegenüber. Der winzige Zahnstocher fordert die Urgewalt des Sturms heraus. Das Fahrrädchen tritt dem Sattelschlepper gegenüber. Der Plüschdackel wagt sich mit dem Rottweiler in die Arena. Wie sehen wohl die Wetten aus in diesem Duell zwischen David und dem Riesen?

Vielleicht immer noch besser als im Duell zwischen Ihnen und Ihren eigenen Riesen. Ihr Goliat hat weder Schwert noch Schild. Er schwingt die blitzende Klinge von Arbeitslosigkeit, Einsamkeit, sexuellem Missbrauch oder Depression. Ihr Riese tritt Ihnen nicht in den Hügeln von Elah gegenüber, sondern im Büro, Ihrem Schlafzimmer oder im Klassenraum. Er kommt in Gestalt von Menschen, denen Sie einfach nie gerecht werden, und er wedelt mit Rechnungen, die Sie nicht bezahlen können, oder mit Leistungsanforderungen, die einfach nicht zu schaffen sind. Er peinigt Sie mit Schnapsflaschen oder mit pornografischen Verführungen, denen Sie nicht zu widerstehen vermögen, mit einer Karriere, die Sie auffrisst, einer Vergangenheit, die Sie nicht loslässt, oder einer Zukunft, die sich drohend vor Ihnen aufbaut.

Sie kennen das Gegröle Goliats nur zu gut.

Der Riese, dem David gegenübertrat, krakeelte tagtäglich, morgens und abends. „Vierzig Tage lang trat Goliat morgens und abends vor und forderte die Israeliten zum Zweikampf heraus“ (1. Samuel 17,16 GN). Dasselbe tut Ihr Riese. Morgens ist er der erste Gedanke, und abends der letzte – er beherrscht Ihr Leben und raubt Ihnen alle Freude.

Morgens ist Goliat Ihr erster Gedanke, und abends der letzte – er beherrscht Ihr Leben und raubt Ihnen alle Freude.

Wie lange stellt er Ihnen schon nach? Goliats Sippe war mit Israel bereits seit Langem verfeindet. Josua hatte sie dreihundert Jahre zuvor aus dem gelobten Land vertrieben. Er hatte alle vernichtet, bis auf die Bewohner von drei Städten: Gaza, Gath und Ashdod. Gath brachte Riesen hervor, wie der Yosemite Park Riesenbäume. Und raten Sie mal, wo Goliat aufgewachsen ist. Seine Vorfahren waren für die Israeliten in etwa das, was die Piraten einmal für die königlich britische Marine waren.

Als Sauls Soldaten Goliat erblickten, grummelten sie: „Nicht schon wieder! Mein Vater hat gegen seinen Vater gekämpft, und mein Großvater gegen seinen Großvater.“

Vielleicht haben Sie selbst schon ganz ähnliche Dinge geäußert: „Ich bin auf dem besten Weg, ein Workaholic zu werden, genau wie mein Vater.“

„In unserer Familie grassieren die gescheiterten Ehen wie eine Seuche, von Generation zu Generation.“

„Meine Mutter hatte auch keine dauerhaften Freundschaften. Hört das denn niemals auf?“

Goliat terrorisierte das Tal. Er ist zäher als ein zähes Steak und bissiger als Dobermannzwillinge. Schon morgens lauert er Ihnen auf, und lässt bis spät in die Nacht nicht von Ihnen ab. Er hat schon Ihren Vorfahren das Leben schwer gemacht, und jetzt trifft Sie dasselbe Los. Sein langer Schatten fällt auf Sie, raubt Ihnen das Sonnenlicht und taucht Ihr Leben in Zweifel. „Als Saul und die Männer Israels den Philister so reden hörten, erschraken sie und hatten große Angst“ (1. Samuel 17,11 GN).

Doch wem sage ich das? Sie kennen Goliat ja selbst nur zu gut. Sie erkennen ihn am Gang und Sie erschaudern vor dem Klang seiner Stimme. Sie haben ihn beständig vor Augen. Die Frage ist nur: Sehen Sie außer ihm sonst noch etwas anderes?

Sie sehen Ihren Goliat. Aber die Frage ist: Sehen Sie außer ihm noch etwas anderes?

Sie hören seine Stimme. Doch ist dies alles, was Sie hören? David sah mehr und hörte mehr. Lesen Sie einmal, was er gleich als Erstes sagte. Nicht erst als der Kampf begonnen hatte, sondern ganz zu Anfang: „Was wird man dem geben, der diesen Philister erschlägt und die Schande von Israel abwendet? Denn wer ist dieser unbeschnittene Philister, der das Heer des lebendigen Gottes verhöhnt?“ (1. Samuel 17,26)

Sie haben Ihren Goliat beständig vor Augen. Die Frage ist nur: Sehen Sie außer ihm sonst noch etwas?

David taucht auf der Bildfläche auf und bringt das Gespräch auf Gott. In den Äußerungen der Soldaten taucht Gott nicht auf, und auch bei Davids Brüdern war er offenbar kein Thema. David dagegen ist kaum im Lager, und schon bringt er den lebendigen Gott ins Spiel. Auch König Saul gegenüber tut er dies:

Er verliert kein Wort über die militärische Lage oder über die Siegeschancen. Alles, was man von ihm hört, ist die von Gott inspirierte Aussage: „Der Herr, der mich von dem Löwen und Bären errettet hat, der wird mich auch erretten von diesem Philister" (1. Samuel 17,37).

Auch Goliat gegenüber bleibt er beim Thema. Als der Riese ihn verspottet, gibt der junge Schafhirte ihm Folgendes zur Antwort:

Du kommst zu mir mit Schwert, Speer und Sichelschwert, ich aber komme zu dir im Namen des Herrn der Heere, des Gottes der Schlachtreihen Israels, den du verhöhnt hast. Heute wird dich der Herr mir ausliefern. Ich werde dich erschlagen und dir den Kopf abhauen. Die Leichen des Heeres der Philister werde ich noch heute den Vögeln des Himmels und den wilden Tieren (zum Fraß) geben. Alle Welt soll erkennen, dass Israel einen Gott hat. Auch alle, die hier versammelt sind, sollen erkennen, dass der Herr nicht durch Schwert und Speer Rettung verschafft; denn es ist ein Krieg des Herrn und er wird euch in unsere Gewalt geben.
(1. Samuel 17,45–47 EÜ)

Niemand sonst spricht von Gott. Doch David spricht überhaupt nur von Gott. Die Geschichte hat ganz offensichtlich ein Nebenthema, das erst auf den zweiten Blick offenbar wird. Es geht nicht nur um David und Goliat, sondern um die Frage, wer dominiert die Wahrnehmung – Gott oder der Riese?

David sieht etwas, was den anderen verborgen bleibt, und er weigert sich, Dinge zu sehen, die bei den anderen ganz im Mittelpunkt stehen. Alle außer David starren gebannt auf dieses brutale, Gift und Galle versprühende „Monster". Alle Kompassnadeln, außer Davids, sind auf den alles dominierenden magnetischen Pol der Philister eingenordet. Alle Aufzeichnungen kreisen um das tagtägliche Überleben im Schatten dieses schauderhaften Urmenschen. Man kennt ihn, seine Schreckensbotschaft, seine Gestalt, seine Forderungen, sein Gehabe. Bei ihnen drehte sich alles um Goliat.

Bei David dagegen dreht sich alles um Gott. Natürlich sieht er den Riesen auch, aber was sein Blickfeld dominiert, ist Gott. Achten Sie einmal genau auf den Schlachtruf Davids: „Du kommst zu mir mit Schwert, Speer und Sichelschwert, ich aber komme zu dir im Namen des Herrn der Heere, des Gottes der Schlachtreihen Israels" (1. Samuel 17,45).

Was hier ins Auge sticht, ist der Gebrauch des Plurals – „Heere" heißt es hier. Was für Heere? Der normale Beobachter sieht nur die Armee Israels, die hier aufmarschiert ist. Nicht aber David, er sieht Armeen von Alliierten, wie am Landungstag in der Normandie: Kompanien von Engeln, Heere von Heiligen, die Waffen des Windes und der Naturkräfte der Erde. Gott könnte den Feind mit Hagel bombardieren, wie er es zu Zeiten Moses tat, er könnte Festungswälle auf ihn niederstürzen lassen, wie zur Zeit Josuas, oder Donner losbrechen lassen, wie er es für Samuel tat.[2]

David sieht die Heere Gottes, und deshalb zögert er nicht, einfach so auf das versammelte Heer der Philister zuzurennen (1. Samuel 17,48).[3]

Davids Brüder halten sich die Augen zu, vor Angst und auch vor Scham. Saul seufzt resigniert, als der junge Hebräer seinem sicheren Ende entgegengeht. Goliat neigt den Kopf nach hinten vor Lachen, gerade so weit, dass sein Helm ein wenig nach hinten rutscht und einen Spalt seiner Stirn entblößt. David erblickt sofort die verwundbare Stelle und nutzt die Gelegenheit. Das rhythmische Sausen der Schleuder ist alles, was in diesem Augenblick im Tal zu hören ist. Ffffuuh. Ffffuuh. Ffffuuh. Der Stein rast durch die Luft und trifft den Schädel mit tödlicher Gewalt. Goliats Augen überkreuzen sich und die Beine sacken ihm weg. Er sinkt zu Boden. David rennt zu ihm hin, zerrt das

Schwert des Riesen aus der Scheide, spießt den Philister zunächst damit auf und schlägt ihm dann den Kopf ab.

Vielleicht denken Sie nun, dass David eben wusste, wie man einem solchen Riesen beikommt.

Wann haben Sie es das letzte Mal versucht? Wann sind Sie das letzte Mal einer Herausforderung mutig entgegengetreten? Wir neigen eher dazu, den Rückzug anzutreten, hinter einen Schreibtisch voller Arbeit, in den Nebel einer Kneipe oder in das verbotene Bett einer heimlichen Liebschaft. Auf diese Weise fühlen wir uns einen Moment lang sicher (einen Tag lang vielleicht, oder vielleicht auch ein Jahr), abgeschirmt, betäubt. Irgendwann jedoch geht uns die Arbeit aus, der Alkoholrausch lässt nach, oder die Liebschaft geht zu Ende, und dann gellt uns das Gebrüll Goliats wieder in den Ohren – unüberhörbar und überwältigend.

Vielleicht probieren Sie mal einen anderen Ansatz. Wie wäre es, wenn Sie mit einer ganz und gar von Gott durchtränkten Geisteshaltung Ihrem Riesen entgegentreten. Du Riese der Ehescheidung, du kommst mir nicht ins Haus! Du Riese der Depression, und wenn ich mein Leben lang kämpfen muss, du kriegst mich nicht klein! Du Riese des Alkohols, des Fanatismus und der Intoleranz, der Unsicherheit ... du hast ausgespielt. Wie lange ist es her, dass Sie Ihre Schlinge gebraucht und Ihrem Riesen eine gebührende Antwort entgegengeschleudert haben?

Allzu lange ist es her, sagen Sie? Dann ist David Ihr Vorbild. Gott nannte ihn „einen Mann nach meinem Herzen“ (Apostelgeschichte 13,22). Niemand anders wurde je so bezeichnet, weder Abraham noch Mose noch Joseph. Paulus nannte er seinen Apostel, Johannes „den Jünger, den er liebte“, doch nur einer von ihnen erhielt das Etikett „ein Mann nach Gottes Herzen“.

Treten Sie Ihrem Riesen mit einer von Gott durchtränkten Geisteshaltung entgegen.

Vielleicht lesen Sie die Geschichte von David und fragen sich, was Gott wohl so Besonderes an ihm gefunden haben mochte. Dabei fiel er ebenso oft auf die Nase, wie er den Sieg behielt. Er überwand Goliat, doch bei Bathseba ging er jämmerlich unter. Erst triumphiert er über die Gotteslästerer im Tal, und später tut er sich in der Wüste mit ihnen zusammen. Erst ist er das Sinnbild des Kämpfers für die gerechte Sache, und dann steckt er mit der Mafia unter einer Decke. Er konnte Armeen in die Schlacht führen, aber er schaffte es nicht, seiner eigenen Familie vorzustehen. David – mal blind vor Wut, dann wieder in Tränen aufgelöst, mal blutrünstig, dann wieder voller Leidenschaft für Gott, auf der einen Seite ein Mann mit acht Frauen, aber auch ein Mann, der seinem Gott treu war.

Und dieser Mensch war ein Mann nach dem Herzen Gottes? Das macht Mut. Die Biografie Davids wird einem makellosen Heiligen wohl kaum sonderlich zusagen. Musterchristen werden hier unweigerlich enttäuscht, alle anderen dagegen finden sie ermutigend. Wir sitzen auf derselben Achterbahn. Mal gelingt uns der große Wurf, dann wieder machen wir eine jämmerliche Bauchlandung, mal gibt es Soufflé, dann wieder verkohltes Toastbrot.

In seinen Sternstunden konnte niemand David das Wasser reichen, in seinen schwächsten Momenten konnte wohl kaum jemand tiefer sinken als er. Das Herz dieses Mannes, das Gott so liebte, war voller Licht und Schatten.

Wir haben diese Geschichte von David bitter nötig. Um uns herum lauern die Riesen: Ablehnung, Versagen, Rachsucht, Scham. Die Liste der Kämpfe, mit denen wir es zu tun haben, klingt beinahe wie der Saisonkalender eines Boxkampf-Veranstalters:

- Die Hauptattraktion des Abends ist der Zweikampf zwischen „dem ganz normalen Ottokar“ und der Horde aus dem Raubtierhaus.
- In der Gewichtsklasse der Leichtgewichte „Erika vom Blumenstand“ gegen die gemeinen Schufte von der Herzensbrecherbande.
- Als krönender Abschluss der Verzweiflungskampf zwischen „Markus' und Sylvias Konfliktehe“ und ihrer kampferfahrenen Kontrahentin aus dem fernen Irr- und Verwirrland, Miss Traudich.

Lauter Riesen. Wir müssen uns ihnen stellen. Aber wir müssen es nicht alleine tun. Zuerst und vor allem müssen wir Gott ins Zentrum unseres Blickfelds rücken. Wann immer David dies tat, purzelten die Riesen. Wann immer er es nicht tat, war es David selbst, der auf die Nase fiel.

Prüfen Sie diese Hypothese einmal anhand der Bibel. Lesen Sie 1. Samuel 17 und tragen Sie zusammen, was David an Goliat auffiel.

Mir fallen nur zwei Dinge auf. Da ist zum einen die Aussage gegenüber König Saul (Vers 36) und dann die Dinge, die er zu Goliat selbst sagt: „Denn wer ist dieser unbeschnittene Philister, der das Heer des lebendigen Gottes verhöhnt?“ (Vers 26).

Das war es dann auch schon. Nur zwei Bemerkungen zum Thema Goliat (wobei er ganz schön dick aufträgt), und sonst keine weiteren Fragen. Es interessiert ihn nicht, wo seine Stärken liegen, wie alt er ist, was für einen Hintergrund er hat und wie intelligent er ist. Nichts interessiert ihn, weder das Gewicht seines Speers noch die Größe seines Schildes oder die Frage, was wohl die Totenkopftätowierung auf seinem prallen Oberarm zu bedeuten hat. Offenbar verschwendet er keinen Gedanken an den Tyrannosaurus dort oben auf dem Hügel. Fehlanzeige.

Riesen – wir müssen Ihnen engegentreten. Aber wir müssen dies nicht alleine tun.

Dafür denkt er umso mehr an Gott. Lesen Sie noch einmal ganz bewusst, was David von sich gibt, und achten Sie besonders darauf, was er über Gott sagt.

„[…] die Schlachtreihen des *lebendigen Gottes* […]“ (Vers 26)

„[…] die Schlachtreihen des *lebendigen Gottes* […]“ (Vers 36)

„[…] im Namen des *Herrn der Heere, des Gottes der Schlachtreihen* Israels […]“ (Vers 45)

„Heute wird dich der Herr mir ausliefern. […] Alle Welt soll erkennen, *dass Israel einen Gott hat.*“ (Vers 46)

„[…] der Herr nicht durch Schwert und Speer Rettung verschafft; denn es ist ein *Krieg des Herrn* und er wird euch in unsere Gewalt geben.“ (Vers 47)[4]

Ist es bei Ihnen viermal so wahrscheinlich, dass Sie über die Kraft und die Möglichkeiten Gottes reden, wie über die Anforderungen des Tages?

Wenn ich richtig gezählt habe, nimmt David hier insgesamt achtmal auf den Herrn Bezug. Rein zahlenmäßig beträgt das Verhältnis zwischen Aussagen über Gott und Aussagen über Goliat also 8:2. Wie sieht es zum Vergleich bei Ihnen aus? Denken Sie viermal so oft an die Gnade Gottes wie an Ihr eigenes Versagen? Sehen Sie viermal so viel Segen Gottes in Ihrem Leben wie Gründe zum Klagen? Ist die Akte „Hoffnung“ in Ihrem Kopf viermal so dick wie die Akte „Furcht“? Ist es bei Ihnen viermal so wahrscheinlich, dass Sie über die Kraft und die Möglichkeiten Gottes reden, wie über die Anforderungen des Tages?

Nicht? Dann ist David Ihr Mann!

Manche vermissen in dieser Geschichte das eigentliche Wunder. Kein Meer, das sich teilt, keine feurigen Wagen, keine Totenauferweckung wie bei Lazarus. Wo ist da das Wunderbare?

Aber es gibt ein Wunder. Es ist David selbst. Er ist das personifizierte Wunder eines ungehobelten Jungen, durch den Gott uns in dicken Leuchtbuchstaben eine ganz zentrale Wahrheit übermittelt:

Schau auf den Riesen – dann fällst du.

Schau auf den Herrn – dann fällt der Riese.

Erhebe dein Haupt, du Riesentöter! Derselbe Gott, der David zu einem personifizierten Wunder gemacht hat, wartet nur darauf, dasselbe auch mit dir zu tun.

2
WENN DAS TELEFON STUMM BLEIBT

Viele Ereignisse aus den Tagen, als ich in die sechste Klasse ging, sind im Nebel der Zeit verschwunden. Ich erinnere mich nicht mehr an meine Schulnoten oder daran, was wir als Familie in den Ferien gemacht haben. Etwas, woran ich mich allerdings noch gut erinnern kann, ist zum Beispiel der Name des braunhaarigen Mädchens, auf das ich ein Auge geworfen hatte, oder der Direktor der Schule. Und dann ist da jener Abend im Frühjahr 1967. Es steht mir alles noch glasklar vor Augen, so als wäre es gestern gewesen.

Ich sitze im Schlafzimmer meiner Eltern. Über den Flur höre ich die Gespräche am Abendbrottisch. Wir haben Besuch, und ich bin schon vom Tisch aufgestanden. Mama hatte zum Nachtisch einen Kuchen gebacken, aber ich mache mir nichts daraus. Mir ist nicht nach Gesellschaft zumute, und ich habe überhaupt keinen Appetit. Keine Zeit für solche Banalitäten.

Ich muss mich aufs Telefon konzentrieren. Eigentlich hatte ich den Anruf bereits vor dem Abendessen erwartet, aber er war nicht gekommen. Das Telefon war stumm geblieben. Und nun sitze ich da und starre das Telefon an, wie der Hund den Knochen, in der Hoffnung, dass der Trainer anruft und mir mitteilt, dass ich in seine Baseballmannschaft aufgenommen wurde. Und so sitze ich auf dem Bett, den Baseballhandschuh neben mir. Ich höre meine Freunde draußen spielen, aber das ist mir im Moment völlig gleichgültig. Mich interessiert nur das Telefon. Ich will, dass es endlich klingelt.

Aber es bleibt stumm.

Die Gäste machen sich auf den Heimweg. Ich helfe beim Abwasch und mache meine restlichen Hausaufgaben. Papa klopft mir auf die Schulter und Mama redet mir gut zu. Bald ist es Zeit, ins Bett zu gehen. Doch das Telefon bleibt stumm. Es steht da und rührt sich einfach nicht.

Wenn man das Leben als Ganzes betrachtet, ist es sicherlich ziemlich gleichgültig, ob man den Sprung in eine Baseballmannschaft schafft, aber mit zwölf Jahren hat man diesen Weitblick noch nicht. Alles, was mir durch den Kopf ging, war, was ich antworten würde, wenn meine Klassenkameraden mich demnächst fragten, für welche Schulmannschaft ich ausgewählt worden bin.

Sie kennen diesen Schmerz, übergangen worden zu sein. Wir alle kennen ihn.

Sie kennen dieses Gefühl sicher auch. Auch bei Ihnen hat das Telefon irgendwann einmal nicht geklingelt, und wohl auch in Angelegenheiten, die von weit größerer Tragweite sind: die Bewerbung für einen Job oder eine Vereinsmitgliedschaft, der Versuch, etwas wiedergutzumachen, die Bitte um Unterstützung … – doch die erhoffte Antwort blieb aus. Sie kennen diesen Schmerz. Wir alle kennen ihn.

Es gibt geflügelte Worte für solche Erfahrungen: Sie „sitzt da, wie bestellt und nicht abgeholt“. Er „steht sich die Beine in den Bauch“. Sie „blieben im Regen stehen“. Oder – diesen Spruch mag ich ganz besonders – „… er hütet die Schafe“. So war es bei David.

Seine Geschichte beginnt nämlich nicht auf dem Schlachtfeld im Zweikampf gegen Goliat, sondern in den Hügeln des alten Israel, wo ein Priester mit einem langen weißen Bart einen schmalen Pfad hinabsteigt. Hinter ihm her trottet ein Esel. Vor ihm liegt Bethlehem. In ihm regt sich Nervosität. Die Bauern in den Feldern haben ihn bereits bemerkt, und jeder, der ihn kennt, flüstert seinen Namen. Alle starren auf ihn.

„Samuel?" Gottes auserwählter Priester, der von Hannah geboren, von Eli ausgebildet und von Gott berufen worden war. Als die Söhne Elis ihr Amt verloren, war er bereit, die Aufgabe auf sich zu nehmen. Wann immer Israel geistliche Orientierung brauchte, war Samuel zur Stelle. Samuel salbte auch einen König, als Israel danach verlangte ... Saul.

Allein dieser Name lässt Samuel aufseufzen. Saul. Ein Baum von einem Mann. Stark, wie ein Bär. Die Israeliten wollten einen König, also haben sie einen König. Sie wollten einen Führer an der Spitze, und jetzt haben sie einen ... ein Taugenichts ist er. Samuel schaut sich um. Hoffentlich ist ihm nicht versehentlich etwas laut herausgerutscht, was er eigentlich für sich behalten wollte.

Doch niemand hat etwas gehört. Er kann sich in Sicherheit wiegen, soweit dies im Lande eines Königs, der dem Wahn verfallen ist, überhaupt möglich ist. Das Herz Sauls hatte sich immer mehr verhärtet, und sein Blick hatte etwas Wirres bekommen. Er ist einfach nicht mehr der König, der er früher einmal war. In den Augen Gottes hat er seine Regentschaft längst eingebüßt. Nun spricht Gott zu Samuel:

Wie lange willst du noch um Saul trauern? Ich habe ihn verstoßen! In meinen Augen ist er nicht mehr König von Israel. Nimm dein Horn, füll es mit Öl und mach dich auf den Weg nach Bethlehem. Dort such Isai auf, denn ich habe einen seiner Söhne zum neuen König auserwählt.
(1. Samuel 16,1 Hfa)

Und so geht Samuel weiter auf dem Weg nach Bethlehem. Sein Magen knurrt, und seine Gedanken rasen. Ganz schön gefährlich, jemanden zum König zu salben, obwohl Israel bereits einen König hat. Noch gefährlicher ist es jedoch, in einer so turbulenten Zeit führungslos zu sein.

Die Epoche um das Jahr Tausend vor Christus war eine schwierige Zeit für einen zusammengewürfelten Haufen von Stämmen wie Israel. Josua und Mose waren Helden von historischem Format gewesen. Doch die drei Jahrhunderte währende geistliche Winterzeit hatte den Glauben des Volkes eingefroren. Jemand beschrieb diese Epoche einmal mit den folgenden knappen Worten: „In jener Zeit gab es keinen König in Israel, und jeder tat, was er für richtig hielt" (Richter 21,25 Hfa). Korruption trieb das Land in den Niedergang. Der moralische Verfall brachte eine allgemeine Verrohung mit sich. Das Volk hatte nach einem König verlangt, doch anstatt das Schiff zu retten, hatte Saul es beinahe zum Sinken gebracht. Der erste König Israels erwies sich am Ende als ein geistesgestörter Tölpel.

Und dann waren da die Philister, ein kriegerisches, grausames Volk, das Riesen hervorbrachte, und das in der Lage war, Eisen zu schmieden. Sie waren die Bären, die Israeliten die Lachse im Fluss. Die Philister bauten Städte, die Stämme der Hebräer hausten in Zelten. Die Philister stellten Waffen aus Eisen her, die Hebräer kämpften mit primitiven Steinschleudern und Pfeil und Bogen. Die Philister donnerten auf eisenbeschlagenen Streitwagen daher, die Israeliten traten mit Messern und landwirtschaftlichen Werkzeugen zum Kampf an. In einer Schlacht zum Beispiel besaß das ganze israelische Heer nur zwei Schwerter: eines davon gehörte Saul, das andere seinem Sohn Jonatan (1. Samuel 13,22).

Korruption im Inneren, Bedrohung von außen. Saul war schwach, und um die Nation als Ganzes war es noch schlechter bestellt. Und was tut Gott? Er tut etwas vollkommen Unerwartetes. Er bringt völlig überraschend einen Niemand aus Nirgendwo ins Spiel.

So sendet er Samuel nach Kleinwülferode im Oberharz. Nicht ganz. Nein, er schickt ihn nach Süderdiek in Ostfriesland. Auch nicht. Er gibt ihm eine Bahnfahrkarte für die Regionalbahn nach Knobelsdorf in der Uckermark.

Zugegeben, er tat nichts dergleichen. Aber es hätte eigentlich keinen Unterschied gemacht. Bethlehem war zur damaligen Zeit in etwa gleich bedeutend mit Kleinwülferode oder Süderdiek oder Knobelsdorf – ein verschlafenes Dorf, versteckt in den Bergen, knapp zehn Kilometer südlich von Jerusalem, in dem die Zeit stehen geblieben zu sein schien. Es lag circa sechshundert Meter über dem Meeresspiegel im grünen Hügelland, das allmählich in dürres und steiniges Weideland überging. Später einmal würde Ruth dieses Fleckchen Erde ihr Zuhause nennen, und irgendwann sollte Jesus hier das Licht der Welt erblicken.

Doch tausend Jahre bevor das Baby im Stall geboren werden sollte, stattet Samuel mit seinem Esel dem Dorf einen Besuch ab. Seine Ankunft lässt alle aufhorchen. Ein Prophet in Bethlehem, so etwas hatte es noch nie gegeben. Will er jemandem eine Gerichtsbotschaft überbringen, oder will er einfach nur irgendwo untertauchen? Weder noch, versichert der gebeugt einherschreitende Priester. Er ist gekommen, um dem Herrn ein Tier zu opfern und er lädt die Dorfältesten und Jesse mit seinen Söhnen dazu ein.

Was nun folgt, erinnert irgendwie an eine Hundeschau. Samuel inspiziert die Söhne, einen nach dem anderen, wie Rassehunde an der Leine. Mehr als einmal ist er drauf und dran, einem von ihnen die Preisplakette anzuheften, doch immer wieder wird er von Gott zurückgepfiffen.

Eliab, der Älteste, scheint eigentlich die erste Wahl zu sein. Stellen Sie sich einmal den Frauenschwarm des Dorfes vor, mit dichten Locken und einem markanten Kinn. Er trägt eng anliegende Jeans, und wenn er lächelt, sieht man seine strahlend weißen, makellosen Zähne. *Der ist es*, denkt Samuel.

„Falsch“, erwidert Gott.

Es folgt Kandidat Nummer zwei, sein Bruder Abinadab. Fast möchte man meinen, ein Fotomodell vor sich zu haben. Ein edler italienischer Maßanzug, Kroko-Lederschuhe, tiefschwarzes, gelglänzendes Haar. Ein König mit Stil gefällig? Abinadab hat das gewisse Etwas dazu.

Gott legt jedoch keinen Wert auf Stil. Samuel fragt nach Shammah, dem dritten der Brüder. Er ist ein Studiosus, ein richtiger Bücherwurm. Ein bisschen mehr Charisma könnte sicherlich nicht schaden, aber dafür hat er mords was auf dem Kasten. Er hat gerade sein Studium an der Staatsakademie abgeschlossen, und nun hat er eine Graduiertenstelle in Ägypten in Aussicht.

„Er war der Beste seines Abiturjahrgangs“, flüstert Jesse Samuel zu.

Samuel ist beeindruckt, Gott nicht.

Der Herr entscheidet nicht nach den Maßstäben der Menschen! Der Mensch urteilt nach dem, was er sieht“, ruft Gott dem Propheten ins Gedächtnis, „doch der Herr sieht ins Herz.“
1. Samuel 16,7 NL

Sieben Söhne ziehen vorbei, und alle fallen durch. Die Prozession ist zu Ende. Samuel zählt durch: eins, zwei, drei, vier, fünf, sechs, sieben.

„Sag mal, Jesse, hattest du nicht acht Söhne?“ Es ist die Frage, die auch Aschenputtels Mutter in Verlegenheit brachte. Jesse reagierte ganz ähnlich: „Der Jüngste fehlt noch. Er ist draußen auf den Feldern und hütet die Schafe“ (1. Samuel 16,11).

Das hebräische Wort für „jüngster Sohn“ ist *hakkaton*. Damit wird nicht nur das Alter, sondern auch der Rang zum Ausdruck gebracht. Der *hakkaton* war nicht einfach nur der Jüngste in der Geschwisterreihe, er war „der Kleine" – das Schlusslicht, der Zwerg, das Baby.

Schafe hüten war die Aufgabe, die für den *hakkaton* in der Familie angemessen ist. Dem Kleinen gibt man am besten solche Aufgaben, bei denen er nicht allzu viel Schaden anrichten kann. Er durfte sich mit den Wollgeschöpfen an der frischen Luft herumtreiben.

Und genau dort finden wir David: auf der Weide bei den Schafen. Die Bibel widmet David insgesamt 66 Kapitel, mehr als jeder anderen Gestalt in der Heiligen Schrift, abgesehen von Jesus. Im Neuen Testament taucht sein Name 59 mal auf. Er gründete und residierte in der berühmtesten Stadt der Welt, Jerusalem. Der Sohn Gottes sollte einmal Nachkomme Davids genannt werden. Aus seiner Feder stammen die größten Psalmen. Er ist uns als König, Krieger, Sänger und Riesentöter bekannt, und dennoch ist er an diesem Tag noch nicht einmal zum großen Familientreffen eingeladen. Man hat ihn einfach vergessen, er führt ein Leben im Abseits, ein Kind, das in einem versteckten Dörfchen wohnt und niedere Aufgaben verrichtet.

Was mag Gott dazu bewogen haben, gerade ihn auszuwählen? Das ist eine Frage, die uns alle sehr interessiert. Sie brennt uns unter den Nägeln.

Auch uns ist ja die Schafweide nur zu gut bekannt, der Weideplatz der Außenseiter. Wir haben genug von den oberflächlichen Bewertungskriterien der Gesellschaft, in denen man nach dem Brustumfang, der Größe unseres Hauses, der Hautfarbe, dem Fabrikat unseres Autos, dem Etikett unserer Kleidung, unseren Titeln und akademischen Graden oder nach der Anzahl unserer Pickel im Gesicht beurteilt wird. Hängen uns diese Spielchen nicht allmählich zum Hals heraus?

Wie oft sind wir um den Lohn unserer harten Arbeit betrogen worden? Wie oft war all unsere Mühe umsonst? Der Chef schaut mehr auf den Ausschnitt als auf die Leistung. Der Lehrer bevorzugt seine Lieblinge, anstatt echte Leistung zu honorieren. Die Eltern preisen ihr Lieblingskind in den höchsten Tönen, während die anderen das Nachsehen haben. Dieser blöde Goliat der Bevorzugung!

Haben Sie auch genug davon? Dann hören Sie auf, Ihren Goliat wie gebannt anzustarren. Wen interessiert es schon, was er (oder sie – wer auch immer es gerade sein mag) denkt? Das Einzige, worauf es ankommt, ist Gott, und wie er die Dinge sieht. „Der Herr entscheidet nicht nach den Maßstäben der Menschen! Der Mensch urteilt nach dem, was er sieht, doch der Herr sieht ins Herz“ (1. Samuel 16,7).

Diese Worte gelten den *hakkatons* der Gesellschaft, den Außenseitern, die nirgends hineinpassen. Gott gebraucht jeden Einzelnen von ihnen.

Mose hatte sich der Strafverfolgung entzogen, und doch hatte Gott eine Aufgabe für ihn.

Jona war auf der Flucht vor Gott, aber das konnte Gott nicht davon abhalten, ihn trotzdem zu gebrauchen.

Rahab betrieb ein Bordell, Simson gab sich mit den falschen Frauen ab, Jakob drehte eine „Ehrenrunde“ nach der anderen, Elija verkroch sich in die Berge, Sarah hatte längst allen Glauben aufgegeben, Lot lebte in schlechter Gesellschaft, und doch nahm Gott sie alle in seinen Dienst.

Und David? Gott sah da einen Teenager, einen Hinterwäldler aus den Bergen von Bethlehem, der ihm inmitten von Langeweile und Bedeutungslosigkeit treu diente, und er rief ihn mit der Stimme seines Bruders: „David! Komm ins Dorf, da ist jemand, der dich sehen will!“ Nach rein menschlichen Maßstäben war er ein schlaksiger Junge, der nach Schafen roch, und dem ein Bad sicher nicht geschadet hätte. Dennoch sagte Gott: „Auf, salbe ihn, denn der ist’s!“ (1. Samuel 16,12).

Gott sah etwas, was niemand sonst wahrnahm: Ein Herz, das

ihn suchte. Inmitten seiner Schwächen sehnte er sich nach Gott wie die Lerche nach dem ersten Morgenlicht. Er wurde ein Mann nach dem Herzen Gottes, weil er Gott auf den Fersen blieb. Darum geht es Gott im Grunde, und um nichts sonst ... daran hat sich bis heute nichts geändert. Andere schauen nach dem Brustumfang oder auf die Dicke des Portemonnaies. Aber nicht so Gott. Er schaut auf die Herzen. Wann immer Gott eines findet, das sich nach ihm sehnt, dann beanspucht er es für sich und nimmt es in seinen Dienst.

W*ann immer Gott ein Herz findet, das sich nach ihm sehnt, beanspucht er es für sich und nimmt es in seinen Dienst.*

Um noch einmal auf das Telefon zurückzukommen, das ich an jenem besagten Abend so ausdauernd belagerte – der ersehnte Anruf kam nie. Dafür klingelte es an der Tür.

Nachdem ich die Hoffnung längst aufgegeben und den Baseballhandschuh bereits an den Haken verbannt hatte, klingelte es. Es war der Trainer. Er behauptete steif und fest, dass ich ganz oben auf der Liste wäre, und dass er der Annahme war, sein Assistent hätte mich längst angerufen. Erst später erfuhr ich, wie es wirklich gewesen war. Ich war der Letzte auf der Liste, und wenn mein Vater nicht irgendwann angerufen und ein Wort für mich eingelegt hätte, dann wäre ich vermutlich nie in die Mannschaft gekommen.

Doch mein Vater griff zum Telefonhörer, und der Trainer kam. Am Ende war ich überglücklich, dass ich mitmachen durfte.

Die Geschichte von David macht eines deutlich: Ihr himmlischer Vater kennt Ihr Herz, und eben deshalb hält er einen Platz für Sie bereit.

3
WENN SAUL TOBT

Sharon wirft einen Blick in den Rückspiegel ... zum xten Mal. Wieder und wieder mustert sie die Gesichter der Leute, die im Fahrzeug hinter ihr am Steuer sitzen. Sie hält Ausschau, wann er ihr wohl wieder auflauert ... zum x-ten Mal.

„Du kannst mir nicht entkommen“, hatte Tony ihr auf den Anrufbeantworter gesprochen. „Ich bin dein Ehemann.“

Die Wutausbrüche ihres Exmannes, seine gewalttätigen Übergriffe, durch die sie immer wieder blaue Augen davontrug, hatten zur Scheidung geführt. Dennoch setzte er sich einfach über alle Warnungen hinweg, ignorierte sogar gerichtliche Anordnungen und machte einfach weiter.

Also bleibt Sharon wachsam und schaut in den Rückspiegel ... wieder und wieder.

Ein Stückchen weiter die Straße hinunter im Haus an der Ecke sitzt Adam in seinem Büro. Auch er vergewissert sich bezüglich einer Sache. Vorsichtig wirft er einen Blick in das Zimmer seines Chefs und stellt erleichtert fest, dass der Stuhl leer ist. Mit ein bisschen Glück hatte er noch ein oder zwei Stunden Aufschub, bevor der Geizhals aus der Welt des Internets wieder auftauchen würde, abgespannt, missmutig und geladen.

Geizhals (jun.) hat die Firma von seinem Vater Geizhals (sen.) geerbt, doch er hat im Grunde gar keinen Spaß an diesem Gewerbe. So lässt er seinen ganzen Frust ausgerechnet an den Mitabeitern aus, auf die er am wenigsten verzichten kann, wie zum Beispiel Adam. Er tobt und schreit und verteilt Tag für Tag seine verbalen Fußtritte, während Komplimente so selten vorkommen wie Zebras am Nordpol.

Sharon zittert vor ihrem Exmann, Adam graust es vor seinem Chef, und Sie? Welche Ungeheuer treiben in Ihrem Leben ihr Unwesen?

Ist es die kontrollwütige Mutter? Oder der Trainer, der sein Handwerk scheinbar bei Stalin im Gulag gelernt hat? Ist es der Mathelehrer mit dem pädagogischen Geschick eines Pit-bull Terriers? Vielleicht der selbst ernannte Oberfeldwebel im Büro? Oder ist es der König, der es kaum erwarten kann, den Hirtenjungen mit dem Speer aufzuspießen?

Letzterer war das Ungetüm, das David nachstellte. Armer David. Im Tal von Elah absolvierte er seine Grundausbildung für die Königswürde. In dem Moment, da Goliats Kopf rollte, war er der neue Held des Volkes. Die Leute bereiteten ihm eine Konfetti-Parade und sangen: „Saul hat tausend erschlagen, aber David zehntausend" (1. Samuel 18,7).

Saul explodiert wie ein Vulkan. „Von dem Tage an" hat er ihn im Visier (1. Samuel 18,9). Der König ist emotional sowieso schon ziemlich labil, neigt zu Wutausbrüchen und ist so verrückt, dass er sogar Bienen isst. Die Popularität, die David auf einmal genießt, ist wie ein Schuss Öl ins Feuer seiner Launen. „Jetzt spieße ich diesen Kerl an die Wand!" (1. Samuel 18,11).

Insgesamt sechsmal versucht Saul den Wunderknaben aus Bethlehem aus dem Weg zu schaffen. Zunächst bietet er ihm seine Tochter Michal zur Frau an – eine noble Geste, so möchte man meinen. Die Sache sieht freilich ein wenig anders aus, wenn man sich den grauenvollen Brautpreis vergegenwärtigt, den Saul verlangt: einhundert Vorhäute von Philistern. Saul hofft natürlich, dass einer dieser Philister es schaffen wird, David um die Ecke zu bringen. Er irrt. David bringt sogar das Doppelte des verlangten Preises (1. Samuel 18,25–27).

Doch Saul lässt nicht locker. Er beauftragt seine Diener und seinen Sohn Jonatan, David zu töten, doch diese weigern sich (1. Samuel 19,1). Er macht einen weiteren Anlauf mit dem Speer, verfehlt ihn jedoch auch dieses Mal. Dann schickt er Boten zu ihm, die ihn umbringen sollen, doch seine Frau Michal lässt ihn durch ein Fenster hinab. David entwischt Saul immer wieder um Haaresbreite.

Für David ist der glühende Hass Sauls vollkommen unfassbar. Schließlich hat er ihm doch nur Gutes getan. Er hat dem geplagten Gemüt Sauls mit seiner Musik Linderung verschafft und der gebeugten Nation neue Hoffnung gegeben. Er ist wie Abraham Lincoln, der das Land in seiner dunkelsten Stunde durch seine Bescheidenheit und Aufrichtigkeit rettet. Er „handelte klug auf all seinen Wegen“ (1. Samuel 18,14 Schlachter). „David war in ganz Israel und Juda sehr beliebt“ (1. Samuel 18,16 Hfa). David „hatte [...] mehr Erfolg als alle Knechte Sauls. Und sein Name wurde sehr berühmt“ (1. Samuel 18,30 RE).

Doch der Vulkan namens Saul brodelte weiter und vergalt David, indem er mit Speeren nach ihm warf und Mordkomplotte schmiedete. Davids Reaktion ist nur zu verständlich. „Was habe ich getan? Was ist meine Schuld, und was ist mein Vergehen gegen deinen Vater, dass er mir nach dem Leben trachtet?“ (1. Samuel 20,1 RE)

Jonatan hat darauf keine Antwort, weil es keine Antwort gibt. Der Zorn Sauls ist durch nichts zu rechtfertigen.

Wer wird je nachvollziehen können, warum ein Vater sein Kind quält, warum eine Frau ihren Mann klein macht, oder warum ein Vorgesetzter seine Mitarbeiter gegeneinander ausspielt? Dennoch geschieht es. Es gibt viele Sauls, die auf dieser Welt ihr Unwesen treiben. Es gibt Diktatoren, die Menschen foltern, Chefs, die ihre Mitarbeiter verführen, Geistliche, die Gemeindemitglieder missbrauchen und Priester, die sich an Minderjährigen vergehen. Die Mächtigen knechten die Schwachen und Unschuldigen. Die Sauls dieser Welt jagen die Davids.

Und was tut Gott? Löscht er das Unrecht mit Stumpf und Stiel aus? Wie gerne hätten wir dies. Bekanntlich hat er ja auch den einen oder anderen Pharao und diesen oder jenen Herodes vom Erdboden vertilgt. Ich weiß nicht, wie er mit Ihren Peinigern verfahren wird, aber was er mit Ihnen vorhat, das weiß ich sehr wohl. Er wird Ihnen einen Jonatan an die Seite stellen.

Gottes Antwort auf die Grausamkeit Sauls ist die Loyalität Jonatans. Dabei hätte Jonatan allen Grund gehabt, ebenso eifersüchtig zu sein wie sein Vater. Schließlich war er als Sohn Sauls der Thronerbe. Er war schon ein ehrbarer Krieger im Kampf gegen die Philister gewesen, als David noch Schafe gehütet hatte.

Jonatan hätte durchaus Grund gehabt, David zu verabscheuen, doch er tat es nicht. Er war voller Wohlwollen, und zwar deshalb, weil der große Weber im Himmel die Herzen von David und Jonatan untrennbar miteinander verwoben hatte.

Der große Weber im Himmel hatte die Herzen von David und Jonatan untrennbar miteinander verwoben.

„Als David aufgehört hatte, mit Saul zu reden, verband sich das Herz Jonatans mit dem Herzen Davids, und Jonatan gewann ihn lieb wie sein eigenes Herz" (1. Samuel 18,1).

Wie zwei Wollfäden verwob er die Herzen der beiden Männer miteinander. Sie waren so innig miteinander verbunden, dass jeder der beiden mitbekam, wenn den anderen etwas bewegte. Wenn der eine unter Spannung geriet, dann konnte dies dem anderen nicht entgehen.

An dem Tag, als David Goliat besiegt, gelobt Jonatan ihm seine Treue.

Und Jonatan schloss mit David einen Bund, denn er hatte ihn lieb wie sein eigenes Herz. Und Jonatan zog seinen Rock aus, den er anhatte, und gab ihn David, dazu seine Rüstung, sein Schwert, seinen Bogen und seinen Gurt.
1. Samuel 18,3–4

Anstelle seiner Hirtentracht gibt er ihm seinen eigenen violettfarbenen Umhang: das Gewand eines Prinzen. Er überreicht ihm auch sein Schwert. Auf diese Weise krönt er ihn gewissermaßen und tritt seine Ansprüche auf den Thron an David ab.

Von da an schützt er ihn. Als Jonatan vom Mordkomplott seines Vaters erfährt, teilt er es seinem Freund mit. Als Saul David nachstellt, da versteckt er ihn. Immer wieder lässt er ihm Warnungen wie diese zukommen: „Mein Vater Saul trachtet danach, dich zu töten. Nun, so hüte dich morgen früh und verstecke dich und bleibe verborgen" (1. Samuel 19,2).

Jonatan beschenkt David mit seinem Treuegelöbnis, mit Kleidung, und er schützt ihn. „Ein echter Freund hält fester zu dir als ein Bruder" (Sprichwörter 18,24 GN). In Sauls Sohn hatte David einen solchen Freund gefunden.

Tja, einen solchen Freund wie Jonatan müsste man haben – einen echten Seelenverwandten, der uns in Schutz nimmt, der nur unser Wohl im Sinn hat und nur unser Bestes will, einen echten Verbündeten, der uns so nimmt, wie wir sind. In der Gegenwart eines solchen Menschen können wir uns sicher fühlen, weil wir unsere Gedanken nicht zu verbergen brauchen und nicht ständig auf der Hut sein müssen, was wir sagen. Wir dürfen die Gewissheit haben, dass diese Person treu zu uns steht und die Spreu vom Weizen trennt, indem sie das behält, was wirklich zählt, und den Rest mit einem milden Hauch wegbläst. Einen solchen Freund schenkte Gott David.

David fand seinen Gefährten im Prinzen des Königshauses von Israel, und Sie können den König von Israel, Jesus Christus, zum Freund gewinnen.

Auch Ihnen hat er einen solchen Freund geschenkt. David fand seinen Gefährten im Prinzen des Königshauses von Israel, und Sie können den König von Israel, Jesus Christus, zum Freund gewinnen. Hat er nicht einen Bund mit Ihnen geschlossen? Zum Abschied sagte er unter anderem Folgendes: „Ich bin bei euch alle Tage bis zur Vollendung des Zeitalters" (Matthäus 28,20 RE).

Hat er nicht auch Ihnen Kleider gegeben? Er bietet Ihnen „weiße Kleider, damit du sie anziehst und die Schande deiner Blöße nicht offenbar werde" (Offenbarung 3,18). Jesus kleidet Sie mit Gewändern, die des Himmels würdig sind.

Er geht sogar noch deutlich weiter als Jonatan. Er gibt Ihnen nicht nur sein Gewand, sondern er zieht im Gegenzug sogar Ihre Lumpen an. „Denn er hat den, der von keiner Sünde wusste, für uns zur Sünde gemacht, damit wir in ihm die Gerechtigkeit würden, die vor Gott gilt" (2. Korinther 5,21).

Sie sehnen sich nach einem echten Freund? Sie haben einen. Und eben deshalb können Sie sich auch entscheiden. Sie haben die Wahl, ob Sie Ihre Schreckgespenster oder die Güte Jesu in den Mittelpunkt Ihres Denkens rücken wollen.

Jesus kleidet Sie nicht nur ein, er rüstet Sie auch noch aus. Sein Angebot lautet: „Legt die komplette Waffenrüstung Gottes an, damit ihr allen hinterhältigen Angriffen des Teufels widerstehen könnt" (Epheser 6,11 NL). Aus seiner persönlichen Waffenkammer reicht er uns den Gürtel der Wahrheit, den Brustpanzer der Gerechtigkeit, den Schild des Glaubens und das Schwert des Geistes, nämlich das Wort Gottes (Verse 13–17).

So wie Jonatan David schützte, so sagt Jesus Ihnen seinen Schutz zu. „Ich schenke ihnen das ewige Leben, und sie werden niemals umkommen. Niemand wird sie mir entreißen" (Johannes 10,28 NL).

Und eben deshalb können Sie sich auch entscheiden. Sie können Ihren Saul oder Ihren Jonatan zum Dreh- und Angelpunkt Ihrer Wahrnehmung machen. Sie haben die Wahl, ob Sie Ihre Schreckgespenster oder die Güte und Freundschaft Jesu in den Mittelpunkt Ihres Denkens rücken wollen.

Sie haben die Wahl, ob Sie Ihre Schreckgespenster oder die Güte und Freundschaft Jesu in den Mittelpunkt Ihres Denkens rücken wollen.

Beverly[5] behält ganz bewusst Jesus im Blick. Einfach ist es nicht. Es ist ganz schön schwer, nicht ständig an den Mann zu denken, von dem man vergewaltigt wurde. Er kam ganz offiziell zu ihr nach Hause, ein Angestellter im Staatsdienst, den sie noch dazu persönlich kannte. Es bestand überhaupt keine Veranlassung, ihm zu misstrauen. Er hatte um einen Termin gebeten, und dann war er zudringlich geworden.

Anschließend hatte er alles abgestritten und die Indizien erfolgreich vertuscht. So konnte er weiterhin auf der politischen Karriereleiter nach oben steigen, und zu allem Übel wird Beverly dadurch immer wieder mit ihm konfrontiert – in den Nachrichten und auf Partys. Trifft er sie, dann tut er so, als wäre nichts geschehen, und in ihr verkrampft sich alles.

Zum Glück hat sich jedoch seit diesem Vorfall schon einiges zum Besseren gewandelt. Zwei Jahre nach der Vergewaltigung traf sie ihren Jonatan. Eine Freundin erzählte ihr von Jesus – seinem Schutz, seiner Fürsorge und dem Angebot, das er uns macht. Beverly hat es für sich angenommen. Die Erinnerungen an das traumatische Erlebnis gehen ihr zwar immer noch nach, aber sie nehmen sie nicht mehr ganz und gar in Besitz. Sie steht ihrem Saul nun nicht mehr allein gegenüber. Ihre Gedanken kreisen nun nicht mehr um den Wunsch nach Rache, sondern um Jesus. Sie sieht die Dinge heute nicht mehr nur als Opfer eines gewissenlosen Verbrechens, sondern von der Warte seiner Gnade aus. Beverly lebt ihr Leben in der Gegenwart Jesu und erweist ihm Ehre, und so kann ihre Seele gesunden.

Sie können es natürlich auch anders haben und Ihr Leben weiterhin um Ihren Tyrannen kreisen lassen. Besorgen Sie sich ein Foto von ihm und malen Sie ihm Hörner auf die Stirn. Werfen Sie mit Dart-Pfeilen nach ihm. Machen Sie eine genaue Liste, was diese Bestie Ihnen alles geraubt hat, und sagen Sie sich alles immer wieder auf: Ihre Kindheit, Ihre berufliche Laufbahn, Ihre Ehe, Ihre Gesundheit. Lassen Sie sich Ihr Leben gründlich ver-*saul*-en. Baden Sie nur immer wieder im Sumpf des Schmerzes. Das wird Ihnen doch guttun, nicht wahr?

Oder etwa nicht?

Wenn Sie zu lange im stinkenden Bodensatz Ihrer Verletzungen bleiben, dann nehmen Sie selbst genau den giftigen Geruch an, der Ihnen so verhasst ist.

Ich selbst bin während meiner Schulzeit einen ganzen Sommer lang im Schlamm gewatet. Die Arbeit in der Ölförderung ist an sich schon ein dreckiges Geschäft. Doch das Schmutzigste, was man sich vorstellen kann, ist die Reinigung von Öltanks, wenn man Schaufel für Schaufel den Ölschlick herausschippen muss. Dies war ein typischer Job für Hilfskräfte in den Sommerferien. Wir legten Gasmasken an, stemmten die Luke zum Tank auf, und dann ging es hinunter in den knöcheltiefen, verseuchten Bodensatz. Am Ende hat meine Mutter meine Arbeitskleidung verbrannt, weil der Gestank einfach nicht herauszukriegen war.

Dasselbe kann auch Ihnen blühen. Wenn Sie zu lange im stinkenden Bodensatz Ihrer Verletzungen bleiben, nehmen Sie selbst den giftigen Geruch an, der Ihnen so verhasst ist.

Es gibt eine bessere Alternative! Verbringen Sie mehr Zeit mit Ihrem Jonatan. Klagen Sie weniger über Saul, und beten Sie dafür Jesus an. Lassen Sie sich von David inspirieren, der Folgendes sagt:

Der Herr lebt!
Er ist mein schützender Fels [...]
Er hat sich an meinen Feinden gerächt,
ganze Völker hat er mir unterworfen
und mich der Gewalt meiner grausamen Gegner entrissen. [...]
Du gabst mir den Sieg über meine Feinde,
von diesen brutalen Menschen hast du mich befreit.
Darum will ich dich loben, Herr. Alle Völker sollen es hören!
Zu deiner Ehre will ich singen.
Psalm 18,47–50 Hfa

Gehen Sie jeden Tag nach Herzenslust in den Weiten der Güte Gottes ein und aus. Listen Sie die Zeichen seiner Freundlichkeit auf – jede Einzelheit, von der Schönheit des Sonnenuntergangs bis hin zur Realität Ihrer Erlösung –, lassen Sie sich das alles auf der Zunge zergehen. Sicher, Ihr Saul hat Ihnen viel geraubt, aber wie viel mehr hat Jesus Ihnen geschenkt! Gestatten Sie es Jesus, Ihnen der Freund zu sein, den Sie brauchen. Sprechen Sie mit ihm. Gehen Sie bis ins kleinste Detail. Vertrauen Sie sich ihm mit all Ihren Sorgen und Ängsten an und schildern Sie ihm alles, was Sie beschäftigt.

Wird Ihr Saul jemals aus Ihrem Leben verschwinden? Wer weiß das schon? Doch auf der anderen Seite: Was spielt das für eine Rolle? Sie haben einen Freund fürs Leben gefunden. Was könnte es Besseres geben?

4
TAGE ZUM VERZWEIFELN

Ein Mann sitzt völlig verzweifelt in der hintersten Ecke der Kirche, mit trockenem Mund und feuchten Händen. Vollkommen regungslos sitzt er da. Er fühlt sich fehl am Platz inmitten dieser Menschen, die Jesus nachfolgen, aber wohin sollte er sonst gehen? Gerade eben hat er etwas getan, das all seinen Überzeugungen Hohn spricht und gerade den Menschen, die er am meisten liebt, schwere Schmerzen zugefügt. Vergangene Nacht hat er etwas getan, von dem er sich geschworen hatte, es niemals zu tun. Und nun, am Sonntagmorgen, sitzt er da und starrt vor sich hin. Kein Wort bringt er hervor. Wenn diese Leute wüssten, was ich getan habe …

Einsam ist er, voller Panik und voller Scham.

Vielleicht hat er Suchtprobleme, oder er ist ein Dieb. Vielleicht hat er sich an seinen Kindern vergangen oder seine Frau betrogen.

Es könnte auch eine Frau sein – schwanger, ohne Partner und vollkommen verwirrt. Die möglichen Szenarien sind nahezu grenzenlos, denn es gibt eine Unzahl von Gründen, warum Menschen sich in ihrer Not und Verzweiflung an Gottes Volk wenden.

Wie wird die Gemeinde reagieren? Was wird ihm hier entgegenschlagen? Kritik oder Barmherzigkeit? Ablehnung oder Annahme? Scheele Blicke oder ausgestreckte Hände?

Auch David stellt sich diese Frage. Er nimmt den ersten Platz auf der Fahndungsliste Sauls ein. Seine jugendlichen Züge zieren Steckbriefe in allen Amtsstuben. Sein Name ist ganz oben auf der Abschussliste. Ständig ist er auf der Flucht, immer auf der Hut. Wenn er sich zum Schlafen hinlegt, bleibt immer ein Auge offen, und im Restaurant sitzt er grundsätzlich nahe beim Ausgang.

Wie sich die Ereignisse in so kurzer Zeit so zuspitzen konnten! Gerade mal zwei oder drei Jahre ist es her, da war er noch Schafhirte in Bethlehem. Seine Tage bestanden im Wesentlichen daraus, Schafen bei ihrem Nickerchen zuzuschauen. Doch dann kam Samuel, der alte Prophet mit dem wallenden Haar und dem Füllhorn voller Öl. Mit dem Öl kam auch der Geist Gottes über ihn.

Statt seinen Schafen sang er nun dem König. Das verkannte Nesthäkchen aus dem Hause Jesse war auf einmal in aller Munde. Für Israel wurde er so etwas wie der König Artus in seinen Camelot-Jahren, schön und voller Demut zugleich. Seine Feinde hassten ihn, Jonatan liebte ihn, Michal heiratete ihn, und Saul wollte ihn töten.

Nach dem sechsten Mordanschlag begreift er endlich: Saul mag mich nicht. Mit Kopfgeld gesucht und einem Suchtrupp auf den Fersen verabschiedet er sich von seiner Frau und vom Leben am Hof und begibt sich auf die Flucht.

Aber wo soll er hin? Nach Bethlehem etwa und damit auch noch seine Familie in Gefahr bringen? Oder zu den Feinden und sein eigenes Leben aufs Spiel setzen? Diese Option wählte er erst später. Fürs Erste sucht er sich ein anderes Versteck. Er schlüpft in einer Kirche unter, nämlich in Nob beim Priester Ahimelech.

Wissenschaftler vermuten diesen Ort gut eineinhalb Kilometer nördlich von Jerusalem. Hier unterhielt Ahimelech, der Urenkel Elis, eine Art Kloster. In Nob gab es etwa 85 Priester, wodurch der Ort den Spitznamen „Stadt der Priester“ erhielt

(1. Samuel 22,19). Hierhin flieht David auf der Suche nach Schutz vor seinen Verfolgern.

Seine Ankunft sorgt bei Ahimelech verständlicherweise für Unruhe. Es heißt, er „entsetzte sich", als er David entgegenging (1. Samuel 21,1). Was führt einen Krieger wie David nach Nob? Was mag der Schwiegersohn des Königs von ihm wollen?

David jedoch wiegt ihn in Sicherheit, indem er ihm eine Lüge auftischt:

Der König hat mir eine Sache befohlen und sprach zu mir: „Niemand darf auch nur das Geringste von der Sache wissen, in der ich dich gesandt habe und die ich dir befohlen habe. Darum hab ich meine Leute an den und den Ort beschieden." Hast du nun etwas bei der Hand, etwa fünf Brote oder was sonst vorhanden ist, das gib mir in meine Hand.
1. Samuel 21,3–4

In seiner Verzweiflung greift er auf eine Unwahrheit zurück. Dies ist für uns zunächst überraschend. Bislang war er in unseren Augen über jeden Zweifel erhaben und vollkommen makellos – wie Schneewittchen zwischen lauter alten Hexen mit bewarzten Nasen. Er blieb cool, als seine Brüder über ihn herzogen; er zeigte Haltung, als Goliat ihn angrölte; und als Saul den Verstand verlor, blieb er erstaunlich gelassen.

Doch nun auf einmal lügt er wie ein Obermafioso bei der Beichte. Eiskalt und ziemlich überzeugend. Natürlich hat Saul ihm keinen Befehl erteilt, und er ist auch nicht in geheimer königlicher Mission unterwegs. Er ist auf der Flucht. Sicher, er wird zu Unrecht verfolgt, aber das ändert nichts an der Tatsache selbst. Seine Behauptung ist eine glatte Lüge.

Der Priester glaubt ihm. Er hat ja auch keine Veranlassung, an seinen Worten zu zweifeln, doch er hat überhaupt keine Mittel, um ihm zu helfen. Nur ein wenig Brot hat er. Es ist allerdings kein gewöhnliches Brot, sondern es ist heilig. Es sind die Schaubrote vom Altar des Herrn. An jedem Sabbat legte der Priester zwölf Laibe Weizenbrot als Opfergabe auf den Altar des Herrn. Erst nach einer Woche durften die Priester, und nur sie, das Brot essen. (Als ob sich jemand darum reißen würde, Brot zu essen, das eine Woche alt ist.) Doch Ahimelech hatte im Grunde keine Wahl, trotz aller ritueller Bedenken.

David war kein Priester und die Brote waren gerade eben erst auf dem Altar ausgelegt worden. Was sollte Ahimelech tun? Sollte er ihm das Brot geben und damit das Gesetz brechen? Oder sollte er Davids Hunger ignorieren und ihm die Brote verweigern? So sucht er nach einem Schlupfloch: „Ich habe kein gewöhnliches Brot bei der Hand, sondern nur heiliges Brot; nur müssen die Leute sich der Frauen enthalten haben" (1. Samuel 21,5).

Ahimelech vergewissert sich, ob David und seine Männer sich denn auch ordentlich benommen haben. Vielleicht kann man dem Geruch des frischen Brots die Schuld geben, aber David greift wieder zu einer Lüge und vollführt eine theologische Pirouette. Seine Männer, versichert er, hätten schon seit Tagen kein Auge mehr auf eine Frau geworfen und erst recht keine Frau angerührt. Und die heiligen Brote? Er legt dem Priester den Arm um die Schulter, geht mit ihm zum Altar hinüber und meint: „Weißt du, Ahim, alter Freund, ‚das Brot ist in Wirklichkeit nur gewöhnliches Brot, auch wenn es an diesem Tage im Gefäß geheiligt wurde' (1. Samuel 21,6). Auch wenn das Brot heilig ist, so argumentiert David, ist es doch letztlich aus gewöhnlichem Weizen gemacht und im Ofen gebacken. Brot ist und bleibt eben doch Brot, nicht wahr?

David, was für ein Spiel treibst du hier eigentlich? Als ob eine Lüge nicht schon schlimm genug wäre! Und jetzt manipulierst du auch noch die Bibel, um den Priester um den Finger zu wickeln?

Es funktioniert. Der Priester gibt ihm das Brot, „weil kein anderes da war als die Schaubrote, die man vor dem Herrn nur hinwegnimmt, um frisches Brot aufzulegen an dem Tage, an dem man das andere wegnimmt“ (1. Samuel 21,7).

Heißhungrig verschlingt er die Laibe. Auch Ahimelech wird vermutlich ein wenig schlucken. Er wird sich fragen, ob seine Entscheidung richtig war. Hat er das Gesetz vielleicht ein wenig zu locker ausgelegt? Hat er es gar gebrochen? Oder hat er sich schlichtweg einem höheren Gesetz gebeugt? Der Priester war zu der Auffassung gelangt, dass der hungrige Magen in diesem Moment wichtiger war. Statt auf dem i-Tüpfelchen des Gesetzes zu beharren, entschloss er sich, der Not eines Gotteskindes abzuhelfen.

Und wie dankt David ihm für diesen Akt der Barmherzigkeit? Mit einer weiteren Lüge: „Ist nicht hier bei dir ein Spieß oder ein Schwert? Ich habe mein Schwert und meine Waffen nicht mit mir genommen, denn die Sache des Königs war eilig“ (1. Samuel 21,8).

Ganz offensichtlich ist Davids Glaube ins Wanken geraten. Es ist noch gar nicht lange her, da war alles, was er brauchte, eine Hirtenschleuder. Und jetzt, auf einmal, bittet er, der früher Sauls Rüstung verschmähte, den Priester um eine Waffe. Was ist aus unserem Helden geworden?

Ganz einfach. Er hat Gott aus dem Blickfeld verloren. Goliat ist in den Mittelpunkt seiner Gedankenwelt gerückt, und infolgedessen hat sich Verzweiflung in ihm breit gemacht. Diese blanke Verzweiflung bringt ihn zum Lügen, treibt ihm den Angstschweiß auf die Stirn und vernebelt die Wahrheit. Nirgends kann er sich verstecken, kein Proviant im Beutel, kein Ausweg in Sicht, vollkommen mittellos ist er. Teenie und ungewollt schwanger, in den besten Jahren und bankrott, alt und krank … Was bleibt einem noch, wenn die Falle der Verzweiflung einmal zugeschnappt ist?

Den geistlich Hungernden spendet die Gemeinde Nahrung.

Sie können sich zu Gott ins Heiligtum flüchten. In die Gemeinde Gottes. Sie können nach einem Menschen wie Ahimelech Ausschau halten, einem Gemeindeleiter mit einem Herz für die Verzweifelten.

Nachdem Ahimelech David zu essen gegeben hat, verlangt dieser nach einem Schwert. Das Einzige, was er hier in diesem Heiligtum vorfindet, ist eine Reliquie, das Schwert Goliats. Diese Klinge ist es, mit der David einst dem Riesen das Haupt abgeschlagen hat. Die Priester stellen es hier so zur Schau, wie das Accademia-Museum in Florenz heute Michelangelos David austellt.

„Das ist genau das, was ich jetzt brauche", meint David. Mit leerem Magen und ohne Waffe war er ins Heiligtum gekommen, und nun zieht er, gesättigt und mit dem Schwert des Riesen im Gepäck, seiner Wege.

Genau darin sieht Pastor und Buchautor Eugene Peterson den Auftrag der Kirche. „Das Heiligtum", so schreibt er, „ist der Ort ..., wo ich, ebenso wie David, Brot und ein Schwert bekomme – Kraft für den Tag und Waffen für den Kampf."[6]

Die Gemeinde Jesu bietet den geistlich Hungernden Nahrung:

Denn ich bin gewiss, dass weder Tod noch Leben, weder Engel noch Mächte noch Gewalten, weder Gegenwärtiges noch Zukünftiges, weder Hohes noch Tiefes noch eine andere Kreatur uns scheiden kann von der Liebe Gottes, die in Christus Jesus ist, unserm Herrn.
Römer 8,38–39

Denen, die auf der Flucht sind, bietet sie Waffen der Wahrheit:

Wir wissen aber, dass denen, die Gott lieben, alle Dinge zum Besten dienen, denen, die nach seinem Ratschluss berufen sind.
Römer 8,28

Brot und Schwert. Nahrung und Ausrüstung. Die Gemeinde ist dazu da, beides bereitzustellen. Gelingt ihr dies? Nicht immer. Menschen zu helfen ist nie ein sauberes Handwerk, weil Menschen, die Hilfe brauchen, nicht mit sauberen Kleidern daherkommen. Sie kommen als Menschen auf der Flucht, suchen Zuflucht vor irgendeinem wutschnaubenden Saul oder vor den beängstigenden Konsequenzen vergangener Fehlentscheidungen. Die Ahimelechs in den Kirchen unserer Tage (Leiter, Pastoren usw.) stehen dann vor der schwierigen Entscheidung, und die Alternativen sind keineswegs immer schwarz-weiß, richtig und falsch, sondern es gibt alle möglichen Grautöne und Abstufungen.

Strebe nach dem Geist des Gesetzes, nicht nach dem Buchstaben.

Jesus ruft uns dazu auf, im Zweifelsfalle so zu entscheiden, wie es die Barmherzigkeit gebietet. Ein Jahrtausend später verweist der Sohn Davids auf eben diese Bereitschaft zur Flexibilität, die Ahimelech an den Tag gelegt hatte.

Zu der Zeit ging Jesus am Sabbat durch ein Kornfeld; und seine Jünger waren hungrig und fingen an, Ähren auszuraufen und zu essen. Als das die Pharisäer sahen, sprachen sie zu ihm: Siehe, deine Jünger tun, was am Sabbat nicht erlaubt ist. Er aber sprach zu ihnen: Habt ihr nicht gelesen, was David tat, als ihn und die bei ihm waren hungerte? Wie er in das Gotteshaus ging und aß die Schaubrote, die doch weder er noch die bei ihm waren essen durften, sondern allein die Priester? Oder habt ihr nicht gelesen im Gesetz, wie die Pries-

ter am Sabbat im Tempel den Sabbat brechen und sind doch ohne Schuld?
Matthäus 12,1–5

Am Ende eines Tages im Heiligtum Gottes steht nicht die Frage im Vordergrund, wie viele Gesetze übertreten wurden, sondern wie viele Davids in ihrer Verzweiflung Nahrung und Ausrüstung gefunden haben. Ahimelech lehrt uns, dass es wichtiger ist, uns nach dem Geist des Gesetzes zu richten, als nach dem Buchstaben.

David weist allen, die sich in einer verzweifelten Lage befinden und Hilfe benötigen, den Weg zu Gottes Volk.

David weist allen, die sich in einer verzweifelten Lage befinden und Hilfe benötigen, den Weg zu Gottes Volk. In dieser Geschichte ist David ein Mensch, der auf die Nase gefallen ist. Das ist nun einmal typisch für Menschen, deren Lage verzweifelt ist. Doch immerhin landet er dabei am richtigen Ort, nämlich im Heiligtum Gottes, wo Gott die Hoffnungslosen empfängt und sich ihrer annimmt.

Lassen Sie mich zum Beweis noch einmal auf jenen gestrandeten und zerknirschten Mann in der Kirche zurückkommen, von dem zu Anfang dieses Kapitels die Rede war.

Hatte ich eigentlich erwähnt, wie groß die Gemeinde war? Es waren gerade mal ein dutzend Seelen, die sich da versammelt hatten, um sich gegenseitig Mut und Kraft zu geben. Wo hat sich diese Gemeinde versammelt? Es war ein gemieteter Saal im ersten Stock, irgendwo in Jerusalem. Wann hat sich das Ganze abgespielt? Es war an einem Sonntag, dem Sonntag nach der Kreuzigung. Es war der Sonntag nach jenem schrecklichen Donnerstagabend, an dem der Verrat geschehen war.

Es ist die Gemeinde der verzweifelten Jünger.

Gott gibt uns Brot für die Seele („Friede sei mit euch!“) und ein Schwert, mit dem wir kämpfen können („Nehmt hin den Heiligen Geist!“).

Der Mann, der da in der hintersten Ecke kauert, ist Petrus. Doch so sehr er sich auch die Ohren zuhält, das gebrochene Versprechen hallt noch immer nach. „Ich bin bereit, für dich in den Tod zu gehen!“, hatte er geschworen (Lukas 22,33, Paraphrasierung nach „The Message“). Doch im Feuer der nackten Angst, die gegen Mitternacht über ihn hereinbrach, war sein Mut schnell dahingeschmolzen. Und nun stehen er und die anderen Flüchtigen vor der Frage, was Gott wohl mit ihnen im Schilde führt. Jesus beantwortet sie ihnen, indem er selbst bei ihnen auftaucht.

Er bringt ihnen Brot für ihre Seelen: „Friede sei mit euch!“ (Johannes 20,19). Und er bringt ihnen ein Schwert, mit dem sie kämpfen können. „Nehmt hin den Heiligen Geist!“ (Vers 22). Brot und Schwerter. Beides gibt er den Verzagten. Auch heute noch.

5
DÜRRE ZEITEN

Das Tote Meer stirbt. Tropfen für Tropfen verschwindet es. Jahr für Jahr zieht sich das Wasser um etwa einen Meter zurück. Dies geschieht, obwohl von Galiläa her über den jordanischen Kanal immer frisches Wasser zufließt, Wasser, das so klar und sauber ist, dass es der Taufe des Messias würdig sein könnte. Doch das Tote Meer verdirbt es. Es wird trübe und wird Teil des großen Salzfriedhofs. In diesem Wasser wird man kaum Leben finden.

Auch in der Umgebung gibt es nur wenig Leben. Im Westen erheben sich merkwürdige Kliffs, die gut sechshundert Meter hoch aufragen und dann ganz allmählich abflachen. Die Erosion hat unzählige Höhlen, Täler und Rinnen geformt, in denen nur Hyänen, Eidechsen und Bussarde zu Hause sind … und David. Nicht freiwillig, wohlgemerkt. Er hat den Palast sicherlich nicht aus freien Stücken mit dieser Einöde eingetauscht.

Niemand sucht es sich aus, in der Wüste zu leben. Die Wüste bricht vielmehr von allen Seiten über einen herein – Hitze und Regen, Sandstürme und Hagel. Wir bevorzugen unsere klimatisierten Schlafzimmer und die Sicherheit unserer verkehrsberuhigten Wohnviertel.

Doch manchmal bleibt uns keine Wahl. Die Widrigkeiten brechen über uns herein und decken das Dach ab. Wie ein Tornado erfassen sie uns und setzen uns irgendwo in der Wüste wieder ab. Nicht in der Wüste im Südosten Israels, sondern in einer Wüstenzeit der Seele.

Eine Dürrezeit.

Solche Zeiten sind von Isolation geprägt. Saul hat David systematisch von seiner gewohnten Umgebung isoliert.

Ein halbes Dutzend Mordversuche hatten Davids militärischer Laufbahn ein jähes Ende bereitet. Die Verfolgung, der er ausgesetzt war, trieb einen Keil in seine Ehe. Nachdem seine Frau Michal ihm geholfen hatte zu entkommen, wurde sie von Saul zur Rede gestellt. „Ich konnte nicht anders", belog sie ihn. „Er drohte: ,Ich bringe dich um, wenn du mich nicht gehen lässt'" (1. Samuel 29,17 Hfa). Daraufhin war Davids Vertrauen in sie für immer erschüttert. Sie blieben zwar miteinander verheiratet, aber fortan schliefen sie in getrennten Betten.

Eine Wüstenzeit beginnt mit einer Abfolge von Brüchen und setzt sich in einer Reihe von Täuschungsmanövern fort.

David flüchtet sich vom Hof Sauls zum Hause Samuels. Kaum ist er dort angekommen, gibt jemand Saul einen heißen Tipp: „Siehe, David ist zu Najot in Rama" (1. Samuel 19,19).

Wieder flieht David, diesmal zu Jonatan, seinem Gefährten. Jonatan möchte ihm gerne helfen, doch was kann er schon tun? Sollte er den Hof einem Verrückten überlassen? Nein, er muss bei Saul bleiben. Davids Überlebenschancen werden nun sehr dünn.

Am Hof ist kein Platz mehr für ihn.

Eine Position in der Armee ist ihm verwehrt.

Seine Frau ist er los, der Priester kann ihm nicht helfen, ebensowenig wie sein Freund.

Es bleibt ihm nichts anderes übrig, als zu fliehen. Wüstenzeiten beginnen damit, dass die Brücken wegbrechen. Und dann kommen die Lügen.

Wir haben ja bereits gesehen, wie David sich in Nob, der Stadt der Priester, durchgemogelt hat. Es war ein heiliger Ort; David war weit davon entfernt, heilig zu sein. Er log, wann immer er den Mund auftat.

Bevor es mit ihm wieder bergauf geht, geht es erstmal noch viel tiefer bergab. David flieht nach Gath, in die Heimatstadt Goliats. Er versucht, eine Freundschaft zu begründen, indem er sich auf den gemeinsamen Feind beruft, nach dem Motto: Wenn deine Feinde auch meine Feinde sind, dann sind wir doch Freunde, oder?

Er täuscht sich.

Die Hittiter sind ihrem Gast überhaupt nicht freundlich gesonnen. „Ist das nicht David, der Anführer der Israeliten, für den sie tanzten und sangen: ‚Saul hat tausend Mann erschlagen, David aber zehntausend!'?" (1. Samuel 21,12 Hfa).

David gerät in Panik. Er ist wie ein Lamm unter Wölfen. Hochgewachsene Männer und gewaltige Mauern, lauter bohrende Blicke und spitze Lanzen. Wird David zu seinem himmlischen Hirten beten? Wird er in dieser Situation ein Bekenntnis zur Macht Gottes ablegen? Warten Sie besser nicht darauf. David hat Gott aus dem Blickfeld verloren. Er sieht nur Schwierigkeiten, und so nimmt er die Sache selbst in die Hand.

Er verstellt sich und spielt den Irren. Wie jemand, der den Verstand verloren hat, kratzt er an Türen und sabbert sich den Bart voll. Schließlich hat der König von Gath genug und meint: „Warum habt ihr diesen Kerl zu mir gebracht? Ihr seht doch selbst, dass er wahnsinnig ist. Glaubt ihr, in meiner Stadt sind Verrückte so selten, dass ihr mir diesen vorführt und hier herumtoben lasst? Denkt ihr, ich will so einen Gast haben?" So floh David aus Gath und versteckte sich in der Adullamhöhle (1. Samuel 21,14–22,1 Hfa).

Sind wir mutig genug, uns David so vorzustellen? David mit starren Augen, zitternd wie Espenlaub? Oder wie er sich mit einem irren Grinsen und heraushängender Zunge im Staub wälzt, wie er mit Schaum vor dem Mund grunzende Geräusche von sich gibt und wahllos um sich spuckt? Er spielt hier so etwas wie einen Epileptiker.

Die Philister glaubten, dass ein Mensch mit Epilepsie von einem Teufel Dagons besessen sei, der die Männer impotent und die Frauen unfruchtbar macht, der die Kinder tötet und die Tiere krank macht. Jeder Blutstropfen eines Epileptikers, so glaubten sie, brächte einen neuen Teufel hervor, und so jagten sie jeden Epileptiker zum Stadttor hinaus in die Wüste, wo er sterben sollte.[7] Genauso verfahren sie auch mit David. Sie treiben ihn aus der Stadt hinaus und überlassen ihn seinem Schicksal.

Er kann weder an den Hof von Saul noch zu seiner Frau Michal zurückkehren. Auch in die Stadt Samuels oder nach Nob kann er sich nicht wagen. So wählt er den einzigen Ausweg, der ihm noch bleibt. Er geht dorthin, wo sonst niemand hingeht, weil es dort einfach kein Überleben gibt. Er wählt die Wildnis der Wüste als Zufluchtsort. Er flüchtet sich in die zerklüfteten Schluchten rund um das Tote Meer und versteckt sich in einer Höhle, der Höhle von Adullam. Hier findet er Schutz, einen schattigen Ort und Abgeschiedenheit. Er macht es sich auf dem kühlen, staubigen Boden der Höhle bequem, schließt die Augen, und beginnt seine zehn Jahre währende Wüstenzeit.

Können Sie seine Lage ein wenig nachempfinden?

Gibt es da einen Saul, der Ihnen den Weg zu dem Leben, das Sie einmal hatten, und zu den Menschen, die Ihnen etwas bedeuten, verbaut hat?

Sind Sie in dem Bestreben, irgendwie Ihre Haut zu retten, auch schon einmal der Versuchung erlegen, die Wahrheit zu verdrehen und sich die Fakten so zurechtzulegen, wie es Ihnen gerade passte?

Haben Sie sich nach Gath geflüchtet? Unter normalen Umständen würden Sie da nie auch nur einen Fuß hineinsetzen, aber das hier ist einfach eine Ausnahmesituation, und so bleibt Ihnen nichts anderes übrig, als sich an die Brutstätte der Riesen zu begeben, von wo Sie nichts als Schwierigkeiten zu erwarten haben. Die heimliche Liebschaft oder der Bartresen. Sie treiben sich im Halbdunkel herum und begeben sich an äußerst fragwürdige Orte. Sie geben sich dem Wahnsinn hin, nur damit die Leute Ihnen gewogen bleiben, oder damit der Stress Sie nicht umbringt, bis Sie schließlich in irgendeiner Grotte in der Wüste wieder aufwachen, einer jener Höhlen von Adullam. Sie sind am Tiefpunkt Ihres Lebens angelangt. Alles ist taub, gerade so, als wären Sie von dröhnenden Ambossen umgeben. Vor Ihnen öffnet sich der Blick hinaus auf eine dürre, steinige und einsame Zukunft, und Sie fragen sich: „Was bleibt nun noch?"

Warum nehmen Sie sich nicht ein Beispiel an David? Zugegeben – er macht ein paar Verse lang ganz schön Blödsinn. Doch hier, in der Höhle von Adullam, fängt er sich wieder. Der aufrichtige Hirtenjunge in ihm gewinnt wieder die Oberhand. Der Riesentöter schöpft neuen Mut. Er ist obdachlos und wird steckbrieflich gesucht, aber irgendwie schafft er es nun, nicht mehr kopflos umherzurennen.

Gott rückt wieder ins Zentrum seiner Wahrnehmung, und er findet Zuflucht.

Zuflucht wird zu einem der Lieblingsworte Davids. Gehen Sie mal die Psalmen durch und unterstreichen Sie es dort. In einigen Übersetzungen finden Sie es an die vierzigmal. Doch wohl nirgends steht es so sehr im Mittelpunkt wie in Psalm 57. In der Einleitung heißt es: „Als er vor Saul in die Höhle floh."

Versuchen Sie sich David einmal bildlich vorzustellen, wie er im Halbdunkel der Höhle kniet, oder vielleicht sogar mit dem Gesicht im Staub liegt. Er kann nirgendwo hin. Wenn er nach Hause geht, bringt er seine Familie in Gefahr. Wenn er zum Heiligtum flieht, stürzt er damit unweigerlich die Priester ins

Verderben. Saul trachtet ihm nach dem Leben und in Gath ist er nicht willkommen. Im Heiligtum hat er Lügen erzählt, bei den Philistern hat er den Irren gespielt, und nun sitzt er da. Ganz alleine ist er.

Dann jedoch erinnert er sich wieder: Nein, er ist ja gar nicht allein. Auf einmal hört man liebliche Klänge von den Wänden der Höhle widerhallen:

Sei mir gnädig, Gott, sei mir gnädig! Denn auf dich traut meine Seele, und unter dem Schatten deiner Flügel habe ich Zuflucht, bis das Unglück vorübergehe.
Psalm 57,2

Machen Sie Gott zu Ihrem Zufluchtsort, nicht Ihre Arbeit, oder Ihren Ehepartner, auch nicht Ihren guten Ruf oder Ihre Kapitallebensversicherung. Flüchten Sie sich zum Herrn. Lassen Sie sich von ihm belagern, nicht von Saul. Lassen Sie ihn das Dach sein, das Sie vor der Hitze der Sonne beschirmt, die schützenden Wände, die den Wind abhalten, das Fundament, auf dem Sie stehen.

Vor einiger Zeit hatten wir einen solchen Höhlenmenschen bei uns in der Gemeinde zu Gast. Er hatte den Geruch von Adullam an sich. Gerade war seine Frau gestorben, und seine Tochter wurde von Tag zu Tag kränker. Und doch begegnete er Gott inmitten seiner Dürre. Die zentrale Erkenntnis, die er in dieser Zeit gemacht hat, war mir so wichtig, dass ich sie gleich in meiner Bibel notiert habe: „Dass Sie außer Jesus nichts brauchen, wird Ihnen erst dann wirklich klar, wenn Ihnen außer ihm nichts mehr geblieben ist."

Wer in Gottes Gegenwart Zuflucht findet, der überlebt die Wüste.

Eine zweite Entdeckung, die Sie in dieser Lage machen, ist die Gemeinschaft des Volkes Gottes.

Als seine Brüder und die ganze Verwandtschaft erfuhren, wo er sich aufhielt, kamen sie alle und schlossen sich ihm an. Bald scharten sich noch andere um ihn: Menschen, die sich in einer ausweglosen Lage befanden, die Schulden hatten oder verbittert waren. Schließlich war es eine Gruppe von etwa 400 Mann, und David wurde ihr Anführer.
1. Samuel 22,1–2

Es war sicherlich nicht gerade ein Garderegiment, was sich da versammelt hatte. Es waren Leute in Schwierigkeiten, auf der Flucht vor ihren Gläubigern, verkrachte Existenzen. Und gleich ein ganzer Haufen von ihnen. Schräge Typen waren es. Menschen, die am Bodensatz des Lebens angelangt waren. Ausgestoßene, Versager, Gestrandete.

Im Grunde genommen sind sie ein Abbild der Kirche. Sind wir nicht die Anlaufstelle für die Notleidenden, die vor dem Bankrott stehen, die irgendwie ihren Platz nicht finden?

Schaut doch euch selbst an, Brüder und Schwestern! Wen hat Gott denn da berufen? Es gibt ja nicht viele unter euch, die nach menschlichen Maßstäben klug oder einflussreich sind oder aus einer angesehenen Familie stammen. Gott hat sich vielmehr in der Welt die Einfältigen und Machtlosen ausgesucht, um die Klugen und Mächtigen zu demütigen. Er hat sich die Geringen und Verachteten ausgesucht, die nichts gelten, denn er wollte die zu nichts machen, die in der Welt etwas sind.
1. Korinther 1,26–28 GN

Gesunde Gemeinden sind voll von Menschen, die Höhlenbewohner sind oder es einmal waren – Leute, die sich in der Umgebung von Adullam nur zu gut auskennen. In Nob haben sie sich mit ein paar Lügengeschichten durchgemogelt. In Gath haben sie sich zum Narren gemacht. Und weil sie diese Zeiten nicht vergessen haben, handeln sie so, wie David es damals auch tat: Sie geben uns einen Ort, an dem wir bleiben können.

Wie könnte David diese Leute auch wegjagen? Er braucht sich keine Hoffnung zu machen, jemals zum Erzbischof gekürt zu werden. Er ist eine Anlaufstelle für Außenseiter. Und so begründet David eine Gemeinschaft von Versagern, die Gott suchen. Gott schmiedet sie zu einer mächtigen Truppe zusammen: „So kamen alle Tage einige zu David, ihm zu helfen, bis es ein großes Heer wurde wie ein Heer Gottes" (1. Chronik 12,22).

Gath, die Wüste, und dann Adullam.

Durchgedreht, vereinsamt, und am Ende rehabilitiert.

David war mit allen drei Stationen bestens vertraut. Dasselbe kann auch Whit Criswell von sich sagen. Er stammte aus einem christlichen Elternhaus in Kentucky. Als junger Mann hatte er sich in einer christlichen Gemeinde seine Sporen verdient. Doch dann verfiel er der Spielsucht. Tag für Tag setzte er bei Baseballwetten seine Habe aufs Spiel. Er verlor weit mehr als er gewann, und schon bald stand er beim Wettbüro dick in der Kreide. In seiner Not beschloss er, bei der Bank, wo er arbeitete, Gelder zu veruntreuen. Herzlich willkommen in Gath!

Es war natürlich nur eine Frage der Zeit, bis die Unregelmäßigkeiten auffielen, und so wurde eine Überprüfung angesetzt. Criswell wusste, dass er aufgeflogen war. In der Nacht vor der betriebsinternen Anhörung tat er kein Auge zu. Er beschloss, denselben Ausweg zu wählen, den auch Judas eingeschlagen hatte. So schrieb er seiner Frau einen Abschiedsbrief, fuhr auf einen Parkplatz, ein wenig außerhalb der Stadt, und setzte sich die Pistole an den Kopf. Da er es irgendwie nicht über sich brachte, den Abzug zu betätigen, machte er einen Probeschuss aus dem Fenster. Wieder setzte er sich die Mündung an die Stirn und murmelte: „Los, drück endlich ab, du nichtsnutziger Schweinehund. Du hast es nicht anders verdient." Aber er konnte nicht. Die Angst, er könnte am Ende vielleicht in der Hölle enden, hielt ihn davon ab, sich das Leben zu nehmen.

Gegen Morgen kehrte er völlig am Boden zerstört nach Hause zurück. Seine Frau hatte den Brief bereits gefunden und die Polizei alarmiert. Sie umarmte ihn, und dann wurde er in Handschellen abgeführt. Er war zutiefst gedemütigt, und doch fühlte er sich zugleich wie von einer tonnenschweren Last befreit. Es war demütigend, vor den Augen seiner Familie und der ganzen Nachbarschaft verhaftet zu werden, doch die Ketten der Unwahrhaftigkeit waren von ihm abgefallen. Er brauchte nun nicht mehr zu lügen.

Adullam war für Whit Criswell die Gefängniszelle. Hier fand er seinen Verstand wieder und kehrte zum Glauben zurück. Nach seiner Entlassung schloss er sich einer Gemeinde an und half, wo immer Hilfe gebraucht wurde.

Dass Sie außer Jesus nichts brauchen, wird Ihnen erst dann wirklich klar, wenn Ihnen außer ihm nichts mehr geblieben ist.

Die Jahre vergingen, und schließlich wurde er von der Gemeinde fest angestellt. Im Jahre 1998 bot ihm eine andere Gemeinde in der Gegend die Stelle des leitenden Pastors an. Inzwischen ist es eine der Gemeinden in Kentucky, die am dynamischsten wachsen.[8]

Wieder so ein rehabilitierter David.

Machen Sie auch eine Wüstenzeit durch? Bergen Sie sich in Gott wie jemand, der sich auf der Flucht in eine Höhle zurückzieht. Suchen Sie Zuflucht in seiner Gegenwart.

Und finden Sie Trost bei seinem Volk. Lassen Sie sich in einer Gemeinde von Menschen nieder, die es nur der Gnade Gottes zu verdanken haben, dass ihr Leben nicht in einer Tragödie geendet ist. Suchen Sie die Gemeinschaft von Leuten, die sich nach Adullam geflüchtet haben.

Zuflucht in Gottes Gegenwart. Trost inmitten seines Volkes. Dies ist das Überlebensrezept für Wüstenzeiten. Beherzigen Sie es, und – wer weiß? – womöglich entstehen gerade hier Ihre ergreifendsten Psalmen.

6
PEINIGER

In Oklahoma City im amerikanischen Bundesstaat Oklahoma gibt es ein Symbol, das fast schon etwas Heiliges hat. Es ist eine weit ausladende, achtzigjährige Ulme. Die Leute kommen von weit her, um diesen Baum zu sehen. Die Touristen posieren fürs Foto, und die Gärtner hegen und pflegen ihn. Er ist auf Postern abgebildet und schmückt Briefbögen. Es gibt zweifelsohne Bäume, die größer und prachtvoller sind, aber keiner wird auch nur annähernd so liebevoll gehegt. Die Menschen in Oklahoma City bewundern diese Ulme nicht wegen ihrer Schönheit, sondern wegen ihres Lebenswillens.

Sie hat das Bombendrama von Oklahoma City überstanden.

Der Attentäter, Timothy McVeigh, stellte den Lkw mit der todbringenden Fracht nur wenige Meter von ihr entfernt ab. Die Schreckensbilanz dieses teuflischen Verbrechens waren 168 Todesopfer und 850 Verletzte. Der „Alfred P. Murrah"-Gebäudekomplex wurde völlig verwüstet, sodass die Ulme unter einem riesigen Schuttberg begraben wurde. Damals hätte sicherlich niemand etwas auf sie gegeben. Es nahm überhaupt niemand Notiz von diesem zerfetzten und schuttbedeckten Überbleibsel eines Baumes.

Doch dann begann die Ulme wieder auszutreiben.

Frische Triebe brachen durch die geschundene Rinde, und zwischen dem grauen Schuttstaub spross frisches Grün hervor. An jenem Ort des Todes entstand neues Leben. Auf einmal fingen die Leute an, Notiz davon zu nehmen. Der Baum wurde zum Sinnbild jenes unbezwingbaren Überlebenswillens, den sich die Opfer der Katastrophe für sich selbst wünschten. So gab man der Ulme einen Namen: Der Überlebensbaum.[9]

Auch heute gibt es Menschen wie Timothy McVeigh, die mit ihrem Wahnsinn die Welt erschüttern. Ihre Taten sind durch nichts zu rechtfertigen, sie übersteigen unser Begriffsvermögen, und sie fügen uns Wunden zu, die uns für den Rest des Lebens prägen. Wir möchten gerne so sein wie dieser Baum – Überlebenskünstler, die über das Böse triumphieren und inmitten von Ruinen neue Triebe hervorbringen. Aber wie ist das möglich?

Wir können uns da einiges von David abschauen. Als Saul „McVeigh" über David herfällt und alles dem Erdboden gleichmacht, flüchtet David Hals über Kopf in die Wüste und sucht in den Höhlen am Toten Meer Unterschlupf. Ein paar hundert Getreue schließen sich ihm an. Aber dann stellt Saul ihm auch in der Wüste nach. Es sind zwei dramatische Begebenheiten überliefert, in denen uns David ein Beispiel dafür gibt, wie man seinen Peinigern Gnade erweisen kann.

Szene Nummer 1: Saul lässt den Tross halten. Alles kommt zum Stehen. Dreitausend Soldaten schauen zu, wie ihr König vom Pferd steigt und den Berghang erklimmt.

Die Gegend von En Gedi glüht wie ein Backofen, und die stechende Sonne brennt den Soldaten auf den Nacken. Zwischen den Felsen und unter Steinen verstecken sich Eidechsen und Skorpione. In den Höhlen suchen Schlangen Deckung, so wie Saul es nun tut.

Er begibt sich in eine Höhle, „um seine Notdurft zu verrichten. Hinten in der Höhle saß David mit seinen Männern" (1. Samuel 24,4 Hfa). Als er aus dem gleißenden Licht ins Dunkel der Höhle tritt, sind seine Augen blind, und so bemerkt er die Gestalten nicht, die sich dort mucksmäuschenstill an die Wände kauern.

Davids Gefährten können ihn freilich sehr wohl sehen. Während also Saul sich nichts ahnend erleichtert, sind Dutzende von Augenpaaren auf ihn gerichtet. Die Gedanken der Männer rasen hin und her, und jeder hat die Hand am Dolch. Dies ist die Gelegenheit, um der Tyrannei Sauls und ihrem Flüchtlingsdasein mit einem Hieb ein Ende zu bereiten. Aber David hält sie zurück. Vorsichtig pirscht er sich an ihn heran und zieht das Messer. Doch anstatt Saul die Kehle durchzuschneiden, trennt er lediglich einen Zipfel seines Gewandes ab und verkriecht sich sogleich wieder im hinteren Teil der Höhle.

Die Männer schauen ihrem Anführer fassungslos zu. Auch David selbst ist fassungslos, allerdings aus einem ganz anderen Grund. In ihren Augen war er viel zu sanft, er selbst dagegen findet, dass er sich schon viel zu viel herausgenommen hat. Anstatt sich zu brüsten, macht er sich Vorwürfe.

Doch er hatte ein schlechtes Gewissen dabei, und sein Herz klopfte wild. Als er wieder zu seinen Männern kam, sagte er: „Der Herr bewahre mich davor, meinem König etwas anzutun, denn er ist vom Herrn ernannt worden! Nein, niemals werde ich Saul töten, denn der Herr hat ihn zum König eingesetzt."
1. Samuel 24,6–7 Hfa

Saul verlässt die Höhle, und David geht ihm nach. Er hält das Stück Stoff hoch und ruft (wenn auch mit etwas eloquenteren Worten): „Ich hätte dich umbringen können, aber ich habe es nicht getan."

Saul schaut zu ihm hinauf und meint voller Verblüffung: „Wer lässt schon seinen Feind unbehelligt laufen, wenn er ihn einmal in seiner Gewalt hat?" (1. Samuel 24,19 Hfa).

Genau dies tut David und zwar nicht nur einmal.

Wenige Kapitel später ist Saul erneut auf der Jagd nach ihm. Auch dieses Mal wird er von David überlistet. Während im Lager alles schläft, schleicht sich David zusammen mit einem seiner Männer an den Wachen vorbei, bis sie direkt neben Saul stehen, der friedlich in seinem Bett liegt und schnarcht. „,Heute hat Gott dir deinen Feind ausgeliefert!', flüsterte Abischai David zu. ,Lass mich ihn mit seinem Speer an den Boden spießen! Ich brauche nur einen einzigen Stoß; ein zweiter wird nicht nötig sein! Darauf kannst du dich verlassen.'" (1. Samuel 26,8 Hfa).

Doch David will nichts davon wissen. Statt den König umzubringen, nimmt er seinen Speer und einen Krug Wasser und schleicht sich wieder davon. Aus sicherer Entfernung weckt er Saul und die Soldaten, indem er lauthals verkündet: „Der Herr hat dich heute in meine Hand gegeben, ich aber wollte meine Hand nicht an den Gesalbten des Herrn legen" (1. Samuel 26,23 Hfa).

Wiederum schont David Sauls Leben.

Auch diesmal zeigt er, dass seine Perspektive ganz von Gott bestimmt ist. Wer steht im Mittelpunkt seines Denkens? „Der Herr aber wird [...]. Denn der Herr hat [...] den Gesalbten des Herrn [...] in den Augen des Herrn [...]" (1. Samuel 26,23–24).

Da fallen uns unweigerlich wieder die Menschen ein, die uns das Leben zur Hölle machen. Es ist eine Sache, unseren Freunden wohlgesonnen zu sein, aber denen, die uns übel mitgespielt haben? Könnten Sie das? Wie würden Sie sich verhalten, wenn Sie den Darth Vader in Ihrem Leben einmal einen Augenblick lang zu fassen bekämen? Würden Sie sich dazu durchringen können, es David gleichzutun?

Vielleicht könnten Sie es ja. Manche Menschen scheinen irgendwie ein besonderes Organ zu haben, das es ihnen ermöglicht, zu vergeben, anstatt Groll zu hegen und den alten Schmerz immer wieder wachzurufen. Andere dagegen (vielleicht sogar die Mehrheit von uns?) haben große Mühe damit, den Sauls in unserem Leben zu vergeben.

Solange wir nach Rache streben, bleiben wir auf die widerwärtigsten Augenblicke in unserem Leben fixiert.

Natürlich, wenn es bei einem Mal bleibt, dann sind wir im Allgemeinen nachsichtig. Wenn uns jemand den Parkplatz vor der Nase wegschnappt oder eine Verabredung vergisst – sogar dann, wenn uns die Handtasche gestohlen wird. Über solche Ordnungswidrigkeiten sehen wir schon einmal hinweg, aber wie steht es mit den handfesten Straftaten? Und wie halten wir es mit Wiederholungstätern? Wie gehen wir mit den Sauls um, die uns um unsere Kindheit betrogen haben oder um unsere Altersversorgung oder um unsere Gesundheit?

Wie wäre es, wenn dieser Schuft sich einmal in Ihre Höhle verirren oder zu Ihren Füßen schlafen würde? Würden Sie so reagieren wie David? Würden Sie es über sich bringen, dem Dreckskerl zu vergeben, der Ihnen so viel angetan hat?

Wenn nicht, dann sind Sie in höchster Gefahr. „Denn einen Toren tötet der Unmut, und den Unverständigen bringt der Eifer um“ (Hiob 5,2).

Solange wir nach Rache streben, bleiben wir auf die widerwärtigsten Augenblicke in unserem Leben fixiert. Wer darauf aus ist, Rechnungen zu begleichen, der kommt nie von den traumatischen Erlebnissen der Vergangenheit los. Wollen Sie das? Hilft es Ihnen, ein besserer Mensch zu werden, wenn Sie die Erfahrungen, die Sie verletzt haben, ständig wiederkäuen und von Neuem durchleben? Sicher nicht. Im Gegenteil! Sie gehen dabei zugrunde.

In diesem Zusammenhang fällt mir eine Begebenheit aus einer alten Fernsehkomödie ein. Joe beschwert sich bei Jerry über die lästige Angewohnheit eines gemeinsamen Bekannten. Er bohrt seinem Gegenüber immer den Finger in die Brust, wenn er mit einem redet. Es macht Joe so verrückt, dass er schließlich eine Möglichkeit ersinnt, wie er es ihm heimzahlen kann.

Er zeigt Jerry ein kleines Fläschchen mit hochexplosivem Nitroglycerin, das er an einem Band befestigt hat, und meint: „Das hier werde ich mir um den Hals hängen, sodass die Flasche genau an der Stelle hängt, wo er immer seinen Finger hineinbohrt. Das nächste Mal, wenn er es wieder macht, wird er es bitter bereuen."

Aber wer diesen Einfall am Ende weitaus mehr bereuen wird, ist doch wohl Joe selbst! Wer seinem Feind nach dem Leben trachtet, der kann sich sein eigenes Grab gleich mit schaufeln. „Ärger ruht im Herzen des Toren" (Prediger 7,9). Auge um Auge heißt: Wegen dir habe ich meinen Job und mein Ansehen verloren, und ich werde nicht eher Ruhe geben, bis dein Job und dein Ansehen auch zerstört sind! Ich will deinen Hals, und wenn es mich meinen eigenen kostet! Wie wird dieser Kreislauf durchbrochen? Indem einer der Beteiligten anfängt, seine Wahrnehmung so von Gott durchdringen zu lassen, wie David es tat.

Er trat Saul mit derselben Haltung entgegen, mit der er auch Goliat begegnete – seine Perspektive war ganz und gar von Gott eingenommen. Was beherrschte sein Denken in jenem Moment, da seine Mitstreiter in der Höhle ihn drängten, Saul umzubringen? „Der Herr bewahre mich davor, meinem König etwas anzutun, denn er ist vom Herrn ernannt worden! Nein, niemals werde ich Saul töten, denn der Herr hat ihn zum König eingesetzt" (1. Samuel 24,6–7 Hfa).

Und als er Saul dann vom Eingang der Höhle aus rief, da „neigte (David) sein Antlitz zur Erde und fiel nieder" (1. Samuel 24,9). Erneut bekundet er: „Ich will meine Hand nicht an meinen Herrn legen; denn er ist der Gesalbte des Herrn" (1. Samuel 24,10).

In der zweiten Szene, bei ihrem nächtlichen Vorstoß ins Lager, bekräftigt David seine Überzeugung noch einmal: „Tu ihm nichts zuleide; denn wer könnte die Hand an den Gesalbten des Herrn legen und ungestraft bleiben?" (1. Samuel 26,9).

Nahezu ein halbes Dutzend Mal nennt David Saul hier „den Gesalbten des Herrn". Dabei könnte man sich ohne Weiteres eine ganze Reihe von anderen treffenden Bezeichnungen vorstellen. Doch David hat offenbar ein anderes Bild von Saul. Für ihn ist er nicht der Todfeind, sondern der Gesalbte Gottes. Er weigert sich, in seinem Peiniger etwas anderes als ein Kind Gottes zu sehen. Damit heißt er keineswegs Sauls Verhalten gut, sondern er gibt dem die Ehre, der hinter Saul steht: Gott. David sieht Saul durch einen himmlischen Filter hindurch. Trotz allem war der König noch immer in Gottes Hand, und dieses Bewusstsein gab David Hoffnung.

Vor einigen Jahren fiel einmal der Rottweiler eines benachbarten Hundetrainers über unseren kleinen Golden Retriever-Welpen her. Dieser Nichtsnutz von einem Hund brach einfach aus seinem Drahtverhau aus und drang in den Zwinger unserer Molly ein. Es fehlte nicht viel, und er hätte sie umgebracht. Zum Glück kam sie mit ein paar Dutzend Bisswunden und einem halb abgerissenen Ohr davon. Was ich damals über diesen Köter dachte, reichte nicht im Entferntesten an den Großmut eines David heran. Wenn ich diesem Vieh in einer Höhle begegnet wäre, dann hätte es mit Sicherheit nicht mehr das Licht der Sonne erblickt. Ich schrieb einen Brief an den Eigentümer, in dem ich ihm dringend nahelegte, den Hund einschläfern zu lassen.

Doch als ich dem Eigentümer den Brief gab, flehte er mich an, es mir doch noch einmal zu überlegen. „Natürlich ist es schrecklich, was der Hund da angerichtet hat, aber ich bin ja auch noch nicht fertig mit ihm. Wir sind doch noch mitten im Training."

Dasselbe würde Gott über den Rottweiler sagen, der über Sie hergefallen ist. „Was dieser Mensch dir angetan hat, ist absolut unvorstellbar, inakzeptabel und unverzeihlich, aber ich habe ihn noch nicht aufgegeben."

Selbst mit Ihren Feinden hat Gott noch etwas vor. Die Tatsache, dass ihr Herz noch schlägt, ist der Beweis dafür, dass er sie nicht endgültig fallen gelassen hat. Auch wenn diese Menschen sich nicht um Gottes Willen scheren, ist Gott dennoch nicht fertig mit ihnen, und Sie erweisen Gott Ehre, wenn Sie ihm zugestehen, selbst hier noch auf eine Wendung hinzuarbeiten.

Im Übrigen: Wer hat uns zum Rächer ernannt? David war dies sehr wohl bewusst. Vom Eingang der Höhle aus rief er: „Der Herr soll Richter sein und entscheiden, wer von uns beiden im Recht ist. Er soll dich für das Unrecht bestrafen, das du mir antust. Ich aber werde dir kein Haar krümmen. [...] Der Herr soll unser Richter sein. Er soll entscheiden" (1. Samuel 24,13.16 Hfa).

Gestehen Sie Gott zu, selbst bei Ihren Feinden noch auf eine Wendung hinzuarbeiten.

Gott ist der einzige oberste Verfassungsrichter im Himmel. Er trägt die Robe, und er teilt sie mit niemandem. Aus diesem Grunde schreibt auch Paulus: „Es ist allein meine Sache, Rache zu nehmen. Ich werde alles vergelten" (Römer 12,19 Hfa).

Wer selbst nach Vergeltung strebt, der macht die Rechnung ohne Gott. Wenn wir Selbstjustiz betreiben, dann verdrängen wir Gott von seinem Stuhl und sagen ihm: „Mir ist einfach nicht ganz wohl bei dem Gedanken, dich richten zu lassen. Am Ende bist du dabei zu sanft und zu zögerlich. Vielen Dank, aber das mache ich doch lieber selbst."

Sagen wir das nicht manchmal? Dabei lehrt uns das Beispiel Jesu etwas ganz anderes. Es gab nie einen Menschen, der klarer erkannt hätte, was Recht und was Unrecht ist, als den Sohn Gottes. Und dennoch: „Wenn man ihn beschimpfte oder misshandelte, hat er es ohne Widerspruch ertragen; denn er wusste, dass Gott ein gerechter Richter ist und seine Sache vertritt" (1. Petrus 2,23 Hfa).

Gott allein vermag es, die Dinge richtig zu beurteilen. Unsere Strafen fallen zu milde oder zu streng aus. Gott aber ist absolut gerecht. Nur ihm kommt es zu, Vergeltung zu üben. Überlassen Sie Ihre Feinde dem Herrn. Sie heißen damit noch lange nicht ihr Verhalten gut. Es ist möglich, die Dinge, die Ihnen angetan wurden, zu verabscheuen, ohne sich vom Hass verzehren zu lassen. Vergeben ist nicht gleichbedeutend mit entschuldigen.

Vergeben heißt auch nicht, so zu tun, als wäre nichts geschehen. David hat Sauls Sünde weder beschönigt noch hat er darüber hinweggesehen. Er hat die Dinge klar beim Namen genannt, ohne auszuweichen, doch er hat die Konfrontation mit Saul vermieden. „Da zog Saul heim. David aber mit seinen Männern zog hinauf auf die Bergfeste" (1. Samuel 24,23).

Nehmen Sie sich ein Beispiel an ihm. Seien Sie barmherzig, aber bleiben Sie notfalls auf Abstand. Sie können dem gewalttätigen Ehemann vergeben, doch das bedeutet nicht, dass Sie auch mit ihm zusammenleben müssen. Seien Sie barmherzig, wenn ein Pastor unmoralisch gehandelt hat, auch wenn Sie ihn aus seinem Amt entfernen müssen.

Vergeben heißt, die Person, die sich eines Vergehens schuldig gemacht hat, mit anderen Augen zu sehen.

Es gibt in der Gesellschaft eine Reihe von Beispielen dafür, wie man Gnade gewähren und zugleich maßregeln kann. Soll der Kinderschänder ruhig noch einmal eine Chance bekommen, aber das bedeutet ja nicht, dass man ihm die Gelegenheit geben sollte, sich auf Spielplätzen herumzutreiben.

Vergeben heißt, nicht dumm zu sein. Im Kern geht es darum, die Person, die sich eines Vergehens schuldig gemacht hat, mit anderen Augen zu sehen. Als die Missionare der Herrnhuter Brüder den Eskimos das Evangelium brachten, da hatten sie große Mühe, den Begriff der Vergebung in ihre Sprache zu übersetzen. Am Ende kamen sie auf das folgende Wortungetüm: „Issumagijoujungnainermik“. Diese sperrige Aneinanderreihung von Buchstaben bedeutet wörtlich in etwa „nicht mehr darüber nachsinnen können“.[10]

Vergebung heißt, anders ausgedrückt, nicht mehr über das Vergehen nachzudenken. Entschuldigen Sie es nicht, beschönigen Sie es nicht, und unterstützen Sie es nicht. Lassen Sie Ihre Gedanken einfach im Himmel durchfiltern, sehen Sie Ihren Feind als Kind Gottes, und überlassen Sie es Gott, Vergeltung zu üben.

Wie sollten wir, die wir selbst Gottes Gnade empfangen haben, irgendetwas anderes tun? Haben wir die Unverschämtheit, Gott um Gnade zu bitten und selbst keine Gnade zu gewähren? In der Bibel wird dieses Thema immer wieder angesprochen. Jesus ging Sünder, die nicht bereit waren, anderen Sündern Gnade zu gewähren, sehr hart an. Erinnern Sie sich noch an den Diener, der gerade eine Millionenschuld erlassen bekommen hatte, und sich dann weigerte, seinerseits jemand anderem Aufschub zu gewähren, der ihm einen lächerlich kleinen Betrag schuldete? So etwas erregt den Zorn Gottes: „Du herzloser Diener! Ich habe dir deine großen Schulden erlassen, weil du mich darum gebeten hast. Müsstest du da nicht auch mit diesem Diener Mitleid haben, so wie ich Mitleid mit dir hatte?“ (Matthäus 18,32–33 NL).

Am Ende sind wir gnädig, weil wir selbst Gnade empfangen haben. Wir überleben, weil wir es dem „Überlebensbaum“ gleichtun. Wir treiben unsere Wurzeln voran, über den Boden des Bombenkraters hinaus. Wir zapfen Wasserspeicher an, die so tief liegen, dass keine Explosion sie erreicht. Wir wachsen immer weiter in die Tiefe, bis wir uns aus dem Reservoir der Gnade Gottes speisen.

Wie Saul, so haben auch wir Gnade empfangen.

Wie David, so können auch wir sie freimütig weiterschenken.

7 BARBARISCHE VERHALTENSWEISEN

Ernest Gordon liegt stöhnend im Sterbehaus von Chungkai in Burma. Um sich herum hört er das Klagen der Sterbenden. Der Gestank der Toten dringt ihm in die Nase. Die unerträgliche Gluthitze des Dschungels gerbt seine Haut und lässt die Kehle austrocknen. Wenn er nur einen Funken Kraft hätte, würde er seine abgemagerten Hüften bedecken, aber er ist so schwach, dass es ihm vollkommen gleichgültig ist. Die Diphterie hat ihn völlig ausgezehrt. Seine Beine sind lahm, und sein Körper gefühllos. Umschwärmt von Fliegen liegt er auf seiner verwanzten Matte in einem japanischen Kriegsgefangenenlager und wartet darauf, bis ein einsamer Tod ihn von seinen Qualen erlöst.

Hinter ihm liegen schreckliche Erlebnisse. Er hatte sich mit Anfang zwanzig als kräftiger junger Mann für die schottische *Argyle and Sutherland Brigade* gemeldet. Dann kam er in japanische Gefangenschaft, musste Tag für Tag im Dschungel Knochenarbeit leisten, wurde geprügelt und durch die mageren Rationen langsam ausgehungert. Die Erinnerung an Schottland scheint ihm vollkommen unwirklich, und die Welt der Zivilisation ist wie ein verblassender Traum.

Die Soldaten werden in der Gefangenschaft zu Barbaren. Sie bestehlen sich gegenseitig, berauben ihre sterbenden Kameraden und schlagen sich um kleinste Bröckchen ihrer kargen Verpflegung. Diejenigen, die das Essen ausgeben, verteilen absichtlich zu wenig, damit für sie selbst mehr übrig bleibt. Der Überlebenskampf der Wildnis des Urwalds beherrscht mit seinen Gesetzen das Leben im Lager.

Gordon ist im Grunde froh, dass er dies nun bald hinter sich haben wird. Besser an dieser Krankheit zugrunde zu gehen, als das Dasein in Chungkai noch länger ertragen zu müssen. Doch dann geschieht etwas Wunderbares. Zwei neue Gefangene, in denen die Hoffnung noch nicht erloschen ist, werden ins Lager verlegt. Auch sie sind von Krankheit und Auszehrung gezeichnet, doch sie orientieren sich an einem höheren Gesetz. Sie teilen ihre kargen Rationen und lassen sich für andere zur Arbeit einteilen. Sie reinigen Gordons Geschwüre und massieren seine atrophierten Muskeln. Nach sechs Wochen bekommt Gordon zum ersten Mal wieder ein Bad. Langsam kommt er zu Kräften und findet seine Würde wieder.

Ihre Menschlichkeit ist ansteckend, und auch Gordon wird davon angesteckt. Er fängt nun ebenfalls an, seine Rationen mit Kranken zu teilen. Selbst seine wenigen Habseligkeiten schenkt er weg. Immer mehr Soldaten werden von dieser Welle der Hilfsbereitschaft erfasst. Der Umgangston im Lager ändert sich. An die Stelle von Selbstsucht tritt Selbstlosigkeit. Die Soldaten fangen an, Gottesdienste zu feiern und Bibelstunden zu halten.

Zwanzig Jahre später, als Hochschulpfarrer der Universität Princeton, beschreibt Gordon diese bemerkenswerte Veränderung so:

Der Tod war noch in unserer Mitte – daran konnte überhaupt kein Zweifel bestehen –, doch wir wurden nach und nach von seinem alles erstickenden Würgegriff befreit. Eigennutz, Hass … und Stolz waren allesamt lebensfeindlich. Liebe … Selbstaufopferung … und

Glaube dagegen waren die Essenz des Lebens ... Gaben, die Gott uns Menschen gab... Der Tod hatte nicht mehr das letzte Wort in Chungkai.[11]

Selbstsucht, Hass und Stolz – so etwas findet man beileibe nicht nur in einem Kriegsgefangenenlager. In einem Studentenwohnheim ist dies sicher auch der Fall, ebenso wie im Sitzungssaal einer Firma oder im ehelichen Schlafzimmer – und zwar wohin man schaut. Die Gesetze des Dschungels gelten bis heute überall. Jeder kämpft für sich. Strebe hoch hinaus und nimm dir, was du kriegen kannst. Nur die Besten kommen durch.

Lassen Sie sich durch die allgemein gültigen Gepflogenheiten bestimmen? Dreht sich Ihre Welt ganz um Sie? Meine Karriere, meine Träume, mein Besitz. Ich will, dass alles nach meinen Vorstellungen läuft und sich nach meinem Terminkalender richtet. Wenn ja, dann ist Ihnen sicher bewusst, wie brutal dieser Riese sein kann. Und doch kommt es immer wieder vor, dass im Schlamm ein Diamant aufstrahlt – jemand, der zum Teilen bereit ist, der sich sich wirklich interessiert, und auf einmal taucht vor Ihnen auf dem Weg eine Abigail auf. Sie war wirklich eine ganz außergewöhnliche Frau.

Sie lebte zur selben Zeit wie David, und sie war mit einem Mann namens Nabal verheiratet, was im Hebräischen so viel wie „Dummkopf" bedeutet. Er machte seinem Namen alle Ehre.

Sie können sich ihn vielleicht ein wenig wie den Saddam Hussein dieser Gegend vorstellen. Er hatte viele Rinder und Schafe, und er war stolz darauf. Seine Hausbar war immer gut bestückt, seine Frauenbekanntschaften waren reichlich, und er war immer in seiner extralangen Luxuslimousine unterwegs. Im Fußballstadion saß er stets auf der Ehrentribüne, und übers Wochenende flog er des Öfteren nach Las Vegas. Wo immer er auftauchte, war er von einem Pulk breitschultriger Leibwächter in schwarzen Anzügen umgeben.

Und die hatte er auch nötig. Er war „grobschlächtig und ungehobelt – ein richtiger kalebitischer Hund ... Er war so boshaft, dass niemand mit ihm zu reden wagte“ (1. Samuel 25,3.17)[12]. Sein Sozialverhalten hatte er sich von den Tieren im Zoo abgeschaut. Irgendwie brachte er es fertig, alle Leute, denen er begegnete, zu vergraulen und gegen sich aufzubringen. Nabals Welt drehte sich nur um eine Person – ihn selbst. Er war niemandem ewas schuldig, und der Gedanke, jemals etwas mit irgendjemandem zu teilen, war in seinen Augen vollkommen lächerlich.

Dies galt natürlich erst recht für David.

David spielte die Rolle eines Robin Hood der Wüste. Mit seiner sechshundert Mann starken Truppe schützte er Kleinbauern und Hirten vor Banditen und vagabundierenden Beduinen. Im damaligen Israel gab es keine Polizei, und so waren er und seine Männer überall sehr willkommen. Als Schutzmacht waren sie so effektiv, dass Nabals Hirten meinten: „[...] sie sind wie Mauern um uns gewesen Tag und Nacht, solange wir die Schafe in ihrer Nähe gehütet haben“ (1. Samuel 25,16).

David und Nabal vertrugen sich so gut wie zwei Stiere auf derselben Weide. Sie waren beide energisch und sturköpfig, und so war es nur eine Frage der Zeit, bis sie aneinandergerieten.

Während der Erntezeit braute sich das Unheil zusammen. Die Schafe waren geschoren und das Heu eingebracht, und es war Zeit, mit frisch gebackenem Brot, gegrilltem Lamm und Wein zu feiern. Zu dieser Jahreszeit gönnte man sich ein wenig Ruhe vom Alltagsbetrieb auf den Feldern und Weiden und genoss die Früchte seiner Arbeit. Genau dies taten nun auch Nabals Leute.

Als David von ihrem Festbankett hört, meint er, dass seine Leute doch eigentlich auch eine Einladung verdient hätten. Schließlich haben sie auf den Hügeln und in den Tälern der

Gegend Wache gehalten, sodass die Weiden und Felder sicher waren. Steht ihnen da nicht ein Anteil zu? David schickt also eine Gesandtschaft zu Nabal und meint: „Lass meine Leute Gnade finden vor deinen Augen, denn wir sind an einem Festtag gekommen. Gib deinen Knechten und deinem Sohn David, was du zur Hand hast" (1. Samuel 25,8).

Der ungehobelte Nabal kann über ein solches Ansinnen nur lachen:

Wer ist David? Und wer ist der Sohn Isais? Es gibt jetzt viele Knechte, die ihren Herren davongelaufen sind. Sollte ich mein Brot und mein Wasser nehmen und mein Fleisch, das ich für meine Scherer geschlachtet habe, und Leuten geben, von denen ich nicht weiß, wo sie her sind?
1. Samuel 25,10–11

Nabal tut einfach so, als hätte er noch nie etwas von David gehört, und wirft ihn mit entflohenen Sklaven und Landstreichern in einen Topf. Erbost durch den unverschämten Empfang, der ihnen bereitet wird, machen die Männer auf dem Absatz kehrt und eilen zu David, um ihm Bericht zu erstatten.

So lässt sich David nicht abfertigen. Sofort lässt er ein Sondereinsatzkommando aufstellen: „Holt eure Schwerter!" (1. Samuel 25,13 Hfa).

Vierhundert Mann schwingen sich auf die Pferde und preschen los, mit funkelnden Augen, bebenden Lippen und einem kräftigen Schuss Testosteron im Blut. Sie können es kaum erwarten, Nabal, diesem Schuft, den Garaus zu machen, noch während er mit seinen Kumpels bei Bier und Grillfleisch zusammensitzt. Die Erde erbebt unter der Wut Davids: „Gott soll mich strafen, wenn er von allen seinen Leuten morgen früh noch einen hat, der an die Wand pinkelt!" (1. Samuel 25,22 GN).

Ölzweige bringen mehr Gutes hervor, als Streitäxte es jemals könnten.

Halten Sie sich fest! Der Wilde Westen hält Einzug im Nahen Osten.

Auf einmal jedoch taucht da eine Schönheit vor ihnen auf. Eine Wüstenblume erhebt sich. Es ist so, als würde im Fleischereibetrieb auf einmal ein weißer Schwan auftauchen. Nabals Frau Abigail tritt ihnen in den Weg. War er grob und gemein, so war sie „schön und klug" (1. Samuel 25,3 GN).

Schönheit und Intelligenz – beides wirft Abigail in die Waagschale. Sobald sie von Nabals unverschämtem Verhalten erfährt, schreitet sie zur Tat. Ohne ihrem Mann ein Sterbenswörtchen zu sagen, klaubt sie Geschenke zusammen und macht sich auf den Weg, um David abzufangen. Als er mit seinen Männern den Hügel heruntergeprescht kommt, geht sie in Stellung, bewaffnet mit „200 Fladenbroten, zwei Krügen voll Wein, fünf geschlachteten Schafen, einem Sack gerösteter Körner, 100 Portionen gepresster Rosinen und 200 Portionen Feigenmark", die sie auf ein paar Esel geladen hatte (1. Samuel 25,18 GN).

Vierhundert Männer reißen am Zügel, kommen aus vollem Galopp zum Stehen und trauen ihren Augen nicht, die einen wegen der Verpflegung, die anderen wegen des Anblicks der Frau. Hübsch ist sie, und gut kochen kann sie auch noch – diese Kombination bringt jede Armee zum Stehen! (Stellen Sie sich einmal vor, wie eine attraktive Blondine in der Kaserne auftaucht und eine ganze Wagenladung Hotdogs und Eis verteilt.)

Abigail ist nicht dumm. Sie weiß genau, worum es geht. Sie ist in diesem Moment die letzte Rettung für ihre Familie. Sie wirft sich David zu Füßen und gibt ein Plädoyer von sich, das würdig ist, in der Bibel widergegeben zu werden. „Ach, mein Herr, auf mich allein falle die Schuld! Lass deine Magd reden vor deinen Ohren und höre die Worte deiner Magd" (1. Samuel

25,28). Sie überbringt ihm die Geschenke und fleht David an, Nabal Gott zu überlassen und nichts zu tun, was ihn am Ende mit Reue erfüllt.

Ihre Worte treffen David wie die warme Sommersonne einen Eisblock. Er schmilzt dahin:

Ich danke dem Herrn, dem Gott Israels, dass er dich gerade in diesem Augenblick zu mir geschickt hat! […] Ich danke dir, dass du mich heute davon abgehalten hast, mich auf eigene Faust zu rächen und einen Mord zu begehen. […] Keiner von Nabals Männern hätte den nächsten Morgen erlebt, wenn du nicht so schnell gehandelt hättest […] Du kannst beruhigt nach Hause zurückkehren […] ich habe mich von dir überzeugen lassen und werde deine Bitte erfüllen.
1. Samuel 25,32–35 Hfa

David kehrt ins Lager zurück. Abigail macht sich auf den Heimweg zu Nabal. Er ist so betrunken, dass es keinen Zweck hat, ihn auf den Vorfall anzusprechen. Erst am nächsten Morgen erzählt sie ihm, was geschehen ist, und wie knapp er dem Tod entronnen ist. „Da erlitt Nabal einen Schlaganfall und wurde völlig gelähmt. Nach etwa zehn Tagen ließ der Herr ihn sterben" (1. Samuel 25,37–38 Hfa).

Als David davon erfährt, dass Nabal gestorben und Abigail unerwartet frei geworden ist, dankt er Gott und zögert keine Minute, die Gelegenheit zu ergreifen. Die hübsche Frau, die da auf einmal vor ihm auf dem Weg aufgetaucht war, wollte ihm einfach nicht mehr aus dem Kopf. Er macht ihr einen Antrag, und sie willigt ein. So bekommt David eine neue Frau, Abigail bekommt ein neues Zuhause, und wir erleben, wie sich ein wichtiges Prinzip bestätigt: Schönheit vermag Barbarei zu überwinden.

Sanftheit brachte die entscheidende Wendung. Abigails Freundlichkeit brachte die donnernde Lawine des Zorns zum

Stehen. Demut hat eine enorme Kraft. Eine Bitte um Verzeihung kann Konflikte entschärfen, und ein Wort des Bedauerns löscht Wut. Ölzweige bringen mehr Gutes hervor, als Streitäxte es jemals könnten. „Sanfte Worte können den heftigsten Widerstand brechen" (Sprichwörter 25,15 NL).

Von Abigail können wir viel lernen: Über die unwiderstehliche Kraft der Freundlichkeit, die Kraft eines sanften Herzens. Die wichtigste Lektion aber sehen wir erst dann, wenn wir hinter ihre Schönheit blicken und die Schönheit eines anderen erkennen. In der Ferne entdecken wir das Kreuz. Abigail hat Jesus nie kennengelernt. Sie lebte zweitausend Jahre vor ihm. Dennoch deutet sich in dem, was sie tat, etwas vom Leben Jesu an.

Sanfte Worte können den heftigsten Widerstand brechen.
Sprichwörter 25,15 NL

Abigail trat zwischen David und Nabal. Jesus trat zwischen Sie und Gott. Abigail nahm es freiwillig auf sich, für Nabals Sünden bestraft zu werden. Jesus ertrug die Strafe für Sie und mich. Abigail besänftigte den Zorn Davids. Und nahm Jesus uns nicht vor dem Zorn Gottes in Schutz?

„Denn es gibt nur einen Gott und nur einen Vermittler zwischen Gott und den Menschen: Das ist Christus Jesus, der Mensch geworden ist. Er gab sein Leben, um alle Menschen freizukaufen" (1. Timotheus 2,5–6 NL). Ist ein Vermittler nicht jemand, der bereit ist, sich in die Mitte zu stellen? Und ist Christus nicht zwischen den Zorn Gottes und unsere Strafe getreten? Er hat den Zorn Gottes aufgefangen.

Christus lebte so, wie wir selbst es nie gekonnt hätten, und nahm die Strafe auf sich, die wir nicht hätten tragen können.

Eine ähnliche Begebenheit trug sich auch in jenem Kriegsgefangenenlager am Chungkai zu. Eines Abends nach dem Arbeitseinsatz erklärte einer der japanischen Wachposten, eine Schaufel sei verschwunden. Der Offizier hielt die Gefangenen auf dem Appellplatz fest und beharrte darauf, dass jemand die Schaufel gestohlen habe. Wutentbrannt schrie er und verlangte in gebrochenem Englisch, der Schuldige solle sich melden. Schließlich ergriff er sein Gewehr und drohte, einen nach dem anderen zu erschießen, bis der Dieb seine Tat bekennt.

Ein schottischer Soldat trat aus der Reihe hervor und meinte: „Ich war's." Der Offizier ließ seinen ganzen Zorn an ihm aus und prügelte den Mann zu Tode. Nachdem er sich abreagiert hatte und von ihm abließ, hoben die anderen Gefangenen den Leichnam auf, nahmen ihre Werkzeuge und machten sich auf den Weg ins Lager. Als man später alles Werkzeug nachzählte, stellte sich heraus, dass dem Japaner ein Fehler unterlaufen war. Die Schaufeln waren vollzählig.[13]

Wer tut so etwas? Was für ein Mensch muss man sein, dass man die Schuld für etwas auf sich nimmt, das man gar nicht getan hat?

Wenn Ihnen ein passender Begriff einfällt, dann wird er mit ziemlicher Sicherheit auch auf Jesus zutreffen. „Der Herr aber lud alle unsere Schuld auf ihn" (Jesaja 53,6 Hfa). Gott hat seinen unschuldigen Sohn so behandelt wie die sündhafte Menschheit, den Heiligen wie einen verlogenen Lumpen, seine Abigail wie einen Nabal.

Christus lebte so, wie wir selbst es nie gekonnt hätten, und nahm die Strafe auf sich, die wir nicht hätten tragen können. Auf diese Weise gibt er uns eine Hoffnung, der wir kaum widerstehen können. Sein Opfer stellt uns vor die Frage: Wenn er uns so geliebt hat, sollten wir dann nicht auch einander lieben? Wenn uns selbst vergeben wurde, sollten wir da nicht auch vergeben? Wenn wir selbst beim Festmahl der Gnade geschlemmt haben, sollten wir da nicht ein paar Krümel weitergeben? „Meine Freunde, wenn uns Gott so sehr liebt, dann müssen auch wir einander lieben“ (1. Johannes 4,11 Hfa).

Finden Sie die Welt der Nabals unerträglich? Dann tun Sie es David gleich. Hören Sie auf, Nabal anzustarren. Wenden Sie Ihren Blick von ihm ab, und schauen Sie Jesus an. Lassen Sie die Quelle des Ärgernisses links liegen, und machen Sie den Vermittler zum Mittelpunkt Ihrer Aufmerksamkeit. „Lass dich nicht vom Bösen besiegen, sondern besiege das Böse durch das Gute“ (Römer 12,21 Hfa). Ein einzelner Gefangener kann ein ganzes Lager umkrempeln. Eine Abigail kann eine ganze Familie retten. Seien Sie die Schöne inmitten von all den Biestern um Sie herum und lassen Sie sich überraschen, was passiert.

8
TYPEN MIT „PUMPGUNS“

Goliat hat eine „Pumpgun“: eine maßgefertigte, zwölfhunderttausend Millimeter Magnum mit Flötenrohrlauf, mit der man aus jeder Entfernung garantiert mitten ins Herz trifft. Sie verschießt nicht Gewehrkugeln, sondern Traurigkeit. Wer von ihr getroffen ist, verliert nicht das Leben, aber seine Freude am Leben. Es ist eine Munition, die nicht den Körper, sondern den Glauben verletzt.

Haben Sie schon mal einen solchen Schuss abbekommen?

Wenn Sie Ihren Rhythmus einfach nicht finden, dann können Sie davon ausgehen. Wenn Sie es nicht einmal bis aufs Spielfeld schaffen (oder aus dem Bett), dann hat mit ziemlicher Sicherheit ein solcher Schuss Sie erwischt. Mit jedem Schritt nach vorne rutschen Sie zwei Schritte zurück.

Beziehungen werden durch einen dieser Treffer zerrüttet.

Der Himmel erscheint zusehends dunkler und bedrohlicher.

Die Nächte wollen einfach kein Ende nehmen.

Sie sitzen in einem tiefen Loch.

Die Probleme umschwärmen Sie wie die Sioux auf ihren Mustangs, und Sie sitzen in Ihrer Wagenburg und kämpfen mit dem letzten Rest Munition, der Ihnen noch geblieben ist, um das blanke Überleben.

So in etwa wird sich David gefühlt haben. Saul treibt David vor sich her, sodass er in Höhlen schlafen und beständig auf der Hut sein muss. Mit ihm sind sechshundert Soldaten, die auf seine Führung und Fürsorge vertrauen. Sie alle haben Frauen und Kinder. David selbst hat zwei Frauen (in seinem Zelt war also sicherlich eine Menge Zoff).

David befindet sich also in folgender Lage: Auf der Flucht vor einem König, der dem Wahnsinn verfallen ist. Ein ständiges Versteckspiel in den Bergen. Die Aufgabe, seine zusammengewürfelte Milizarmee zusammenzuhalten. Über tausend Menschen, die Tag für Tag verpflegt werden müssen.

Die „Pumpgun" verfehlt ihr Ziel nicht. Hören Sie, was David sagt: „Irgendwann wird Saul mich doch noch umbringen. Es wird das Beste sein, wenn ich schnell von hier verschwinde und zu den Philistern gehe. Dann habe ich endlich Ruhe vor Saul. Denn solange ich in Israel bin, wird er nicht aufhören, nach mir zu suchen" (1. Samuel 27,1 Hfa).

Die Lage ist hoffnungslos, und von Gott ist nichts zu sehen. David ist vollkommen auf Saul fixiert. Er hängt sich sein Portrait im Großformat an die Wand und spielt die Nachrichten, die Saul ihm auf dem Anrufbeantworter hinterlassen hat, immer wieder ab. Er lässt seiner Angst freien Lauf, bis sie ihn vollkommen im Griff hat. „Irgendwann wird er mich umbringen."

Dabei kann er auch ganz anders. In den Zeiten, wo er die Dinge nicht so schwarz sieht, ist David geradezu ein Paradebeispiel dafür, wie Gottes Therapie für dunkle Stunden funktioniert. Als er in der Wüste zum ersten Mal mit den Philistern konfrontiert ist, heißt es: „Da befragte David den Herrn" (1. Samuel 23,2). Als er das Gefühl hat, seinen Feinden hilflos ausgeliefert zu sein, heißt es: „Da befragte David wieder den Herrn" (1. Samuel 23,4). Als die Amalekiter ihn angriffen, „befragte David den Herrn" (1. Samuel 30,8). Saul starb und David war völlig perplex, und wieder lesen wir: „Bald danach befragte David den Herrn" (2. Samuel 2,1). Als er nach seiner Krönung zum König von den Philistern bedroht wurde, heißt es: „Und David befragte den Herrn“ (2. Samuel 5,19). David schlug sie zurück, doch sie griffen erneut an, und er tut, was er immer tut: „David befragte den Herrn“ (2. Samuel 5,23). Er hatte auf seinem Mobiltelefon eine Kurzwahltaste für Gottes Telefonnummer.

Wenn die Dinge verwirrend wurden, besprach er sich mit dem Herrn. Wenn er sich überwältigt fühlte, suchte er Rat bei Gott. Wenn die Angst ihn übermannte, dann war Gott sein Ansprechpartner – meistens jedenfalls. In diesem Fall jedoch nicht. Dieses Mal macht er die Angelegenheit mit sich selbst aus. Er spricht sich noch nicht einmal mit seinen Beratern ab. Als Saul ihn das erste Mal attackierte, wandte er sich an Samuel. Als die Angriffe sich häuften, fragte er Jonatan um Rat. Als er ohne Brot und ohne Waffen auf der Flucht war, suchte er Zuflucht bei den Priestern in Nob. Doch diesmal ist er selbst sein eigener Ratgeber.

Eine ziemlich törichte Entscheidung. Hören Sie, was er sich selbst einredet: „Nun werde ich doch eines Tages durch die Hand Sauls umkommen!“ (1. Samuel 27,1 RE).

Nein, David, das wirst du nicht! Erinnerst du dich denn nicht an das Öl, das Samuel dir übers Haupt gegossen hat? Du bist von Gott gesalbt. Erinnerst du dich denn nicht an die Verheißung, die Gott dir durch Jonatan gegeben hat? „Du wirst König werden über Israel“ (1. Samuel 23,17). Hast du schon wieder vergessen, was Gott dir durch Abigail zugesagt hat? „Und es wird geschehen, wenn der Herr meinem Herrn all das Gute tun wird, das er dir zugesagt hat, und dich zum Fürsten über Israel bestellt [...]“(1. Samuel 25,30). Sogar Saul selbst gab dir die Zusicherung: „[...] Nun siehe, ich weiß, dass du König werden wirst“ (1. Samuel 24,21).

Doch unter dem Eindruck dieses Schwächeanfalls hat David kein Ohr für positive Gedanken und kommt zu dem Schluss:

Irgendwann wird Saul mich doch noch umbringen. Es wird das Beste sein, wenn ich schnell von hier verschwinde und zu den Philistern gehe. Dann habe ich endlich Ruhe vor Saul. Denn solange ich in Israel bin, wird er nicht aufhören, nach mir zu suchen.
1. Samuel 27,1 Hfa

Also verlässt er das Land, und Saul bläst die Großfahndung ab. David begibt sich in die Obhut des Feindes. Er führt seine Männer in das Land der Götzenbilder und Götter, die keine sind, und schlägt seine Zelte quasi in Goliats Gemüsegarten auf, wo Satans Gras am grünsten ist.

Zunächst ist er erleichtert. Saul lässt ihn endlich in Ruhe. Endlich können er und seine Männer sich unbesorgt schlafen legen, ohne ständig ein Auge offen halten zu müssen. Sie brauchen nicht mehr aus dem Koffer zu leben, und die Kinder können unbehelligt in den Kindergarten gehen. Das Versteck im Lager des Feindes beschert ihnen zunächst einmal eine Phase der Entspannung.

Verhält es sich denn nicht immer so?

Warum sich nicht mal gehenlassen und saufen, bis alle Sorgen vergessen sind – wenigstens vorübergehend?

Warum nicht einfach ausziehen und den ständigen Streit mit dem Partner hinter sich lassen – nur für eine Weile?

Warum nicht einfach mal alles vergessen und es sich mit Pornovideos gut gehen lassen – nur dieses eine Mal?

Doch der Rausch der Versuchung dauert nicht lange an. Schon bald fluten Schuldgefühle wie Brecher heran. Die Einsamkeit nach der Trennung macht sich schmerzhaft bemerkbar. „Manch einer wähnt sich auf dem richtigen Weg – und läuft geradewegs in den Tod. Hinter schallendem Gelächter verbirgt sich oft großer Kummer. Wenn die Freude verrauscht ist, bleibt die Trauer zurück“ (Sprichwörter 14,12–13).

Wenn wir uns beim Feind verstecken, verschafft uns das nur für kurze Zeit Erleichterung.

Das „Amen“, was Sie da gerade gehört haben, stammt übrigens von David im Himmel. Er kann ein Lied davon singen, und er wird Ihnen den Rat geben, einen Blick voraus zu werfen, auf die Verse, die weiter hinten im Text folgen. Am Anfang, im ersten Vers, wird von der Auszehrung berichtet. Darauf folgt der Ausbruch. Und um am Ende im Feindesland seine Haut zu retten, bleibt ihm schließlich nichts anderes übrig als der Ausverkauf.

Er lässt sich auf einen Kuhhandel mit Achisch, dem König von Gath ein: „Wenn ich denn Gunst in deinen Augen gefunden habe, dann gebe man mir einen Platz in einer der Städte auf dem Lande, damit ich dort wohne! Denn wozu soll *dein Knecht* bei dir in der Königsstadt wohnen?“ (1. Samuel 27,5 RE, Hervorhebungen durch den Autor).

Beachten Sie, wie David sich hier selbst bezeichnet: als „Knecht“ des feindlichen Königs. Der einst so vielversprechende Sohn seines Volkes, der Bezwinger Goliats, hebt das Glas und trinkt auf das Wohl des Erzfeindes seiner Brüder.

Achisch lässt sich gerne darauf ein. Er weist David das Dorf Ziklag zu. Im Gegenzug erwartet er, dass David die Waffen gegen sein eigenes Volk erhebt. Für ihn hat es den Anschein, als ob David dies auch tatsächlich tut. In Wirklichkeit zieht er jedoch gegen die Feinde der Hebräer zu Felde:

David zog hinauf mit seinen Männern und fiel ins Land der Geschuriter und Girsiter und Amalekiter ein […]. Und sooft David in das Land einfiel, ließ er weder Mann noch Frau leben und nahm mit Schafe, Rinder, Esel, Kamele und Kleider und kehrte wieder zurück.
1. Samuel 27,8–9

In dieser Zeit hat sich David sicherlich nicht mit Ruhm bekleckert. Er täuscht den König der Philister und vertuscht alles, indem er ein Blutbad nach dem anderen anrichtet. Sechzehn Monate lang dauert dieses falsche Spiel. Aus dieser Zeit gibt es keine Psalmen. David hat die Harfe an den Nagel gehängt. Die „Pumpgun" hat seine Lieder verstummen lassen.

Doch bevor es wieder bergauf geht, muss es erst richtig dicke kommen.

Die Philister planen einen Feldzug gegen König Saul. David und seine Männer lassen sich darauf ein, mitzumachen. Stellen Sie sich nur einmal vor, die U.S. Marines hätten im Zweiten Weltkrieg auf einmal die Seiten gewechselt und hätten Seite an Seite mit der Waffen-SS gekämpft. Sie machen sich auf die dreitägige Reise zum Ort der Schlacht, werden abgewiesen und kehren wieder nach Hause zurück. „Doch die Philisterfürsten waren empört und forderten von Achisch: ‚Schick den Mann zurück! […] Er darf auf keinen Fall mit uns in den Kampf ziehen, sonst wird er sich noch mitten in der Schlacht auf die Seite des Feindes schlagen.'" (1. Samuel 29,4 GN)

So führt David seine Truppe, die die Philister verschmäht hatten, zurück nach Ziklag. Zu ihrem Entsetzen war das Dorf in der Zwischenzeit dem Erdboden gleichgemacht worden. Die Amalekiter hatten es niedergebrannt und ihre Frauen und Kinder verschleppt. David und seine Männer „weinten, bis sie nicht mehr weinen konnten" (1. Samuel 30,4).

Von den Philistern verschmäht, von den Amalekitern ausgeplündert, heimatlos, hatten sie nun zu guter Letzt auch noch ihre Familien verloren. Wie sollte es da noch schlimmer kommen können? Doch es kam schlimmer. Die Soldaten werden blind vor Wut und fangen an, Steine zusammenzuklauben. „David geriet in große Bedrängnis, denn das Volk drohte ihn zu steinigen; alle im Volk waren gegen ihn erbittert wegen (des Verlustes) ihrer Söhne und Töchter" (1. Samuel 30,6 Hfa).

Die Frage liegt auf der Hand, ob David seine Entscheidung in diesem Moment bereut haben mag. Ob er sich wohl auf die gute alte Zeit in der Wüste besonnen hat, in der alles so viel einfacher gewesen war? War die Höhle nicht im Grunde doch ein lauschiges Plätzchen gewesen? Immerhin fing man sich da keine Abfuhr durch die Philister ein, und auch vor den Amalekitern war man sicher. Damals standen die Männer geschlossen hinter ihm, und die Frauen waren an seiner Seite.

In den schwierigen Momenten unseres Lebens geschehen oft Weichenstellungen, die nachhaltige Konsequenzen haben.

Nun steht er in den Ruinen von Ziklag, und seine Männer suchen Steine zusammen, mit denen sie ihn umlegen wollen. Ob er in dieser Situation bereut hat, dass er einfach, ohne den Herrn zu fragen, ausgerissen ist und seine Ideale verraten hat?

Tiefpunkte im Leben sind wie Treibhäuser für verhängnisvolle Fehlentscheidungen, Brutstätten für Bruchlandungen, Fließbänder für Fehltritte, die man bis ans Ende seines Lebens bedauert. In den schwierigen Momenten unseres Lebens geschehen oft Weichenstellungen, die nachhaltige Konsequenzen haben.

Wie gehen Sie mit diesen Zeiten um? Was passiert, wenn sich das kleine Fünkchen Hoffnung, das Ihnen noch geblieben war, kurz vor Mitternacht mit dem letzten Zug aus dem Staub gemacht hat, oder wenn das Wort Lebensfreude für Sie nur noch eine hohle Phrase aus dem Poesiealbum ist? Was, wenn Sie es leid sind, immer wieder aufzustehen, zu vergeben, sich Tag für Tag, Woche für Woche mit denselben Holzköpfen herumzuschlagen? Wie stehen Sie diese dunklen Phasen durch?

Mit einer Pillendose vielleicht oder mit einem Flachmann in der Tasche? Suchen Sie irgendwo an einem Tresen Zuflucht, oder in der Sauna, oder in einem Last-Minute Kurztrip? Viele

Leute greifen nach solchen Krücken. So viele, dass es fast den Anschein hat, als ob sie einem wirklich wieder auf die Beine helfen. Aber tun sie das tatsächlich? Vielleicht lassen sie uns unseren Schmerz für eine Weile vergessen, aber verschwindet er für immer?

Sind wir am Ende ein wenig so wie die Schafe, die sich in der Türkei in den Abgrund stürzten? Keiner weiß, warum das erste Schaf über den Rand der Klippe sprang. Noch sonderbarer ist, dass 1500 weitere Schafe es ihm gleichtaten und ebenfalls in die Tiefe stürzten. Die ersten 450 Tiere starben. Die tausend, die ihnen gefolgt waren, überlebten nur, weil die Kadaver der anderen den Aufprall abpolsterten.[14]

Wie die Schafe, so folgen auch wir oft anderen Leuten ins Verderben und landen kopfüber in der Kneipe, im Rausch oder in irgendeinem Bett, in das wir nicht hineingehören. So wie David machen wir eine Bruchlandung in Gath und müssen feststellen, dass Gath auch keine Lösung ist.

Gibt es denn überhaupt eine Lösung? Allerdings gibt es eine! Wir müssen uns davor hüten, denselben Fehler zu begehen wie David.

Er vergaß, zu beten. Tun Sie einfach das genaue Gegenteil: Beten Sie gleich zuallererst. Hören Sie auf, Selbstgespräche zu führen und folgen Sie stattdessen der Einladung Jesu: „Kommt alle her zu mir, die ihr müde seid und schwere Lasten tragt, ich will euch Ruhe schenken" (Matthäus 11,28 NL).

Gott verliert niemals den Mut, und für ihn ist Ihre Situation niemals aussichtslos. David schlug gute Ratschläge in den Wind. Lassen Sie uns aus seinen Fehlern lernen. Wenn Sie das nächste Mal in die Lage kommen, dass Sie am liebsten alles hinschmeißen möchten, dann suchen Sie sich die richtigen Ratgeber.

Vermutlich wird Ihnen in diesen Augenblicken gar nicht danach zumute sein. Wer alles schwarz sieht, der fühlt sich in der

Gesellschaft von Schwarzsehern am wohlsten. Wer seine Wunden lecken möchte, der sucht sich andere, die ebenfalls auf ihre Wunden fixiert sind. Am liebsten haben wir Leute um uns, die uns bemitleiden. Menschen, die uns die Wahrheit sagen, stören nur, auch wenn wir gerade Korrektur und Wegweisung am nötigsten brauchen.

Wie wichtig es ist, sich die richtigen Ratgeber zu suchen, stellte ich fest, als ich einmal an einem halben Ironman-Triathlon teilnahm. Nachdem ich 2 Kilometer geschwommen und 100 Kilometer Rad gefahren war, hatte ich einfach keine Energie mehr für den 20-Kilometer-Lauf, der noch vor mir lag. Dem Teilnehmer, der neben mir lief, ging es ebenso. Ich fragte ihn, wie es ihm ging, und es dauerte nicht lange, bis ich meine Frage bedauerte.

„Mann, ich hab vielleicht die Nase voll. Dieser Wettkampf ist wohl so ziemlich das Dümmste, was ich je gemacht habe." Es war fast so, als hätte ich aus Versehen den Knopf des Anrufbeantworters bei der Beschwerdestelle des Finanzamts gedrückt.

„Also dann, bis später!", sagte ich schnell. Es war mir klar, dass ich mir seine Tirade nicht lange anhören durfte, weil er mich sonst angesteckt hätte.

Kurze Zeit später holte ich eine 66-jährige Großmutter ein. Sie war ganz anders drauf.

„Sie schaffen das!", ermunterte sie mich. „Es ist zwar mächtig heiß, aber immerhin regnet es nicht. Immer schön einen Fuß vor den anderen setzen. Denken Sie nur daran, immer schön regelmäßig zu trinken. Und ja nicht aufgeben."

Ich rannte neben ihr her, und das Herz wurde mir leicht. Doch meine Beine wurden immer schwerer, und ich musste ein wenig langsamer laufen.

„Aber klar doch!", meinte sie und winkte mir zum Abschied, während sie schön in ihrem Tempo weiterlief.

Wo suchen Sie sich Rat? „Schlag gute Ratschläge in den Wind, und du kannst zuschauen, wie deine Pläne scheitern; nimm dir guten Rat zu Herzen, und du wirst sehen, wie sie gelingen“ (Sprichwörter 15,22 Übersetzung nach „The Message“).

Beten Sie, holen Sie sich gesunden Rat, und geben Sie nicht auf.

Machen Sie nicht denselben Fehler wie Florence Chadwick, die im Jahre 1952 den Versuch unternahm, das eisige Wasser des Pazifiks zwischen Catalina Island und dem kalifornischen Festland zu durchschwimmen. Fünfzehn Stunden lang schwamm sie durch den Nebel und die raue See. Schließlich fingen ihre Muskeln an, sich zu verkrampfen, und ihr eiserner Wille erlahmte. Sie flehte, man solle sie aus dem Wasser holen, während ihre Mutter, die neben ihr im Boot saß, versuchte, sie zum Durchhalten zu ermuntern. Sie versuchte es noch eine Weile, doch schließlich gab sie völlig erschöpft auf.

Die Helfer zogen sie aus dem Wasser und halfen ihr ins Boot. Während sie in Richtung Ufer weiterruderten lichtete sich plötzlich der Nebel, und Florence stellte fest, dass sie kaum noch einen Kilometer vom Festland entfernt gewesen waren.

„Ich war einfach vernebelt“, meinte sie später auf einer Pressekonferenz. „Hätte ich das Ufer sehen können, dann hätte ich es geschafft.“[15]

Halten Sie sich immer das Ufer vor Augen, auf das Sie zusteuern. Lassen Sie sich nicht von der Nebelwand täuschen, die Ihnen die Sicht nimmt, wenn Sie durchhängen. Womöglich ist das Ziel nur noch ein paar Schwimmzüge entfernt. Wer weiß, vielleicht hebt Gott gerade in diesem Moment die Hand, um Gabriel das Signal zu geben, nach der Posaune zu greifen. Vielleicht sammeln sich die Engel schon, die Heiligen machen sich bereit, und die Dämonen erschauern. Halten Sie durch!

Bleiben Sie im Wasser und geben Sie das Rennen nicht auf. Kämpfen Sie weiter.

Halten Sie sich immer das Ufer vor Augen, auf das Sie zusteuern. Lassen Sie sich nicht von der Nebelwand täuschen, womöglich ist das Ziel nur noch ein paar Schwimmzüge entfernt.

Seien Sie barmherzig, dieses eine Mal noch. Seien Sie großzügig, noch dieses eine Mal. Halten Sie dieses eine Seminar. Machen Sie diesem einen Menschen Mut. Machen Sie noch einen Schwimmzug.

Genau dies tat David. In den rauchenden Trümmern von Ziklag fand er seine Kraft wieder. Nach sechzehn Monaten in Gath, nachdem die Philister ihm den Laufpass gegeben hatten, nachdem die Amalekiter ihm das Wertvollste genommen hatten und seine eigenen Männer sich gegen ihn erhoben, da besann er sich endlich: „David aber stärkte sich in dem Herrn, seinem Gott“ (1. Samuel 30,6).

Schön, dich wieder bei uns zu haben, David. Du hast uns sehr gefehlt.

9
GENUG IST GENUG

Vor einiger Zeit beobachtete ich eine Frau, die mit ihrem Hund an der Leine spazieren ging. Nein, ich muss mich korrigieren. Sie zog ihn an der Leine hinter sich her. Es war ein heißer Tag. Unerträglich heiß. Der Hund rührte sich keinen Zentimeter. Er hatte die Beine ausgestreckt und lag nun bäuchlings auf dem feuchten Rasen.

Die Frau zerrte und zerrte. Vermutlich wäre es leichter gewesen, ein parkendes Auto zu ziehen.

Genug ist genug. Der Wille zum Weiterlaufen war erloschen, und nun ging einfach nichts mehr.

Da ist er vermutlich in guter Gesellschaft. Ist es Ihnen auch schon einmal so ergangen?

Der Chef sagt: „Ich muss Sie leider bitten, diesen einen Fall noch zu übernehmen."

Der Ehepartner verkündet: „Ich muss diese Woche noch einmal Überstunden machen."

Die Eltern meinen: „Wir haben da noch eine Aufgabe im Haushalt für dich."

Ihr Freund bittet: „Ich muss dich nur noch um diesen einen Gefallen bitten."

Wo liegt das Problem? Sie haben sich immer wieder breitschlagen lassen, nachzugeben, mitzuspielen, zu verzeihen und hinzunehmen, bis einfach kein eines Mal mehr übrig war. „Genug ist genug", seufzt das Hündchen. Also machen Sie einfach die Grätsche und strecken alle Viere von sich. Egal, was der Nachbar denkt. Wen kümmert's, was Herrchen will. Sollen sie doch an der Leine zerren, so viel sie wollen. Ich gehe keinen Schritt weiter.

Anders als der besagte Hund, lassen Sie sich natürlich nicht auf den Rasen fallen. Wenn Sie so sind wie Davids Männer, dann wird es sich bei Ihnen vermutlich eher um den Bach Besor handeln.

Machen Sie sich nichts draus, wenn Ihnen dieser Name kein Begriff ist. Kaum jemand kennt ihn. Umso wichtiger ist es, ihn kennenzulernen. Die Geschichte vom Bach Besor gehört ins Bücherregal von jedem, der sich ausgelaugt und ausgezehrt fühlt. Sie spricht all denen Mut zu, die müde geworden sind.

Ausgangspunkt dieser Geschichte sind die Trümmer von Ziklag. David kommt mit seinen sechshundert Soldaten von der Front zurück und findet ein Bild der Verwüstung vor. Eine Horde von Amalekitern war über das Dorf hergefallen, hatte alles geplündert und die Frauen und Kinder verschleppt. Der Schmerz der Männer schlägt schon bald in Wut um, und zwar nicht etwa gegen die Amalekiter, sondern gegen David. Schließlich war er es, der sie in die Schlacht geführt hatte. War er es nicht, der die Familien schutzlos zurückgelassen hatte? War die ganze Tragödie nicht seine Schuld? Also muss er sterben. Die Männer fangen an, Steine aufzusammeln.

Für David ist das Ganze überhaupt nichts Neues. Er war eine solche Behandlung von klein auf gewöhnt. Zu Hause war er immer ignoriert worden. Dann kam Saul, der ihm nach dem Leben trachtete, und nun wendet sich seine Armee gegen ihn, die er ja, wie Sie sich sicherlich erinnern werden, nicht etwa aktiv zusammengesammelt hatte, sondern die ihm quasi zugelaufen war. Nach all diesen Ablehnungserfahrungen ist David auf dem besten Wege, ein psychisches Wrack zu werden.

Alles deutet darauf hin, dass dies der schrecklichste Moment in seinem Leben werden könnte.

Doch David dreht den Spieß um und macht diesen Moment zu einem seiner glanzvollen Höhepunkte.

Während in den sechshundert Soldaten die Wut hochkocht, sucht David die Nähe Gottes: „David aber stärkte sich in dem Herrn, seinem Gott“ (1. Samuel 30,6).

Das ist auch für uns eine ganz entscheidende Lektion. Soziale Netze tragen nicht immer. Freunde sind nicht immer sehr freundschaftlich. Pastoren können schiefliegen und Gemeinden können sich irren. Wenn scheinbar nichts mehr hilft, dann müssen wir genau das tun, was David in dieser Situation tut. Er wendet sich an Gott.

„Soll ich dieser Räuberbande nachjagen? Werde ich sie einholen?“

„Ja, verfolg sie! Du wirst sie einholen und alle Gefangenen befreien“ (1. Samuel 30,8 Hfa).

(Und ich dachte immer, nur Heilige könnten in dieser Weise mit Gott reden. Allmählich glaube ich, dass Gott zu jedem Menschen redet, und dass sich Heilige schlicht und einfach dadurch auszeichnen, dass sie ihn beim Wort nehmen.)

Nachdem er vom Herrn seine Instruktionen empfangen hat, richtet er die Wut seiner Männer gegen den Feind. Sie nehmen die Verfolgung der Amalekiter auf. Vergessen Sie nicht, dass die Männer völlig erschöpft sind. An ihnen klebt noch der Staub der langen Reise, von der sie gerade eben erst zurückgekehrt waren, und auch ihre Wut gegen David ist noch nicht ganz und gar verloschen. Außerdem haben sie nicht die geringste Ahnung, wo sich die Amalekiter versteckt halten. Wenn es nicht um ihre Frauen und Kinder ginge, dann würden sie jetzt womöglich aufgeben.

Zweihundert von ihnen tun es tatsächlich auch. Die Armee erreicht einen Bach namens Besor, und alles sitzt ab. Die Männer lassen sich im Gras am Ufer nieder, spritzen sich Wasser ins Gesicht und kühlen ihre müden Füße im feuchten Sand. Als der Befehl zum Aufbruch ertönt, beschließen zweihundert von ihnen, dort zu bleiben. „Geht ohne uns“, erwidern sie.

Wie erschöpft muss ein Mann sein, dass er nicht alles tut, um seine Familie zu befreien?

Das kennen wir ja auch aus der Kirche unserer Tage. Da gibt es feine Leute – Menschen, die wirklich Jesus nachfolgen. Lange Zeit sind sie mit ganzer Entschlossenheit dabei gewesen, doch auf einmal überkommt sie die Erschöpfung. Sie können einfach nicht mehr. Sie sind so entmutigt und ausgelaugt, dass sie nicht einmal mehr die Energie haben, um ihr eigenes Fleisch und Blut zu kämpfen. Das Alter lässt ihnen die Puste ausgehen. Oder vielleicht war es auch eine Serie von Misserfolgen, die sie völlig demoralisiert hat. Eine zerbrochene Partnerschaft kann dazu führen, dass sie einfach am Bach liegen bleiben. Suchtprobleme ebenfalls. Was auch immer der Grund sein mag – in der Kirche unserer Tage gibt es Leute, die einfach nur dasitzen und ihre Ruhe haben wollen.

Und wir stehen vor der Frage, was wir mit diesen Leuten anfangen wollen, die einfach nur im Gras liegen. Sollen wir Druck ausüben? Sollen wir ihnen Schuldgefühle machen? Sollen wir ihnen ihre Ruhe gönnen, aber dabei die Stoppuhr laufen lassen? Oder wollen wir uns am Beispiel von David orientieren? Er hat ihnen einfach diese Zeit am Bach gelassen.

Und wir stehen vor der Frage, was wir mit diesen Leuten anfangen wollen, die einfach nur im Gras liegen.

Zusammen mit den verbliebenen vierhundert Mann nimmt David die Verfolgung wieder auf. Mit jeder Sanddüne, die sie erklimmen, sinkt ihnen der Mut und ihre Hoffnung schwindet. Die Amalekiter haben einen enormen Vorsprung, und sie haben keine Spuren hinterlassen. Doch plötzlich zieht David den absoluten Hauptgewinn. „Und sie fanden einen Ägypter auf dem Felde; den führten sie zu David und gaben ihm Brot zu essen und Wasser zu trinken" (1. Samuel 30,11).

Der Ägypter ist bis vor Kurzem bei den Amalekitern Diener gewesen. Als er krank wurde, war er nur noch Ballast, und so wurde er in der Wüste zum Sterben ausgesetzt. Davids Männer päppeln ihn mit Feigen und Rosinen wieder auf und bitten ihn dann, ihnen den Weg zum Lager seiner alten Kumpane zu zeigen. Dies lässt er sich nicht zweimal sagen.

David und seine Männer fallen über die Feinde her wie Adler, die sich auf Ratten stürzen. Alle Frauen und Kinder werden gerettet. Alle Amalekiter, die nicht ins Gras beißen, machen sich aus dem Staub und lassen wertvolle Beute zurück. Das große Jubeln und Schulterklopfen beginnt, und David wird vom Sündenbock zum Helden des Tages.

Doch der eigentliche Clou der Geschichte kommt erst noch. Damit wir uns ein wenig besser in die Situation hineinversetzen können, versuchen wir uns einmal vorzustellen, was den Beteiligten wohl durch den Kopf gegangen sein mag.

Die befreiten Frauen: Sie sind gerade von ihrem Zuhause verschleppt und durch die Wüste geschleift worden. Sie haben Todesängste ausgestanden und irgendwie versucht, die Kinder zu beruhigen. Plötzlich kommt Rettung, und der Albtraum ist auf einen Schlag vorbei. Starke Arme ergreifen sie und setzen sie auf den Rücken eines Kamels. Sie danken Gott für das Sondereinsatzkommando, das ihnen das Leben gerettet hat und können es kaum erwarten, unter den Soldaten das Gesicht ihres Mannes zu entdecken.

„Schatz!", rufen sie. „Schatz, wo bist du denn?"

Der Soldat bringt das Kamel zum Stehen: „Tja, ähm ...", antwortet er ihnen, „also ihr Schatz ..., na ja, der ist im Lager geblieben."

„Was ist er?“

„Er gehört zu denen, die am Bach Besor bleiben wollten.“

Ich weiß nicht, ob die israelitischen Frauen damals Nudelhölzer besaßen, aber wenn sie welche hatten, dann werden sie sie in diesem Moment sicherlich schon einmal herausgekramt haben. „So, in Besor ist er geblieben?! Na, der wird sich umgucken!“

Die Männer vom Rettungstrupp: Auf Davids Befehl hin haben sie ihr Leben aufs Spiel gesetzt. Jetzt reiten sie siegreich wieder zurück zum Flüsschen Besor. Auf dem letzten Höhenzug angelangt, erblicken sie die zweihundert Zurückgebliebenen unten am Ufer.

„Ihr Schmarotzer“, rufen sie.

Während sie in der Schlacht waren, haben diese Faulpelze sich schön ausgeschlafen. Sie waren beim Brunch-Buffet und haben sich danach im Schwimmbad die Beine massieren lassen. Sie haben auf Konservenbüchsen geballert und dann abends am Lagerfeuer Karten gespielt.

Vielleicht können Sie Davids Männern ihre Reaktion nicht verdenken: „Weil sie nicht mit uns gezogen sind, soll man ihnen nichts geben von der Beute, die wir zurückgewonnen haben; sondern jeder nehme nur seine Frau und seine Kinder mit sich und gehe seines Weges“ (1. Samuel 30,22).

Die Frauen sind wütend.

Die Männer vom Rettungstrupp sind erbittert.

Und die zweihundert Mann, die es vorgezogen hatten, sich auszuruhen? Würmer werden sicherlich mehr Selbstachtung haben als sie in diesem Augenblick. Sie waren in ihrer Mannesehre geknickt, als hätte man sie soeben im geblümten Nachthemd mit Rüschenhäubchen beim Häkeln erwischt.

Dieser Molotow-Cocktail von Emotionen wird kräftig durchgeschüttelt, angezündet und dann David in die Hand gedrückt. Und nun sehen wir, wie er ihn entschärft:

Nein, meine Freunde, so machen wir es nicht! Denn alles hat uns der Herr geschenkt! Er hat uns bewahrt und uns über diese Räuberhorde siegen lassen! Und da sollte jemand eurem Vorschlag zustimmen? Wer zurückbleibt und das Lager bewacht, soll genauso viel erhalten wie jene, die in den Kampf ziehen. Alle sollen die Beute miteinander teilen.
1. Samuel 30,23–24 Hfa

Beachten Sie Davids Worte: Wer „zurückbleibt und das Lager bewacht …" – als ob dies ihre Aufgabe gewesen wäre. Es ging diesen Männern nicht im Mindesten darum, das Lager zu bewachen. Sie wollten schlicht und einfach ihre Ruhe haben. Und nun gibt David ihrem Verhalten im Nachhinein einen Anschein von Ehrbarkeit.

David hat im Laufe seines Lebens viele große Taten vollbracht und sicherlich auch viele törichte Entscheidungen getroffen. Doch es gibt vielleicht keinen Moment, in dem David mehr Größe gezeigt hat als hier, auch wenn diese Begebenheit oft in Vergessenheit gerät: David gab den müden Kriegern am Bach Besor ihre Ehre wieder.

Es ist in Ordnung, sich auszuruhen. Jesus kämpft, wenn Sie nicht mehr weiterkönnen.

Vielleicht liest irgendwann einmal jemand diese Geschichte und benennt seine Gemeinde danach: Wasser von Besor Gemeinde. Beschreibt dies nicht genau die Bestimmung der Gemeinde? Ist die Gemeinde nicht im Grunde dazu gedacht, ein Ort zu sein, an dem müde Krieger wieder zu Kräften kommen?

In „Leap Over a Wall" (dt.: „Sprung über eine Mauer"), jenem wunderbaren Buch über David, erwähnt Eugene Peterson eine Bekannte, die ihre Briefe manchmal mit der Grußformel abschließt: „Mit einem herzlichen Gruß vom Bach Besor".[16]

Ich frage mich manchmal, wie viele von uns im Grunde genau dasselbe von sich sagen könnten, weil sie einfach zu erschöpft sind, um noch einen weiteren Kampf zu fechten, und die vor lauter Scham keinen Mucks mehr von sich geben. Während andere sich ihrer Siege rühmen, sitzen sie einfach nur stumm da. Wie viele mögen es wohl sein, die da am Bach Besor sitzen?

Gehören Sie zu den Müden? Dann nehmen Sie sich ruhig Zeit zum Atemschöpfen. Gehören Sie zu den Starken? Dann behalten Sie Ihre Kommentare für sich.

Wenn Sie dazugehören, dann dürfen Sie wissen, dass es in Ordnung ist, sich auszuruhen. Jesus ist Ihr David. Er kämpft, wenn Sie vor Erschöpfung nicht mehr weiterkönnen. Er geht für Sie dorthin, wohin Sie ihm nicht folgen können. Er nimmt es Ihnen nicht übel, wenn Sie Rast machen. Hat er nicht selbst gesagt: „Kommt jetzt mit, ihr allein! Wir suchen einen ruhigen Platz, damit ihr euch ausruhen könnt." (Markus 6,31 GN)?

Der Bach Besor ist ein Sinnbild dafür, dass Zeiten des Ausruhens sein dürfen.

Gehören Sie zu den Müden? Dann nehmen Sie sich ruhig Zeit zum Atemschöpfen. Wir brauchen Sie in Bestform. Gehören Sie zu den Starken? Dann behalten Sie Ihre kritischen Kommentare für sich.

Er ist auch ein Mahnzeichen gegen den Hochmut. David wusste, dass der Sieg ein Geschenk war. Lassen Sie uns das nie vergessen. Die Rettung fällt uns wie jener Ägypter in der Wüste zu als eine wohltuende Überraschung am Wegesrand, unvorbereitet und unverdient. Wie kommen die Starken dazu, sich über die Müden zu erheben?

Gehören Sie zu den Müden? Dann nehmen Sie sich ruhig Zeit zum Atemschöpfen. Wir brauchen Sie in Bestform.

Gehören Sie zu den Starken? Dann behalten Sie Ihre kritischen Kommentare für sich. Auch für Sie kommt einmal der Moment, in dem Sie einfach zusammenklappen, und dann ist es gut, die Geschichte vom Bach Besor zu kennen.

10 UNBESCHREIBLICHE TRAUER

Vielleicht kommt die Schreckensnachricht von einem Polizisten: „Es tut mir schrecklich leid. Es ist leider ein tödlicher Unfall passiert."

Vielleicht rufen Sie eine gute Freundin zurück und erfahren: „Der Arzt hatte leider schlechte Nachrichten für mich."

Viele Ehefrauen bekommen dieser Tage Besuch von einem düster dreinschauenden Soldaten, der ihnen die Botschaft überbringt: „Guten Tag, ich muss Ihnen leider eine traurige Mitteilung machen ..."

In solchen Momenten ist der Frühling schlagartig zu Ende, und der Winter zieht ein. Der Himmel, der eben noch blau war, ist auf einmal eisgrau. Die Vögel verstummen, und Trauer legt sich wie dicker Raureif über alles. Das dunkle Tal ist ein eisiger Ort.

David erfährt die schreckliche Neuigkeit nicht von einem Polizeibeamten oder Soldaten oder durch den Anruf eines Freundes. Sie wird durch einen atemlosen Amalekiter überbracht, der mit zerrissenen Kleidern und verstaubten Haaren in Ziklag auftaucht. „Das Volk ist geflohen aus der Schlacht und es sind viele vom Volk gefallen; dazu ist auch Saul tot und sein Sohn Jonatan" (2. Samuel 1,4).

David ist sich darüber bewusst, dass zwischen Israel und den Philistern gerade ein Krieg tobt. Er weiß auch, dass Saul und Jonatan die Schlacht ihres Lebens durchzustehen haben, und er wartet fieberhaft auf Nachrichten. Als plötzlich ein Bote eintrifft und ihm die Krone und den Armreif Sauls bringt, kann kein Zweifel mehr bestehen: Saul und Jonatan sind tot.

Jonatan war ihm näher als ein Bruder. Er hatte ihm das Leben gerettet und ihm geschworen, seine Kinder zu schützen.

Saul war der Ausersehene Gottes. Der Gesalbte des Herrn. Ja, er hatte ihn gehetzt und ihm schwer zugesetzt, doch das änderte nichts an der Tatsache, dass er der Auserwählte Gottes war.

Tot! Gottes auserwählter König!

Tot! Davids bester Freund!

Nun hatte David es mit noch einem weiteren Riesen zu tun – dem Riesen der Trauer.

Jeder von uns hat sicherlich schon einmal erlebt, wie seine eisige Hand sich schwer auf unsere Schulter legt. Natürlich nicht in Ziklag, sondern in der Notaufnahme eines Krankenhauses, auf der Station einer Kinderklinik, bei einem Autounfall oder im Krieg. Wie David, so haben auch wir nur zwei Alternativen: die Flucht ergreifen oder dem Riesen ins Angesicht schauen.

Viele ziehen es vor, die Flucht zu ergreifen. Captain Woodrow Call drängte den jungen Newt zu dieser Variante. Call und Newt nahmen im Film „Lonesome Dove“ (dt. „Einsame Taube“) an einem Viehtrieb von Texas nach Montana teil. Als Newts bester Freund von giftigen Wasserschlangen gebissen wird und stirbt, versucht Call ihm zu vermitteln, wie Trauerarbeit im Wildweststil funktioniert. Zusammen mit anderen Cowboys stehen sie im Schatten von Ulmen am Lagerfeuer, und Call meint: „Du musst einfach weitermachen, Junge. Nur so kann man mit dem Tod umgehen. Du musst einfach weitermachen, als ob nichts gewesen wäre.“

Wie David, so haben auch wir nur zwei Alternativen: die Flucht ergreifen oder dem Riesen ins Angesicht schauen.

Was sollte man auch sonst tun? Im Angesicht des Todes werden wir mit einem solchen Schmerz konfrontiert und mit Fragen, auf die es einfach keine Antwort gibt, sodass wir am Liebsten davonrennen möchten. Einfach nicht darüber reden. Sich in Arbeit stürzen. Zur Flasche greifen. Geschäftig sein. Nur nichts an sich herankommen lassen. Weiter nach Norden, in Richtung Montana, und nicht zurückschauen.

Aber ein solches Verhalten kostet seinen Preis. Trauer hat etwas mit Verlust zu tun. Verlust bedeutet, dass uns etwas verloren geht. Wir werden beraubt. Tod bedeutet Verlust. Der Tod raubt uns Momente, die erst noch kommen sollten, Erinnerungen, die es nun nie geben wird: Geburtstage, Reisen, Einkaufsbummel, gemeinsame Stunden bei einer Tasse Tee. Wir trauern, weil uns etwas entrissen wurde.

Was einst Normalität war, ist nun nicht mehr und wird nie mehr wiederkehren. Nachdem seine Frau an Krebs gestorben war, schrieb C. S. Lewis: „Ihre Abwesenheit ist wie der Himmel, der über allem liegt.“[17]

Wann immer sich in Ihnen der Gedanke regt, dass die Bestie der Trauer sich verzogen haben könnte, kommt plötzlich ein Lieblingslied von ihr im Radio, oder Sie riechen sein Rasierwasser oder kommen an einem Restaurant vorbei, wo Sie oft zusammen waren. Wie aus dem Nichts taucht der Riese wieder auf.

Und wann immer der Riese sein Gesicht zeigt, regt sich die Angst:

„Bin ich vielleicht der Nächste?“

Und es regen sich die Schuldgefühle: „Warum habe ich's ihm nur gesagt?“ Oder aber: „Hätte ich es ihm doch gesagt!“

Missgunst regt sich. Wir sehen andere Paare und wünschen uns einen Partner an unserer Seite. Wir sehen Eltern mit ihren Kindern, und wir wünschen uns unser Kind zurück.

Wenn der Riese sein Gesicht zeigt, raubt er uns den Schlaf,

verdirbt uns den Appetit, macht uns vergesslich oder quält uns mit Selbstmordgedanken. Trauer ist keine Krankheit, aber sie fühlt sich manchmal ganz genauso an.

Captain Call konnte dies nicht nachempfinden.

Vielleicht können auch Ihre Freunde es nicht nachempfinden.

Vielleicht können noch nicht einmal Sie selbst es wirklich empfinden. Doch bitte versuchen Sie es! Sehen Sie der Realität Ihres Verlustes ins Auge. Sie haben nicht einfach nur eine Partie „Mensch ärgere dich nicht" verloren oder Ihren Schlüsselbund verlegt. Sie können nicht einfach so weitermachen, als wäre nichts geschehen. Irgendwann – früher oder später – müssen auch Sie das tun, was David damals tat: Sie müssen Ihrer Trauer ins Gesicht sehen.

Als er die Nachricht vom Tod Sauls und Jonatans hörte, „stimmte er die Totenklage an" (2. Samuel 1,17 GN). Der mächtige Krieger brach in Tränen aus. Der Heerführer schlug sich die schwieligen Hände vor das bärtige Angesicht und weinte. „Da zerrissen David und die Männer, die bei ihm standen, ihre Gewänder. Sie weinten und trauerten um Saul, seinen Sohn Jonatan und um das ganze Volk des Herrn. Bis zum Abend fasteten sie" (2. Samuel 1,11–12 Hfa).

Die Hügel waren voller klagender Männer. Sie liefen umher, schluchzten, jammerten, weinten und trauerten. Sie zerrissen ihre Kleider, schlugen mit den Fäusten auf den staubigen Boden und ließen ihrem Schmerz freien Lauf.

Dasselbe müssen auch Sie tun. Spülen Sie den Schmerz aus Ihrem Herzen heraus. Und wann immer er sich von Neuem regt, tun Sie es wieder. Lassen Sie den ganzen Mississippi Ihrer Trauer einfach ungehemmt fließen.

Genauso tat es auch Jesus. Er stand am Grab seines Freundes und, so heißt es: „Jesus weinte" (Johannes 11,35 Hfa). Warum tut er dies? Weiß er denn nicht, dass Lazarus schon im nächsten Augenblick wieder auferstehen würde? Er brauchte ihn nur aus dem Grab herauszurufen. Schon bald würde er mit ihm zusammen am Abendbrottisch sitzen. Warum also die Tränen?

Durch den Tod wird immer ein Stück Leben amputiert.

Inmitten all der Gewissheiten und Ungewissheiten unseres Lebens können wir doch eines mit Gewissheit sagen: Der Tod ist eine Pest.

Durch den Tod wird immer ein Stück Leben amputiert. Aus diesem Grunde weint Jesus. Und wenn Jesus weinen darf, dann dürfen auch wir es tun. F. B. Meyer schreibt zu diesem Thema:

Jesus weinte. Petrus weinte. Die Neubekehrten in Ephesus fielen dem Apostel weinend um den Hals, weil sie wussten, dass sie ihn nie mehr wiedersehen würden. Wann immer ein Mensch trauert, steht Jesus nebem ihm und meint: „Weine nur, mein Kind! Ich selbst habe auch geweint!"

Wie sich die Spannung der statisch aufgeladenen Wolken im Gewitter entlädt, so schaffen Tränen uns in unserer Seelenqual Erleichterung. Tränen sind ein Ventil für den unerträglichen Schmerz des Herzens, so wie ein Überlauf den Damm vom Druck der Fluten entlastet. Tränen sind es, aus denen der Himmel die strahlendsten Regenbögen formt.[18]

Wir haben keine Ahnung, wie lange Jesus geweint hat. Ebenso wenig wissen wir, wie lange David geweint hat. Aber wir wissen, wie wenig Zeit wir uns im Allgemeinen dafür nehmen. Die Ägypter tragen sechs Monate lang schwarz. Manche Muslime tragen sogar ein ganzes Jahr lang Trauerkleidung. Orthodoxe Juden beten elf Monate lang jeden Tag für einen verstorbenen Elternteil. Noch vor fünfzig Jahren trug man in ländlichen Ge-

genden Amerikas mehrere Wochen lang eine schwarze Armbinde.[19] Und heute? Bin ich der Einzige, der sich des Eindrucks nicht erwehren kann, dass wir es zu eilig haben?

Tränen sind es, aus denen der Himmel die strahlendsten Regenbögen formt.

Trauer braucht Zeit. Nehmen Sie sich diese Zeit. „Der Weise geht dorthin, wo man trauert" (Prediger 7,4 Hfa). Für uns heutzutage ist Klagen vielleicht ein Fremdwort, doch in den Zeiten der Bibel war dies nicht so. Siebzig Prozent der Psalmen sind Klagelieder. Warum enthält das Alte Testament wohl ein besonderes Buch der Klagelieder? Der Sohn Davids schrieb: „Kummer ist besser als Lachen, denn Traurigkeit reinigt den Menschen" (Prediger 7,3 NL).

In den größten Tiefen der Trauer stellen wir uns den wichtigsten Fragen des Lebens. Wozu bin ich hier? Wo gehe ich hin? Die Begegnung mit dem Tod konfrontiert uns mit unangenehmen und doch entscheidenden Fragen. David hielt in seinem Schmerz nicht an sich: „Ich bin müde vom Stöhnen. Ich weine die ganze Nacht, mein Bett ist durchnässt von Tränen" (Psalm 6,7 Hfa).

In den größten Tiefen der Trauer stellen wir uns den wichtigsten Fragen des Lebens. Wozu bin ich hier? Wo gehe ich hin?

Und später schreibt er: „Ich sterbe vor Kummer und Sorge verkürzt mein Leben. Das Elend raubt mir die Kraft und meine Glieder sind wie leblos" (Psalm 31,11).

Sind Sie wütend auf Gott? Sagen Sie es ihm. Haben Sie die Nase voll von ihm? Sprechen Sie sich offen vor ihm aus. Haben Sie genug davon, so zu tun, als sei alles in Ordnung, obwohl in Wirklichkeit nichts in Ordnung ist? Seien Sie ehrlich. Meine lieben Freunde, Thomas und Andrea Davidson, waren es. Ihr 14 Jahre alter Sohn Tyler war von einem Querschläger aus dem Leben gerissen worden. Tom schreibt:

Wir wurden mit Fragen bombardiert: „Wie geht es euch?"... Am liebsten hätte ich geantwortet: „Wie sollte es uns wohl gehen? Unser Sohn ist tot, das Leben ist eine Qual, und ich wünschte, die Welt würde untergehen."[20]

David drückte es vielleicht ein wenig anders aus. Oder war es am Ende gar nicht so anders? Eines jedenfalls ist sicher: Er überging seine Trauer nicht.

Ach, Israel, erschlagen liegen sie auf deinen Hügeln, die Soldaten, die dein ganzer Stolz und deine Freude waren! Deine Helden sind tot, im Kampf gefallen.

Ihr Frauen von Israel, trauert und weint um König Saul […]

Mein Bruder Jonatan, wie schmerzt mich dein Verlust!

Du warst mir lieber als der größte Schatz der Welt. Niemals kann die Liebe einer Frau ersetzen, was deine Freundschaft mir bedeutet hat.

Die Helden sind tot, im Kampf gefallen, unsere besten Männer haben wir verloren.

2. Samuel 1,19. 24. 26–27

David war in seinem Kummer ebenso kreativ wie in seiner Anbetung, und – bitte ganz dick unterstreichen – „David dichtete ein Klagelied über Sauls und Jonatans Tod. Er ordnete an, dass alle Bewohner von Juda es auswendig lernen sollten" (2. Samuel 1,17–18).

David verordnete dem ganzen Land eine Zeit der Trauer. Er machte den Klagegesang zur offiziellen Staatsangelegenheit. Er hielt nichts davon, das Thema Tod schönzureden oder unter den Teppich zu kehren. Er sah ihm ins Auge, bekämpfte ihn, forderte ihn heraus, aber er verleugnete ihn nicht. Sein Sohn Salomo schrieb später: „Alles hat seine Stunde... eine Zeit zum Weinen ..., eine Zeit für die Klage ..." (Prediger 3,1.4 EÜ).

Nehmen Sie sich die Zeit dazu. Stellen Sie sich Ihrer Trauer, geben Sie sich die Zeit und die Möglichkeit zum Weinen – und noch etwas: Halten Sie in Ihrer Trauer die Wahrheit hoch. Paulus schrieb den Thessalonichern, sie sollten trauern, aber zugleich fordert er uns als Christen auf: „Ihr sollt doch nicht trauern wie die Menschen, denen die Hoffnung auf das ewige Leben fehlt" (1. Thessalonicher 4,13 Hfa).

Gott hat in Sachen Tod das letzte Wort. Und wenn Sie bereit sind, zu hören, dann wird er Ihnen im Hinblick auf Ihre verstorbenen Angehörigen die Wahrheit sagen. Sie wurden aus dem Krankenhaus namens Erde entlassen. Sie und ich, wir schlurfen noch die Flure entlang, den Äthergeruch in der Nase, und essen grüne Bohnen und Pudding vom Plastiktablett. Sie dagegen sind im Frühling angekommen, genießen das Picknick im Grünen und tanzen durch kniehohe Wiesenblumen. Wenn sie uns auch so sehr fehlen, dass es wehtut – könnten wir deshalb die Wahrheit verleugnen?

Für sie gibt es keinen Schmerz, keine Zweifel und keine Kämpfe mehr. Sie sind im Himmel, und dort sind sie glücklicher als sie es hier je waren.

Im Übrigen – werden Sie sie nicht schon bald wiedersehen? Das Leben rast doch mit Überschallgeschwindigkeit dahin. „Siehe, handbreit hast du meine Tage gemacht, und meine Lebenszeit ist wie nichts vor dir; nur ein Hauch ist jeder Mensch, wie fest er stehe" (Psalm 39,6 RE).

Gott weiß um den Schmerz des Verlusts. Er hat seinen eigenen Sohn sterben sehen. Doch er weiß auch um die Freude der Auferstehung. Und in seiner Kraft dürfen Sie es auch.

Wenn Sie Ihre Kinder morgens vor der Schule absetzen, weinen Sie da so, als würden Sie sie nie mehr wiedersehen? Wenn Sie Ihre Frau am Eingang zum Supermarkt aussteigen lassen und dann das Auto auf dem Parkplatz abstellen, sagen Sie ihr da auf immer Lebewohl? Nein. Wenn Sie sagen: „Wir sehen uns dann nachher!“, dann meinen Sie das genau so. Und wenn Sie auf dem Friedhof stehen, die weiche, frisch aufgeschüttete Erde anschauen und sich selbst zusprechen: „Wir sehen uns dann nachher!“, dann ist dies die Wahrheit. Nur ein winziges Quäntchen der Ewigkeit, und Sie sind wieder vereint.

Sie haben es nicht nötig, zu „trauern wie die Menschen, denen die Hoffnung auf das ewige Leben fehlt“ (1. Thessalonicher 4,13 Hfa).

Deshalb, sehen Sie Ihrer Trauer ins Auge. Nehmen Sie sich die Zeit. Gestatten Sie es sich, Tränen zu vergießen. Gott hat Verständnis dafür. Er weiß um den Schmerz des Verlustes. Schließlich hat er seinen eigenen Sohn sterben sehen. Doch er weiß auch um die Freude der Auferstehung. Und in seiner Kraft dürfen Sie es auch.

11
KREUZUNGEN, DIE KEINE SIND

Ich bringe es fertig, mich überall zu verirren. Ganz im ernst. Buchstäblich überall. Die simpelste Landkarte ist für mich verwirrend. Ein Pfad kann noch so klar markiert sein – für mich bleibt er dennoch ein Rätsel. Ich würde es nicht mal fertigbringen, die Spur eines Elefanten im knietiefen Schnee zu finden. Die Wegbeschreibung zur Toilette am Ende des Flurs ist für mich ein Buch mit sieben Siegeln. In einem Schnellrestaurant in Dallas habe ich auf diese Weise schon einmal eine ganz schöne Blamage erlebt.

Die Liste meiner blamablen Augenblicke liest sich wie eine Sammlung von Drehbuchideen für den rosaroten Panther:

- Einmal zum Beispiel habe ich mich im Hotel verlaufen. Schließlich bin ich zur Rezeption gegangen und habe mich beschwert, dass mein Schlüssel nicht funktioniert. Am Ende stellte sich heraus, dass ich mich im Stockwerk geirrt hatte.
- Vor einigen Jahren war mein Auto in der Tiefgarage am Flughafen verschwunden, und ich war felsenfest davon überzeugt, dass es gestohlen war. Irrtum! Ich hatte auf der falschen Parkebene gesucht.
- Einmal bin ich versehentlich ins falsche Flugzeug eingestiegen und wachte am nächsten Morgen in einer Stadt auf, wo ich gar nicht hinwollte.

- Nach einem Zwischenstopp zum Tanken auf der Autobahn von Houston nach San Antonio nahm ich aus Versehen die falsche Auffahrt und merkte erst eine halbe Stunde später, dass ich wieder auf dem Rückweg nach Houston war.
- Bei einer Veranstaltung in Seattle brach ich extra früh von meinem Hotel auf, um zeitig da zu sein. Als irgendwann Hinweisschilder zur kanadischen Grenze auftauchten, war mir klar, dass ich zu spät kommen würde.
- Einmal bin ich von meinem Hotel aus zum Joggen aufgebrochen. Als ich wieder zurückkam, ging ich direkt zum Frühstücksbuffet. Erst nachdem ich zwei Portionen verdrückt hatte, dämmerte es mir, dass mein Hotel gar kein Frühstücksbuffet hatte. Ich war im falschen Hotel gelandet.

Wenn die Wildgänse meinen Orientierungssinn hätten, dann würden sie den Winter in Alaska verbringen. Ich kann mich nur allzu gut in Columbus hineinversetzen, von dem man sagt, er habe beim Aufbruch nicht gewusst, wohin die Reise geht; als er ankam, wusste er nicht, wo er gelandet war, und als er schließlich wieder nach Hause zurückkehrte, da wusste er nicht, wo er gewesen war.

Wissen Sie, wovon ich rede? Natürlich wissen Sie es. Wer hat nicht schon einmal ratlos an irgendeiner Abzweigung gestanden? Selbst die findigsten Kundschafter tun sich manchmal schwer, wenn sie vor Fragen wie diesen stehen:

- Soll ich die Stelle annehmen oder nicht?
- Soll ich diese Person heiraten, oder lasse ich es lieber?
- Soll ich von zu Hause ausziehen oder dort wohnen bleiben?
- Soll ich lieber mieten oder kaufen?

Eine der schwierigsten Fragen des Lebens überhaupt ist die Frage: Was will Gott von mir? David stellte sie sich. Gerade eben hat er erfahren, dass Saul und Jonatan tot sind. Plötzlich ist der Thron frei, und alle Möglichkeiten stehen offen. Doch bevor er irgendetwas tut, richtet er den Blick nach oben:

Bald danach befragte David den Herrn und sprach: „Soll ich hinauf in eine der Städte Judas ziehen?"

Und der Herr sprach zu ihm: „Zieh hinauf!"

David sprach: „Wohin?" Er sprach: „Nach Hebron."

2. Samuel 2,1

David macht es sich zur Gewohnheit, seine Möglichkeiten vor Gott auszubreiten. Dabei bedient er sich eines faszinierenden Hilfsmittels: dem *Efod*. Es taucht auf, als David zum allerersten Mal vor Saul fliehen muss. Er sucht Zuspruch bei den Priestern von Nob. Daraufhin bezichtigt Saul die Priester, den Flüchtigen zu verstecken und macht sie in seinem Wahn nieder. Einem der Priester, einem Mann namens Abiathar, gelingt es, zu entkommen. Er kommt nicht nur mit dem Leben davon, sondern er nimmt auch das *Efod* mit.

Es geschah aber, als Abjatar, der Sohn Ahimelechs, zu David nach Keila floh, kam er hinab mit einem Efod in seiner Hand.

Und als David erkannte, dass Saul Böses gegen ihn schmiedete, da sagte er zu dem Priester Abjatar: „Bring das Efod her!"

Und David sprach: „Herr, Gott Israels! Dein Knecht hat als gewiss gehört, dass Saul danach trachtet, nach Keila zu kommen, um die Stadt meinetwegen zu verderben. Werden die Bürger von Keila mich in seine Hand ausliefern? Wird Saul herabziehen, wie dein Knecht gehört hat? Herr, Gott Israels, lass es doch deinen Knecht wissen!"

Und der HERR sprach: „Er wird herabkommen."

Und David fragte weiter: „Werden die Bürger von Keila mich und meine Männer in die Hand Sauls ausliefern?"

Der Herr sprach: „Sie werden dich ausliefern."

Da machten David und seine Männer sich auf, etwa sechshundert Mann, und sie zogen aus Keila fort und streiften umher, von einem Ort zum anderen.

Und es wurde Saul berichtet, dass David aus Keila entkommen sei. Da ließ er davon ab, gegen ihn auszuziehen.

1. Samuel 23,6.9–13 RE

David legt das *Efod* an, redet mit dem Herrn und bekommt Antwort. Etwas ganz Ähnliches ereignet sich nach der Zerstörung von Ziklag. Das Dorf liegt in Trümmern und seine Männer haben sich gegen ihn gewandt, und es heißt:

Und David sagte zu dem Priester Abjatar, dem Sohn des Ahimelech: „Bring mir doch das Efod her!" Und Abjatar brachte das Efod zu David.

Und David befragte den Herrn: „Soll ich dieser Schar nachjagen? Werde ich sie einholen?"

Und er sprach zu ihm: „Jage ihr nach, ja, du wirst sie gewiss einholen und die Gefangenen ganz gewiss befreien!"

1. Samuel 30,7–8 RE

Was hat das zu bedeuten? Was ist dieses Efod? Was macht es so wirkungsvoll? Und kann man sich so etwas im Kaufhaus besorgen?

Efods haben ihren Ursprung in der Zeit der Wüstenwanderung. Das erste Efod wurde dem Priester Aaron von Mose übergeben. Es war eine reich verzierte Weste aus weißem Leinen, das mit blauem, violettem und purpurfarbenem Faden durchwirkt war. Auf der Vorderseite war sie mit Brustplatten verziert, in die zwölf Edelsteine eingelegt waren. Darunter befanden sich auch einer oder mehrere Diamanten und ähnliche Edelsteine. Diese Steine trugen die Namen Urim und Tummim.

Die genaue Bedeutung dieser Namen ist nicht bekannt, aber „Licht" und „Vollkommenheit" sind Begriffe, die immer wieder genannt werden.

Gott bekundete seinen Willen, sich seinen Priestern durch diese Steine mitzuteilen. Wie tat er dies? In alten Quellen gibt es dazu verschiedene Mutmaßungen:

- Die Steine fingen an zu leuchten, wenn Gott mit Ja antwortete,
- sie enthielten bewegliche Buchstaben, die eine Antwort formten,
- sie waren so etwas wie heilige Lose, die man warf, um eine Antwort von Gott zu erfragen.[21]

Über die technischen Details muss man spekulieren, doch der Wert liegt auf der Hand. Würden Sie ein solches Hilfsmittel nicht auch sehr zu schätzen wissen? Wann immer David vor einer Frage stand, auf die er keine Antwort wusste, konnte er ehrfürchtig vor Gott kommen, um sein Anliegen vorzutragen, und Gott antwortete ihm.

> Wird Saul mich verfolgen? Ja, das wird er.
> Werden die Männer mich ausliefern? Ja, das werden sie.
> Soll ich die Feinde verfolgen? Ja, tue es.
> Werde ich sie einholen? Ja, das wirst du.

Der Gott, der David führte, führt auch Sie.

Ach, würde Gott doch mit uns heute ebenso deutlich reden! Wäre es doch auch heute noch so, dass wir ihn einfach fragen könnten und er antwortete uns. Könnten wir doch heute noch zu ihm schreien und ihn hören! Wäre es nicht wunderbar, so ein Efod zu haben? Wer würde hier nicht zustimmen? Gott hat sich nicht verändert. Die Zusage, dass er uns führen wird, hat auch heute noch Gültigkeit.

Der Herr spricht zu mir: „Ich will dir den Weg zeigen, den du gehen sollst. Ich will dir raten und dich behüten."
Psalm 32,8

Such ihn zu erkennen auf all deinen Wegen, dann ebnet er selbst deine Pfade.
Sprichwörter 3,6 EÜ

Deine Ohren werden hinter dir das Wort hören: „Dies ist der Weg; den geht! Sonst weder zur Rechten noch zur Linken!"
Jesaja 30,21

Meine Schafe hören auf meine Stimme; ich kenne sie, und sie folgen mir.
Johannes 10,27 NL

Der Gott, der David führte, führt auch Sie. Sie brauchen einfach nur Ihren Schöpfer zu konsultieren. Ich wünschte, ich hätte in einer Situation, die ich neulich erlebte, genau dies getan. Ich wachte frühmorgens auf; an diesem Tag hatte ich einen sehr frühen Termin. Auf der Suche nach etwas Essbarem, das ich mir zum Frühstück gönnen konnte, stieß ich auf eine Tüte mit Keksen, die in der Küche stand. Denalyn und meine Tochter Sara hatten am Tag zuvor einen Basar in der Schule besucht.

Na so ein Glück, dachte ich, *die wird Denalyn mir sicher zum Frühstück hingestellt haben.*

Ich probierte einen, und ich fand ihn ziemlich zäh – fast ein wenig wie Gummi.

Na, das ist ja eine interessante Konsistenz, dachte ich. *Und der Geschmack erinnert an Pita Brot.*

Ich griff noch ein zweites Mal zu. Ein bisschen fad waren sie schon, aber zusammen mit einer Tasse Kaffee waren sie durchaus nicht zu verachten. Ich nahm mir noch einen dritten Keks auf die Hand mit. Den vierten hätte ich mir sicherlich auch noch genommen, aber es war der Letzte, und so ließ ich ihn für Denalyn übrig.

Ein wenig später rief sie mich an. „Scheinbar ist jemand an der Tüte mit den Keksen gewesen."

„Das war ich", meinte ich. „Ich habe zwar schon bessere Frühstückskekse gegessen, aber alles in allem waren sie ganz okay."

„Max", erwiderte sie. „Das waren keine Frühstückskekse."

„Nicht?"

„Nein."

„Was war es denn?"

„Das waren selbst gemachte Hundekuchen."

„Oh …!" Das erklärte natürlich einiges. Deshalb also die gummiartige Konsistenz und der fade Geschmack. Endlich wusste ich auch, warum mir immer das Bein zuckte, wenn ich mich am Bauch kratzte. (Ganz abgesehen von meinem plötzlichen Interesse an Hydranten und Laternenpfählen.)

S*ie haben doch eine Bibel. Lesen Sie sie!*

Vielleicht hätte ich lieber den Hersteller der Kekse konsultieren sollen. Ebenso tun auch wir gut daran, unseren Schöpfer zu befragen.

Sie haben zwar vermutlich kein Efod.

Dafür haben Sie aber eine Bibel. Lesen Sie sie!

Gibt es irgendein Buch, das jemals so beschrieben wurde: „Denn das Wort Gottes ist lebendig und kräftig und schärfer als jedes zweischneidige Schwert und dringt durch, bis es scheidet Seele und Geist, auch Mark und Bein, und ist ein Richter der Gedanken und Sinne des Herzens“ (Hebräer 4,12)?

„Lebendig und kräftig.“ Die Worte der Bibel sind lebendig! Substantive, die einen Puls haben. Muskulöse Adjektive. Verben, die kreuz und quer über die Seiten hüpfen. Es sind Wörter, die Gott gebraucht. Die Bibel ist für Gott in etwa das, was der Latexhandschuh für den Chirurgen ist. Er greift durch sie hindurch tief in unser Inneres hinein.

Haben Sie seine Berührung nicht auch schon einmal gespürt?

Vielleicht haben Sie irgendwann in einer dunklen und einsamen Stunde schon einmal dieses Wort gelesen: „Ich werde dich nie verlassen und dich nicht im Stich lassen“ (Hebräer 13,5 NL). Solche Worte sind wie eine tröstende Hand auf der Schulter.

Wenn die Angst wie ein Termitenschwarm Ihren Frieden zerfrisst, dann kommt Ihnen vielleicht diese Passage zu Hilfe: „Sorgt euch um nichts, sondern in allen Dingen lasst eure Bitten in Gebet und Flehen mit Danksagung vor Gott kundwerden!“ (Philipper 4,6). Es sind Worte, die unserer Seele einen Seufzer der Erleichterung entlocken.

Vielleicht lauert bei Ihnen die Trägheit vor der Tür. Wenn Sie immer eher dazu neigen, halbe Sachen zu machen, dann kann Ihnen das Wort aus Kolosser 3,23 auf die Sprünge helfen: „Alles, was ihr tut, das tut von Herzen als dem Herrn und nicht den Menschen.“

Das sind Worte, die einem bis ins Mark gehen, nicht wahr?

Sie haben doch eine Familie von Gläubigen um sich. Suchen Sie sich Rat.

Machen Sie sich Schriftworte zunutze. „Gebt den Worten von Christus viel Raum in euren Herzen. Gebraucht seine Worte weise, um einander zu lehren und zu ermahnen“ (Kolosser 3,16 NL).

Wenn Sie vor einer Entscheidung stehen, sei sie klein oder groß, dann nehmen Sie sich die Zeit, mit offenem Herzen, offenen Ohren und einer geöffneten Bibel vor den Herrn zu kommen. Machen Sie es wie Samuel: „Rede, denn dein Knecht hört“ (1. Samuel 3,10).

Sie haben doch eine Bibel. Lesen Sie sie.

Und Sie haben eine Familie von Gläubigen um sich. Suchen Sie sich Rat.

Sie sind sicherlich nicht der Erste, der vor dieser bestimmten Frage steht. Es gibt andere, die vor Ihnen schon in einer ähnlichen Situation waren und mit denselben Problemen zu tun hatten, denen Sie sich jetzt gegenüber sehen, und genauso ratlos waren wie Sie. Suchen Sie ihren Rat. „Denkt an all das Gute, das aus ihrem Leben hervorgegangen ist, und vertraut auf den Herrn, wie sie es taten!“ (Hebräer 13,7 NL).

Ist Ihre Ehe schwierig? Suchen Sie sich Rat von Leuten, die eine starke Ehe führen. Wissen Sie manchmal nicht, wie Sie am Arbeitsplatz Ihre ethischen Maßstäbe umsetzen können? Dann suchen Sie sich doch Rat bei einem christlichen Geschäftsmann. Sind Sie in der Midlife-Crisis und stellen alles infrage? Suchen Sie sich Rat, bevor Sie Ihre Familie sitzen lassen und Ihre Lebensversicherung kündigen. „Der Weg des Narren erscheint in seinen eigenen Augen recht, der Weise aber hört auf Rat“ (Sprichwörter 12,15 RE). Sie brauchen kein Efod oder heilige Steine. Sie haben die Familie Gottes, die Sie um Rat fragen können. Gott wird durch andere Christen zu Ihnen sprechen. Und er wird auch durch Ihr eigenes Gewissen zu Ihnen reden.

Sie haben doch ein Herz, das Gott gefallen möchte. Hüten Sie es.

Jesus drängt diejenigen, die ihm gefallen wollen. „Denn Gott bewirkt in euch den Wunsch, ihm zu gehorchen, und er gibt euch auch die Kraft zu tun, was ihm Freude macht“ (Philipper 2,13 NL). Was sagt Ihr Herz Ihnen? Welche Alternative gibt Ihnen ein Gefühl des Friedens im Herzen?

Jesus drängt diejenigen, die ihm gefallen wollen.

Vor ein paar Jahren waren Denalyn und ich drauf und dran, ein neues Haus zu kaufen. Es war ein schönes Haus, und der Preis schien angemessen. Alle Anzeichen deuteten darauf hin, dass es eine kluge Entscheidung war. Doch irgendwie hatte ich einfach keinen Frieden. Ich war unruhig und fühlte mich unwohl bei dem Gedanken. Schließlich fuhr ich zum Makler und zog mein Kaufangebot zurück. Ich kann bis heute nicht den Finger darauf legen, woher meine Bedenken kamen. Ich weiß nur, dass mir nicht wohl bei der Sache war.

Gerade vor einigen Monaten hatte ich eine Anfrage, als Gastredner auf einer Antirassismus-Konferenz mitzuwirken. Ich war eigentlich geneigt, abzusagen, aber irgendwie brachte ich es dann doch nicht über mich. Der Gedanke ließ mich einfach nicht los und kam immer wieder hoch, wie ein Korken im Wasser. Schließlich sagte ich zu. Selbst nach dem Ende der Veranstaltung konnte ich mir nicht wirklich erklären, warum ich den Eindruck gehabt hatte, dass meine Teilnahme wichtig war. Ich hatte einfach Frieden dabei, und das war ausschlaggebend.

Manchmal haben wir einfach nur dieses innere Gefühl. Als Lukas berichtet, wie er auf den Gedanken kam, das Lukasevangelium zu verfassen, meint er: „So habe auch ich's für gut gehalten, nachdem ich alles von Anfang an sorgfältig erkundet habe, es für dich, hochgeehrter Theophilus, in guter Ordnung aufzuschreiben“ (Lukas 1,3).

Ist es Ihnen auch ins Auge gefallen? „Ich habe es für gut gehalten ...“ Es scheint so, als hätte Lukas die Sache eine Weile hin und her bewegt, die Alternativen abgewogen und dann einfach getan, was er „für gut hielt".

Dasselbe tat auch Judas. Ursprünglich hatte er die Absicht gehabt, einen Brief zum Thema Erlösung zu schreiben, doch am Ende hatte er irgendwie keinen Frieden dabei. Lesen Sie, was er im dritten Vers seines Briefes dazu sagt:

Meine lieben Freunde, ich hatte euch schon lange über die Erlösung schreiben wollen, die uns allen gehört. Doch nun will ich euch über etwas anderes schreiben: Ich muss euch auffordern, für die Wahrheit der Botschaft zu kämpfen, die Gott ein für alle Mal denen geschenkt hat, die ihm gehören.
Judas 3 NL

Achten Sie wieder darauf, wie Judas sich hier ausdrückt. Erst hatte er ein bestimmtes Thema im Sinn gehabt, doch irgendwann spürte er, dass etwas anderes wichtiger war. Woher kam dieser Eindruck? „[...] Gott bewirkt [...] den Wunsch, [...] zu tun, was ihm Freude macht" (Philipper 2,13 NL).

Gott bringt in uns Wünsche hervor.

Gott wird Sie nie dazu bringen, gegen sein Wort zu handeln.

Natürlich müssen wir hier auf der Hut sein. Viele Leute treffen aus einem Gefühl heraus vollkommen törichte Entscheidungen. „Ich hatte den Eindruck, Gott will, dass ich meine Frau betrüge ... meine Rechnungen nicht bezahle ... meinen Arbeitgeber belüge ..." Merken Sie sich eines: Gott wird Sie nie in einer Weise führen, die seinem Wort widerspricht. Er wird niemals seine eigenen Maßstäbe verletzen. Seien Sie sehr vorsichtig mit der Formulierung: „Gott leitet mich ..." Lassen Sie das nicht zu einer Redensart werden. Verkleiden Sie Ihre Sünde nicht als Führung Gottes. Er wird Sie niemals dazu verleiten, zu lügen, zu betrügen oder anderen Schaden zuzufügen. Er wird Sie immer ganz zuverlässig in sein Wort hineinführen oder Sie mit den richtigen Ratgebern in Verbindung bringen.

Sie brauchen weder ein Efod noch Edelsteine, weil in Ihrem Herzen der Geist Gottes wohnt. Wie F. B. Meyer vor gut hundert Jahren schrieb:

Jedes Kind Gottes hat seine eigenen Urim und Tummim Steine, […] ein unbelastetes Gewissen, ein Herz, das im Blut Christi gewaschen ist, ein Wesen, das vom Heiligen Geist Gottes erfüllt und durchdrungen ist […]. Sind Sie im Zweifel über Ihren Weg? Wenden Sie sich mit Ihrer Frage an Gott; erkennen Sie seine Führung im Licht seines wohlwollenden Lächelns oder in der undurchdringlichen Wolke seines Verweigerns […] Ziehen Sie sich zurück an einen Ort, wo Sie für sich allein sind, und wo Licht und Schatten des Irdischen Sie nicht verwirren, wo die störenden Einflüsse Ihres Eigenwillens Sie nicht bedrängen, wo die Auffassungen der Menschen Sie nicht erreichen – […] harren Sie aus, still und erwartungsvoll, auch wenn alles um Sie herum auf eine schnelle Entscheidung und Antwort drängt – der Wille Gottes wird Ihnen offenbart werden; und Sie erlangen […] ein neues Verständnis von Gott und einen tieferen Einblick in sein Wesen.[22]

Sie haben ein Herz, das Gott gefallen möchte. Hüten Sie es!

Sie haben eine Familie von Gläubigen um sich. Suchen Sie sich Rat!

Sie haben eine Bibel. Lesen Sie sie!

Sie haben alles, was Sie brauchen, um den Fragen gegenüberzutreten, die sich überlebensgroß vor Ihnen auftürmen. Vor allem haben Sie einen Gott, der Sie viel zu sehr liebt, als dass er Sie in die Irre gehen lässt. Vertrauen Sie ihm … und die Hundekuchen werden Ihnen erspart bleiben.

12 TRUTZBURGEN

Pete sitzt auf der Straße und hat den Kopf an eine Hauswand gelehnt. Am liebsten würde er ihn gegen die Wand schlagen. Er hat gerade eben wieder einmal alles vermasselt. Jedem rutscht einmal eine unpassende Äußerung heraus. Pete jedoch passiert dies jeden Tag. Wie ein Wal Salzwasser bläst, so sprudeln aus ihm die unbedachten Worte hervor. Immer beleidigt er jemanden, und an diesem Abend traf es seinen besten Freund. Pete und sein loses Mundwerk!

Dann ist da Joe, der immer versagt. Irgendwie schafft er es einfach nicht, mal eine Stelle zu behalten. Sein beruflicher Werdegang ist ein wenig wie die Rocky Mountains – steile Höhen und tiefe Abgründe, Gluthitze und Eiseskälte, saftiges Grün und karstige Dürre. Erst versuchte er sein Glück im elterlichen Betrieb, doch dort flog er raus. Danach arbeitete er eine Weile irgendwo im unteren Management, aber ein blödes Missgeschick brachte ihn schließlich in den Knast. Jetzt sitzt er erst mal, und seine Zukunft sieht so trostlos aus wie die Wüste Gobi. Man wird es ihm wohl kaum verdenken können, dass sein Selbstbewusstsein am Boden ist, nachdem er sich jede Gelegenheit vermasselt hat.

Auch bei ihr ist es nicht anders. Beruflich läuft es zwar einigermaßen, aber dafür klappt es in der Partnerschaft nicht. Ihre erste Ehe ist gescheitert. Die zweite ebenfalls. Als schließlich auch noch die dritte Partnerschaft in die Hose ging, da kannte sie allmählich schon die Namen der Enkel des Gerichtspförtners. Und falls sie beim vierten Gang zum Scheidungsgericht noch irgendwelche Zweifel gehabt haben sollte, waren beim fünften Mal die letzten Zweifel ausgeräumt. Sie war offenbar zu einer dauerhaften Partnerschaft unfähig.

Jeder hat seinen sprichwörtlichen wunden Punkt. Bei Pete ist es sein loses Mundwerk. Joe stolpert beruflich von einem Versagen zum anderen. Und diese arme Frau ist in Sachen Partnerschaft so erfolgreich wie eine Kuh auf dem Olympia-Parcours der Springreiter.

Und wie sieht es bei Ihnen aus? Welche Dauerbrenner machen Ihnen das Leben schwer?

Manche Leute schaffen es einfach nicht, ehrlich zu sein. Andere sind chronische Zweifler. Vielleicht sind Sie einer jener Sorgengeister. Jeder von uns hat sein Päckchen an Sorgen, aber bei Ihnen ist sozusagen das Hauptpostzentrum. Oder vielleicht neigen Sie dazu, andere zu verurteilen. Jeder ist mitunter einmal schnell mit einem Urteil zur Hand, aber Sie sind fleißiger als das Bundesverfassungsgericht.

Was ist Ihre große Schwäche, Ihre schlechte Angewohnheit, Ihre quälende Last? Wo hat Satan seine Trutzburg in Ihrem Leben? Wirklich ein treffender Begriff! Trutzburg: eine Festung, eine Zitadelle mit dicken Mauern und mächtigen Toren. Es ist gerade so, als hätte der Teufel einen Ihrer Schwachpunkte zu seinem Hauptquartier gemacht und einen Festungswall darum errichtet. „Da kommt ihr nie dran!", meint er und fährt fort: „Keine Macht des Himmels schafft das." Hämisch dreist stellt er sich grinsend zwischen Gott und Sie

- mit Ihrer Neigung zu Wutausbrüchen,
- mit Ihrem angeschlagenen Selbstbild,
- mit Ihrem Heißhunger, der nicht ruht, bevor der Kühlschrank leer ist,

- mit Ihrem unbezwingbaren Misstrauen gegen jede Autorität.

Jahr um Jahr geht ins Land, aber dieses Monster lauert wie das Ungeheuer von Loch Ness in den trüben Tiefen Ihrer Seele. Es ist einfach unausrottbar. Es macht seinem Namen wirklich alle Ehre: Trutzig und unbezwingbar, wie eine Burg. Wie eine Bärenfalle krallt sich das Monster an Ihnen fest, und je mehr Sie zerren, um sich von ihm zu befreien, desto quälender schmerzt es.

Trutzburgen – uralt, schier unbezwingbar, zum Verzweifeln.

So etwa wird David sich gefühlt haben, als er seinen Blick nach Jerusalem richtete. Wenn wir Jerusalem hören, dann denken wir an Tempel und an Propheten. Wir denken an Jesus, wie er im Tempel lehrt, und an die explosiv wachsende Urgemeinde. Für uns ist Jerusalem eine der großen Städte der Weltgeschichte.

Doch als David im Jahre 1000 v. Chr. an Jerusalem dachte, sah er etwas ganz anderes. Er sah eine jahrtausendealte düstere Festung, die sich drohend hoch oben auf einem Bergrücken erhob, geschützt von schroffen Felsklippen und dicken Mauern, und von Jebusitern bewohnt. Niemand behelligt sie. Die Philister kämpfen gegen die Amalekiter, die Amalekiter kämpfen gegen die Israeliten. Und die Jebusiter? Sie sind wie eine zusammengerollte Klapperschlange – jeder hält sich von ihnen fern.

Außer David. Der frisch gekrönte König Israels hat Jerusalem im Visier. Er hat die Herrschaft über eine gespaltene Nation angetreten. Das Volk braucht nicht nur einen starken König, sondern auch eine Metropole, zu der es aufschauen kann. Davids gegenwärtiger Regierungssitz, Hebron, liegt zu weit südlich, um von den nördlichen Stämmen anerkannt zu werden. Wenn er seinen Regierungssitz dagegen zu weit nördlich ansiedelt, dann ist er vom Süden abgeschnitten. So macht er sich auf die Suche nach einer geeigneten Stadt im Zentrum des Landes.

Er hat Jerusalem ausersehen. Wir können nur vermuten, wie oft er schon vor den Mauern dieser Stadt gestanden hat. Er ist in Bethlehem aufgewachsen, das nur eine Tagesreise weiter südlich gelegen ist. Lange Zeit hatte er sich in den Höhlen von En Gedi versteckt, die ebenfalls nicht weit von Jerusalem entfernt gelegen sind. Jerusalem wird ihm sicherlich vor Augen gewesen sein, und irgendwann kam er zu dem Schluss, dass es wie geschaffen war, Hauptstadt seines Reiches zu werden. Die Krone war kaum angepasst, da nahm er sich seinen nächsten Goliat aufs Korn.

Nachdem David König von Israel geworden war, zog er mit seinen Kriegsleuten vor die Stadt Jerusalem. Die Jebusiter, die dort wohnten, riefen ihm zu: „Diese Festung wirst du nicht einnehmen, selbst Blinde und Lahme könnten sie verteidigen!" […] Trotzdem eroberte David die Festung Zion und sie wurde die Stadt Davids. Er sagte damals: „Wer die Jebusiter besiegen will, muss durch den Wasserschacht in die Stadt eindringen. Sie sind mir verhasst, diese Blinden und Lahmen." […] Darauf machte David die Festung zu seiner Residenz und gab ihr den Namen „Davidsstadt".
2. Samuel 5,6–9 GN

Leider wird uns hier lediglich eine kurze Skizze gegeben, aber eines sticht dennoch gleich ins Auge: dass das Wort Festung zweimal auftaucht. In Vers 7 lesen wir: „Trotzdem eroberte David die Festung", und in Vers 9: „Darauf machte David die Festung zu seiner Residenz."

Jerusalem hat sicherlich alle Eigenschaften einer Trutzburg: uralt, schier unbezwingbar, zum Verzweifeln. Von den Zinnen der Türme aus haben die Soldaten der Jebusiter freies Schussfeld, jeden Angreifer mit Pfeilen einzudecken, lange bevor er überhaupt seinen Fuß auf die unterste Sprosse der Sturmleiter setzen kann. Zum Verzweifeln ist es. Hören Sie sich doch nur einmal an, wie die Bewohner David verhöhnen: „Diese Festung wirst du nicht einnehmen, selbst Blinde und Lahme könnten sie verteidigen!“ (5,6 GN).

Die Jebusiter überschütten David mir Hohn, gerade so wie Satan uns mit Kübeln voller Frust zukippt:

- „Diese Angewohnheit wirst du niemals ablegen können.“
- „Einmal unterste Kiste, immer unterste Kiste.“
- „So, du glaubst also, dass du es schaffst, diese Sucht zu überwinden? Das hättest du wohl gerne!“

Wenn Ihnen derselbe Hohn in den Ohren gellt, den David zu hören bekam, dann sollten Sie sich vor Augen halten, wie David hier kontert. Ist es Ihnen auch aufgefallen? Die meisten lesen einfach so darüber hinweg. Wir aber wollen genau hinschauen. Nehmen Sie einen Stift zur Hand und unterstreichen Sie es ganz dick – dieses wunderbare Wort:

Trotzdem.

„Trotzdem eroberte David die Festung …“

Ganz ohne Zweifel. Es war eine alte Befestigung. Die Mauern waren schwer zu bezwingen. Und die hämischen Worte, die von oben herunter zu hören waren, konnten einen zur Verzweiflung treiben. Trotzdem eroberte David die Festung.

Wäre es nicht wunderbar, wenn Gott auch in Ihrer Lebensgeschichte ein solches Trotzdem einfügen würde?

Wäre es nicht wunderbar, wenn Gott auch in Ihrer Lebensgeschichte ein solches Trotzdem einfügen würde? In einer Alkoholikerfamilie aufgewachsen, und trotzdem lebt sie suchtfrei.

Nie studiert, aber trotzdem beherrscht er seinen Beruf meisterhaft. Bis zu seiner Rente hat er nie eine Bibel in der Hand gehabt, und trotzdem hat er noch den Weg zu einem echten und innigen Glauben gefunden.

Dieses Trotzdem brauchen wir alle, jeder auf seine Weise. Und bei Gott ist kein Mangel daran. Festungen sind in seinen Augen völlig bedeutungslos. Erinnern Sie sich, was Paulus sagt? „Meine Waffen in diesem Kampf sind nicht die eines schwachen Menschen, sondern die mächtigen Waffen Gottes. Mit ihnen zerstöre ich feindliche Festungen“ (2. Korinther 10,4 GN).

Sie und ich, wir treten mit Zahnstochern zur Schlacht an. Gott dagegen kommt mit Rammböcken und Kanonen. Was er seinerzeit für David tat, kann er auch für uns tun. Die entscheidende Frage ist: Verhalten wir uns so, wie David es tat? Der junge König ist in vieler Hinsicht ein Beispiel für uns.

David hat kein Ohr für die alten Floskeln. Die Schwallköpfe oben auf der Mauer sind Luft für ihn. Er lässt sie einfach links liegen und geht seinen Geschäften nach.

Als Nehemia später auf eben diesen Mauern stand, tat er genau dasselbe. Der einzige Unterschied war, dass er oben war und das Hohngelächter von unten, vom Fuß der Mauer kam. Wenn Sie die Zeit um fünfhundert Jahre vorspulen, dann sehen Sie, dass die Befestigungsmauern von Jerusalem zerstört sind und ein großer Teil des Volkes ins Exil verschleppt wurde. Nehemia leitet ein Aufbauprogramm zur Wiederherstellung der Stadtmauern. Von allen Seiten hagelt es Kritik und die Forderung wird laut, er solle die Baurbeiten einstellen. Man versucht mit allen Mitteln, ihn zu hindern und ihm klarzumachen, wie sinnlos und unmöglich das Vorhaben ist. Doch Nehemia stellt sich taub. „Ich habe ein großes Werk auszurichten, ich kann nicht hinabkommen; es könnte das Werk liegen bleiben, wenn ich die Hand abtäte und zu euch hinabkäme“ (Nehemia 6,3).

Nehemia wusste, wie man den Ton abschaltet, wenn die Widersacher ihr Geschrei anstimmen.

Ebenso Jesus. Er parierte Satans Versuchungen mit drei knappen Sätzen und drei Bibelversen. Als Petrus Jesus nahelegte, das Kreuz zu vermeiden, da ließ er sich auf den Gedanken überhaupt nicht ein: „Geh weg von mir, Satan!" (Matthäus 16,23). Einmal machte sich eine ganze Schar von Leuten darüber lustig, was Jesus bezüglich eines kleinen Mädchens sagte: „‚Das Mädchen ist nicht tot, sondern es schläft.' Und sie verlachten ihn" (Matthäus 9,24). Wissen Sie, wie Jesus mit diesen Skeptikern verfahren ist? Er hat ihnen mit seinen Taten einfach das Wort abgeschnitten. „Als aber das Volk hinausgetrieben war, ging er hinein und ergriff sie bei der Hand. Da stand das Mädchen auf" (Matthäus 9,25).

David und Nehemia ebenso wie Jesus hörten selektiv. Können wir dies auch?

Es gibt im Wesentlichen zwei Arten von Gedanken, die laufend um Ihre Aufmerksamkeit konkurrieren. Die einen proklamieren Gottes Kraft, die anderen reiten auf Ihrem Versagen herum.

Es gibt im Wesentlichen zwei Arten von Gedanken, die laufend um Ihre Aufmerksamkeit konkurrieren. Der eine sagt: „Ja, das schaffst du!" Der andere: „Nein, das schaffst du nicht!" Der eine sagt: „Gott wird dir helfen." Der andere will Ihnen weismachen: „Gott hat dich im Stich gelassen!" Auf der einen Seite stehen die Gedanken, die die Sprache des Himmels sprechen. Auf der anderen Seite steht das Gespött der Jebusiter oben auf der Mauer. Die eine Seite proklamiert Gottes Kraft, die andere reitet auf Ihrem Versagen herum. Die eine Seite ist darauf aus, Sie aufzubauen, die andere zieht Sie beständig herunter. Und hier ist nun die gute Neuigkeit: Sie haben die Wahl, welcher Stimme Sie Gehör schenken wollen. Warum sollten Sie auf die höhnischen Stimmen hören? Warum sollten Sie etwas darauf geben, was sie Ihnen vorgaukeln? Warum sollten Sie den Spatzenhirnen aus der Meckerecke Ihre Aufmerksamkeit schenken, wenn Sie die Möglichkeit haben, Gottes Stimme zu hören?

Warum sollten Sie den Stimmen aus der Meckerecke Gehör schenken, wenn Sie die Möglichkeit haben, Gottes Stimme zu hören?

Machen Sie es so wie David es tat, und stellen Sie sich einfach taub, wenn diese alten Stimmen Sie verfolgen, und richten Sie im selben Atemzug Ihren Blick auf neue Alternativen. Wo andere nur Mauern sahen, da erblickte David einen Tunnel. Andere blieben am Offensichtlichen hängen. David dagegen suchte nach dem Ungewöhnlichen. Indem er tat, was niemand erwartete, erreichte er, was niemand für möglich gehalten hätte. Gehen Sie schöpferisch an Ihre Probleme heran.

Ich kenne ein junges Pärchen, das mit der Trutzburg der sexuellen Versuchung rang. Sie wollten mit dem Sex gerne bis nach der Hochzeit warten, aber sie wussten irgendwie nicht, ob sie es schaffen würden. Also machten sie es wie David und gingen einen unkonventionellen Weg. Sie suchten sich Hilfe von einem älteren Ehepaar. Sie programmierten ihre Telefonnummer im Nummernspeicher ihres Telefons und fragten, ob sie sie zu jeder Tages- und Nachtzeit anrufen dürften, wenn die Versuchung zu stark würde. Die Mauer war einfach überwältigend, und so wählten sie den Weg durch den Tunnel.

Ein Freund von mir kämpfte gegen die Trutzburg des Alkohols. So probierte er eine neue Taktik aus. Er gab mir und noch ein paar anderen die ausdrückliche Erlaubnis, ihm eins auf die Nase zu geben, falls wir ihn jemals beim Saufen erwischen sollten. Die Mauer war einfach überwältigend, also versuchte er es durch den Tunnel.

Ich kenne eine Frau, die ihre Ängste bewältigt, indem sie lange Passagen aus der Bibel auswendig lernt. Ein Handelsvertreter lässt in jedem Hotelzimmer, wo er absteigt, den Fernseher entfernen, damit er nicht in die Versuchung kommt, Erotikprogramme einzuschalten. Jemand anderer hatte irgendwann so die Nase voll von seinen Vorurteilen, dass er in eine Gegend zog, wo viele Leute wohnten, die zu einer bestimmten Minderheit gehörten. Dort lernte er neue Freunde kennen, die ihm dabei halfen, seine Ansichten zu überwinden. Wenn die Mauer zu hoch ist, dann gehen Sie doch durch den Tunnel.

David schöpfte neue Hoffnung aus einem Loch außen vor den Mauern Jerusalems, und dasselbe können auch Sie. Nicht weit von diesem Loch gelegen ist nach der Überlieferung die Begräbnisstätte Jesu. Was für David der Tunnel, ist für Sie das Grab Jesu. „Ihr sollt erfahren, wie unermesslich groß die Kraft ist, mit der Gott in uns, den Glaubenden, wirkt. Ist es doch dieselbe Kraft, mit der er Christus von den Toten auferweckte und ihm den Ehrenplatz zu seiner Rechten gab!“ (Epheser 1,19–20 Hfa)

Machen Sie es so wie David.

Schenken Sie den lästigen Stimmen kein Gehör.

Richten Sie Ihr Augenmerk auf die Alternativen, die vor Ihnen liegen.

Wer weiß. Womöglich liegt nur ein einziges Gebet zwischen Ihnen und jenem „Trotzdem“, das Gott uns nur zu gerne schenken möchte.

Pete erlebte es so. Sie erinnern sich? Der Mann, der immer vergaß, sein Hirn einzuschalten, bevor er sein Mundwerk in Betrieb nahm. Am Ende schleifte Gott die Trutzburg Satans in seinem losen Mundwerk. Den Beweis dafür finden Sie in Apostelgeschichte 2, wo er seine Pfingstpredigt hält. Gott machte aus dem unbeherrschten Hitzkopf den Apostel Petrus (Lukas 22,54–62).

Und Joe, der Versager? Der aus dem Familienbetrieb herausflog und später von seinem Arbeitgeber ins Gefängnis gebracht wurde? Ob aus dem Langzeitarbeitslosen Joe wohl jemals etwas werden wird? Und ob! Joseph wurde Premierminister in Ägypten (1. Mose 37–50).

Wie steht es mit der Frau, die fünfmal geschieden war? Die Frau, mit der es kein Mann aushielt, wurde zu einer Jüngerin Jesu. Nach den letzten Berichten hat sie am Ende ihr ganzes Dorf zu Jesus geführt. Diese Samariterin war die erste Missionarin für Jesus (Johannes 4,1–42) – auch dies wiederum ein Beweis dafür, dass „[…] die mächtigen Waffen Gottes […] feindliche Festungen […] zum Einsturz" bringen (2. Korinther 10,4 GN).

Petrus hatte sein Mundwerk nicht im Griff.

Joseph saß in Ägypten im Gefängnis.

Die Samariterin war fünfmal geschieden.

Jesus war mausetot im Grab …

Und trotzdem: Petrus predigte zu Pfingsten, Joseph regierte Ägypten, die Frau gab weiter, was sie erlebt hatte, Jesus stand von den Toten auf – und Sie …

Den Satz müssen Sie selbst beenden. Irgendwo wartet da Ihr ganz persönliches „Trotzdem" auf Sie.

13
EIN FERNER GOTT

Der eine ist tot, der andere tanzt. Der eine liegt regungslos da, der andere springt umher. Der Tote ist Usa, der Priester, der Tanzende ist König David. Für den Leser des 2. Buchs Samuel ist beides gleichermaßen rätselhaft.

Vielleicht hilft ein wenig Hintergrundinformation.

Sowohl der Tod des einen als auch das Tanzen des anderen hat etwas mit der Bundeslade zu tun, einem rechteckigen Kasten, den Mose hatte bauen lassen. Groß war die Truhe nicht – knapp einen Meter lang und knapp 70 Zentimeter breit. In ihr befanden sich die drei kostbarsten Gegenstände, die das Volk Israel besaß: ein goldenes Gefäß mit unverdorbenem Manna, der Stab Aarons, der Knospen angesetzt hatte, lange nachdem er geschnitten worden war, und die kostbaren Steintafeln, die von Gott selbst behauen worden waren. Als Deckel fungierte eine schwere Platte aus massivem Gold, die „Gnadenthron" genannt wurde. Ver-ziert war sie mit Statuen zweier Cherubime aus Gold, die einander mit ausgestreckten Flügeln gegenübersaßen und auf die Oberfläche des Deckels herabschauten. Sie standen für die Majestät Jahwes, die über dem Gesetz und den Bedürfnissen des Volkes wachte. Die Bundeslade war ein Symbol für Gottes Fürsorge (das Manna), Gottes Macht (der Stab), Gottes Gesetz (die zehn Gebote) und vor allem seine Gegenwart.

In der Ära des Tempels bekam der Hohepriester einmal jährlich die Ehre einer Audienz bei der Bundeslade. Nachdem er das Bußopfer dargebracht hatte, betrat er das Allerheiligste. Der Legende nach hatte man ihm ein Seil um den Knöchel gebunden, sodass man ihn wieder herausziehen konnte, falls er in der Gegenwart Gottes umkommen sollte.

Kann man die Bedeutung der Bundeslade überhaupt hoch genug einschätzen? Wohl kaum. Wie kostbar wäre wohl für uns die Krippe, in der Jesus nach seiner Geburt lag? Oder das Kreuz. Wäre es nicht sehr bedeutsam für uns, wenn wir im Besitz des Kreuzes wären, an dem Jesus hing? Allerdings wäre es das!

So ist es ziemlich verwunderlich, wieso die Israeliten die Bundeslade nicht in Ehren hielten. Sonderbarerweise ließen sie sie dreißig Jahre lang gut zehn Kilometer westlich von Jerusalem im Hause eines Priesters verstauben – unbeachtet und vernachlässigt. Doch der frisch gekrönte König David ist fest entschlossen, dies zu ändern. Nachdem er in Jerusalem Residenz genommen hat, steht die Rückführung der Truhe ganz oben auf seiner Tagesordnung. Er setzt eine Riesenprozession im Stil des Mainzer Fastnachtszugs an, zu der 30000 Israeliten eingeladen sind.

Alles versammelt sich in der Nähe des Hauses von Abinadab, dem Priester. Dessen Söhne[23], Usa und Achjo, werden mit der Durchführung des Transports betraut. Sie laden die Bundeslade auf einen Ochsenkarren und machen sich auf den Weg. Trompeten schallen und Lieder erklingen, und die ersten drei Kilometer läuft eigentlich alles ganz gut. Doch dann kommen sie an eine unwegsame Stelle. Die Ochsen brechen aus, der Wagen schlingert, und die Fracht kommt ins Rutschen. Usa befürchtet, dass die heilige Lade vom Wagen fallen könnte und greift danach, um sie zu halten. In diesem Augenblick bekommt Usa einen Schlag vom Himmel, „sodass er dort starb" (2. Samuel 6,7).

Die Feststimmung ist natürlich gründlich verdorben, und die Leute machen sich auf den Heimweg. Am Boden zerstört kehrt David nach Jerusalem zurück. Bis er sich darüber im Klaren ist, was nun geschehen solle, bleibt die Lade einstweilen im Hause von Obed-Edom. Offensichtlich fasst er neuen Mut, denn David steht drei Monate später wieder auf der Matte, bekräftigt seinen Anspruch und beraumt eine neue Prozession an. Dieses Mal gibt es keine Toten, sondern es wird getanzt, was das Zeug hält. David kommt voller Freude nach Jerusalem zurück. „Und David tanzte mit aller Macht vor dem Herrn her" (2. Samuel 6,14).

Zwei Männer. Einer von ihnen ist tot, und der andere tanzt. Was lernen wir daraus? Genauer gesagt, was lernen wir darüber, wie man die Gegenwart Gottes einlädt? Dies ist die Frage, die David umtreibt: „Wie soll die Lade des Herrn zu mir kommen?" (2. Samuel 6,9).

Der tragische Tod Usas lehrt uns vor allem eines: Gott kommt zu seinen eigenen Bedingungen und auf seine Weise zu uns.

Dies ist das Riesenthema, das den gesamten Bericht von David und den Riesen in seinem Leben vom Anfang bis zum Ende durchzieht. Ist Gott ein ferner Gott? Viele Mütter stehen vor der drängenden Frage: „Wie kann die Gegenwart Gottes meine Kinder erfüllen?" Viele Väter fragen sich: „Wie kann die Gegenwart Gottes in meiner Familie Gestalt gewinnen?" Ganze Gemeinden haben ein unstillbares Verlangen danach, dass Gottes Gegenwart mit ihrer verändernden und heilenden Kraft unter ihnen greifbar wird.

Wie kann die Gegenwart Gottes zu uns kommen?

Sollen wir Kerzen anzünden, Lieder singen, einen Altar errichten, ein Komitee einsetzen, einen ordentlichen Batzen Geld spenden? Wie kommt Gottes Gegenwart zu uns? In Usas Tod und Davids Tanz finden wir zwei Bestandteile einer Antwort auf diese Frage.

Der tragische Tod Usas lehrt uns vor allem eines: Gott kommt zu seinen eigenen Bedingungen und auf seine Weise zu uns. Er gab klare Anweisungen, wie die Bundeslade zu handhaben und zu transportieren ist. Allein die Priester durften ihr nahe kommen, und auch sie nur dann, wenn sie für sich selbst und ihre Angehörigen Opfer dargebracht hatten (siehe 3. Mose 16). Die Lade durfte nicht mit bloßen Händen angefasst werden, sondern sie wurde mit Hilfe von Stangen aus Akazienholz getragen. Die Priester schoben sie durch die Ringe, die an den vier Ecken angebracht waren.

„Diese Teile des heiligen Zeltes sollen die Kehatiter tragen. Sie dürfen aber erst kommen und sie mitnehmen, nachdem Aaron und seine Söhne alles, was zum heiligen Zelt gehört, verhüllt haben. Denn wenn die Kehatiter die heiligen Dinge selbst berühren, müssen sie sterben. [...] Den Kehatitern gab Mose keinen Wagen; sie waren für jene Gegenstände verantwortlich, die nur auf den Schultern getragen werden durften" (3. Mose 4,15; 7,9 Hfa).

Usa hätte dies eigentlich wissen müssen. Schließlich war er ein Priester, ein kehatitischer Priester und ein Nachkomme Aarons. Die Bundeslade war im Hause seines Vaters Abinadab aufbewahrt worden, und er war praktisch damit aufgewachsen. Dies erklärt vielleicht auch seine Leichtfertigkeit.

Als er davon erfährt, dass der König die Bundeslade zu sich holen will, meint er: „Aber klar, ich hole sie. Sie steht bei uns hinten im Schuppen. Kommt, wir laden sie gleich auf den Wagen." Das Heiligtum ist zu einem Ramschartikel verkommen. Das Heilige wurde deklassiert. So setzt er sich über alle Anweisungen hinweg und ersetzt Priester und Tragestangen durch Ochsengespann und Karren. Was wir hier erleben, hat mit Gehorsam und Opferbereitschaft nichts zu tun. Es geht nur darum, dass es möglichst schnell geht.

Gott ist wütend.

Doch musste er Usa wirklich töten? Musste er ihn dafür mit dem Tode bestrafen?

Ich habe diese Frage einmal Joe Shulam gestellt. Joe ist in Jerusalem aufgewachsen und hat am jüdisch-orthodoxen Rabbinerseminar studiert. Er lebt bis heute in Israel und ist ein sehr guter Kenner des Alten Testaments. Einmal holte er mich zusammen mit einer Gruppe von Besuchern am Flughafen ab und fuhr uns nach Jerusalem. Auf dem Weg kamen wir an dem Ort vorbei, wo Usa damals umkam.

„Die Frage ist nicht: Warum tötete Gott Usa?“, erwiderte Joe. „Die Frage ist: Warum lässt er uns am Leben?“

Wenn ich die Sache so recht bedenke und mir die große Zahl von toten Kirchen und die vielen kalten Herzen anschaue, dann bin ich mir gar nicht ganz sicher, dass er es tut.

Usas Tod ist eine Mahnung, die uns alle mit einem Schauer der Ernüchterung erfüllen sollte, die wir in die Kirche gehen können, sooft wir wollen, und das Abendmahl einnehmen, wann immer es uns passt. Die Botschaft ist unmissverständlich: Hüten wir uns davor, achtlos mit dem Heiligen umzugehen. Gott lässt sich nicht einfach bequem auf den Karren verfrachten und von Rindviechern durch die Gegend bugsieren. Machen wir nicht den Fehler, ihn wie einen Flaschengeist zu behandeln, oder wie einen Butler, den man auf Knopfdruck herbeirufen kann.

Lassen Sie bei sich keine lahme Haltung dem Heiligen gegenüber zu!

Gott kommt, aber er kommt zu seinen Bedingungen. Er kommt, wenn seine Gebote beachtet werden, wenn die Herzen gereinigt und die Sünden bekannt wurden.

Wie aber steht es mit der zweiten Gestalt in unserer Geschichte – jenem Mann, der tanzt?

Nach Usas tragischem Tod ist David alles andere als erfreut. Er kehrt gekränkt und verwirrt nach Jerusalem zurück. „Da ergrimmte David, dass der Herr den Usa so wegriss" (1. Chronik 13,11). Drei Monate gehen ins Land, bevor David wieder einen neuen Anlauf unternimmt. Diesmal geht er allerdings anders vor. Statt mit Ochsen kommt er mit Priestern. Statt laxer Bequemlichkeit sind diesmal Tieropfer angesagt. Die Leviten „reinigen sich für die heilige Aufgabe", und diesmal sollten sie die Bundeslade „mit Stangen auf ihren Schultern tragen, wie Mose es im Auftrag des Herrn angeordnet hatte" (1. Chronik 15,14–15 Hfa).

Niemand hat es eilig. „Und als die Träger mit der Lade des Herrn sechs Schritte gegangen waren, opferte man einen Stier und ein fettes Kalb" (1. Chronik 6,13). Als David merkt, dass Gottes Ärger verflogen ist, bringt er ein Opfer dar und

______________________________ .

Bitte wählen Sie die richtige Antwort aus und setzen Sie sie oben ein:

a) kniet vor dem Herrn nieder,
b) fällt vor dem Herrn auf sein Angesicht,
c) neigt sein Haupt vor dem Herrn,
d) tanzt mit aller Macht vor dem Herrn her.

Gott kommt, wenn seine Gebote beachtet werden, wenn die Herzen gereinigt und die Sünden bekannt wurden.

Wenn Sie d) getippt haben, dann haben Sie soeben eine Freikarte zur großen Gemeinde-Tanzparty gewonnen. „David tanzte mit aller Macht vor dem Herrn her" (2. Samuel 6,14). Hier ist nicht einfach nur ein bisschen Beinschwingen und Kopfnicken gemeint, sondern Flick-Flacks, Luftsprünge, Pirouetten. Der Begriff, der hier im Hebräischen steht, porträtiert einen David, der Räder schlägt und ausgelassen hüpft und springt. Vergessen Sie die Polonaise und den obligatorischen Walzer beim Tanzstundenball. Aus David, dem Riesentöter wird David, der Tanzakrobat. Er ist ein bisschen wie der Bürgermeister von Dublin am St. Patricks Day, der vergnügt hüpfend den Festzug anführt.

Doch damit nicht genug. Bis auf das Efod, das leinene Gebetsjäckchen, hat er nichts an. Mit einem Efod ist man in etwa so üppig bekleidet wie mit einem langen T-Shirt. In der heiligen Gegenwart Gottes und vor den Augen des ganzen Volkes entblättert sich David bis auf ein heiliges Flügelhemdchen. (Stellen Sie sich nur einmal vor: Statt im Schloss Bellevue zu repräsentieren, wäre der Bundespräsident im Unterhemd Rad schlagend auf dem Kurfürstendamm zu sehen.)

Während David tanzt, ziehen wir die Köpfe ein und halten die Luft an. Es ist ja irgendwie naheliegend, wie die Sache ausgeht, wenn man bedenkt, wie es Usa erging. Wir wissen, was Gott tut, wenn man respektlos und hemdsärmelig mit seiner Gegenwart umgeht. Vor den Augen Gottes und seines Volkes hüpft er einfach so in der Unterwäsche herum. Also halten wir uns die Augen zu und suchen am besten schon mal die Telefonnummer des Bestattungsunternehmens heraus. Das war's dann wohl, David, mach dich darauf gefasst: Gleich wirst du fritiert, flambiert und zu Grillwürstchen verarbeitet.

Doch nichts dergleichen geschieht. David dreht munter seine Pirouetten, der Himmel schweigt, und wir fangen allmählich an, uns zu wundern. Nimmt Gott denn keinen Anstoß an diesem Gehüpfe? Inwiefern ist David besser als Usa? Warum ist Gott dieses Mal nicht erbost?

Ich kann das gut nachvollziehen, weil ich es damals auch nicht war. Meine Töchter haben es längst vergessen, aber als sie noch klein waren, da haben sie auch jedes Mal einen Freudentanz aufgeführt, wenn ich nach Hause kam. Wenn ich in die Einfahrt einbog, dann gab es kein Halten mehr: „Papa ist da!“, riefen sie und kamen zur Tür herausgehüpft. Und dann kam der Freudentanz, auf dem Rasen direkt vor dem Haus. Ausgelassen tanzten sie mit ihren schokoladenverschmierten Mündern und den üppigen Windelpaketen, und die ganze Nachbarschaft konnte ihre Parade mit ansehen.

Und ich? Habe ich daran Anstoß genommen? Habe ich mich geärgert? Habe ich mir Gedanken gemacht, was die Leute wohl denken? Habe ich ihnen gesagt, sie sollten sich gefälligst zusammenreißen und sich ordentlich benehmen? Natürlich nicht.

Und hat Gott etwa David zurechtgewiesen? Nein, er ließ ihn einfach tanzen.

Die Bibel berichtet nichts davon, dass David jemals bei irgendeiner anderen Gelegenheit getanzt hätte. Er vollführte keinen Freudentanz, als er Goliat besiegt hatte, und auch als er unter den Philistern weilte, tat er nichts dergleichen. Zu seiner Krönung gab es keinen Kaiserwalzer, und die Einweihung Jerusalems wurde nicht mit einem Ball gefeiert. Doch als Gott zu ihm in die Stadt einzog, da gab es für ihn kein Halten mehr.

Möglicherweise wundert sich Gott manchmal über unseren Mangel an Begeisterung. Ist die Gegenwart Gottes uns vielleicht weniger kostbar als David? Jesus hat uns die Zusage gemacht: „Siehe, ich bin bei euch alle Tage bis an der Welt Ende“ (Matthäus 28,20). Doch wann haben wir deshalb zum letzten Mal die Möbel beseitegeräumt und bis zum frühen Morgen getanzt?

Das Geschenk Gottes an uns ist seine Gegenwart.

Was hat David gewusst, was wir nicht wissen? Was war ihm vor Augen, was wir vergessen haben? Vielleicht lässt es sich am besten so in Worte fassen: Das größte Geschenk, das er uns macht, ist er selbst. Sonnenuntergänge sind atemberaubend. Das türkisblaue Wasser der Karibik ist ein Fest für die Augen. Ein neugeborenes Baby rührt uns zu Tränen. Eine Liebe fürs Leben ist ein unbezahlbarer Schatz. Doch wenn wir auf all das verzichten müssten – die Sonnenuntergänge, das Meer, das Babylachen, die Liebe eines Menschen – und ganz allein mitten in der Sahara wären, dann hätten wir immer noch allen Grund, vor Freude im Sand zu tanzen. Warum? Weil Gott mit uns ist.

Das muss David vor Augen gehabt haben. Und genau dies möchte Gott uns ins Bewusstsein rufen. Wir sind niemals allein. Niemals.

Gott liebt Sie zu sehr, als dass er Sie jemals sich selbst überlassen würde, und deshalb hat er es auch noch nie getan. Sie sind nicht allein mit Ihren Ängsten, Ihren Sorgen, Ihrer Krankheit und mit der Realität Ihres Todes. Ist das kein Grund zum Feiern?

Also, lassen Sie die Party steigen! David „segnete das Volk im Namen des allmächtigen Gottes. Alle Israeliten, Männer und Frauen, erhielten einen Laib Brot, einen Rosinen- und einen Dattelkuchen“ (2. Samuel 6,18–19). Gott ist mit uns, und das ist Grund zum Feiern.

Usa ist dies alles scheinbar entgangen. In seinen Augen war Gott ziemlich klein und mickerig – ein Gott, der in eine Kiste passte und Hilfe brauchte, damit er nicht vom Wagen rutscht und in den Dreck fällt. Usa hielt es nicht für nötig, sich für die Begegnung mit dem Heiligen zu reinigen: Er brachte kein Opfer dar und scherte sich nicht um die Gebote Gottes. Buße? Gehorsam? Ach was! Verladet Gott auf den Karren, und dann nichts wie los.

In unserem Fall bedeutet das vielleicht, dass wir die ganze Woche lang mit der Hölle schäkern und dann am Sonntag noch schnell am Tisch der Gnade zulangen. Oder wir meinen, es käme überhaupt nicht darauf an, woran wir glauben. Hauptsache, wir tragen unser Kruzifixkettchen als Glücksbringer. Oder wir zünden einfach ein paar Kerzen an, sprechen unsere Gebete und denken, dann hätten wir Gott auf unserer Seite.

Die Leiche Usas ist eine unmissverständliche Warnung, dass Gott nicht so achtlos mit sich umspringen lässt. Ein Mangel an Respekt vor Gott ist tödlich. Gott lässt sich nicht heranzitieren, herbeizaubern oder herabzerren. Er ist eine Person, die liebt und die gerne heilt, hilft und eingreift. Er reagiert nicht auf Zauberformeln, und kluges Gerede beeindruckt ihn nicht im Mindesten. Er hält Ausschau nach mehr: nach Ehrerbietung, Gehorsam und nach Herzen, die ihn wirklich suchen.

Ein ehrfürchtiges Herz und tanzende Füße müssen sich nicht gegenseitig ausschließen.

Wo immer er dies sieht, da kommt er! Und wenn er kommt, dann lassen Sie die Party steigen. Ein ehrfürchtiges Herz und tanzende Füße müssen sich nicht gegenseitig ausschließen.

David hatte beides.

Ach übrigens, wissen Sie noch, was ich über meine Töchter schrieb, die mir mit Windelpopo und Schokoladenmund entgegenhüpften? Ich habe dann immer mit ihnen zusammen gehüpft und getanzt. Sie glauben doch wohl nicht, dass ich mir diesen Spaß entgehen ließ! Und ob ich getanzt habe! Da gab es kein Halten mehr! Ich habe sie mir unter den Arm geklemmt – zwei, manchmal sogar drei auf einmal – und dann bin ich mit ihnen zusammen herumgewirbelt. Welcher Vater lässt sich schon die Gelegenheit entgehen, mit seinen Kindern zu tanzen?

(Da frage ich mich doch, ob David damals wohl wirklich alleine getanzt hat.)

14
HARTE ZUSAGEN

David hätte es eigentlich gar nicht besser haben können. Er ist gerade eben zum König gekrönt worden. Im Thronsaal riecht es noch nach frischer Farbe, und der Stadtplaner hat eben damit begonnen, neue Stadtviertel zu entwerfen. Die Bundeslade ist in der Stiftshütte, die königlichen Schatztruhen quellen über von Gold und Silber, und die Feinde Israels bleiben auf Abstand. Die Tage Sauls, der immer nur den Kopf einzog, sind endgültig vorbei.

Doch plötzlich wird die Erinnerung wieder lebendig. Vielleicht hat irgendjemand eine Bemerkung gemacht, die das Gespräch von damals wieder ins Gedächtnis zurückbringt. Oder vielleicht ist es ein vertrautes Gesicht, das die Erinnerungen an jenen lange zurückliegenden Entschluss wieder wachruft. Er steht mit beiden Beinen in seinem neuen Leben, doch die Erinnerung an das Versprechen, das er damals gegeben hat, steht auf einmal wieder vor ihm: „Und David sprach: Ist noch jemand übrig geblieben von dem Hause Sauls, damit ich Barmherzigkeit an ihm tue um Jonatans willen?“ (2. Samuel 9,1).

Der Hof ist sichtlich verwirrt. Warum sollte David sich noch Gedanken um die Nachfahren Sauls machen? Hat nicht eine neue Ära begonnen? Die alte Regierung ist doch abgelöst. Wen interessieren noch die Gesichter von gestern? David schon, und zwar um des Bundes willen, den er mit Jonatan geschlossen hatte. Als Saul drohte, David umzubringen, da unternahm Jonatan einen Rettungsversuch. Nach der gelungenen Rettung unterbreitete er David folgende Bitte: „Wenn ich es noch erlebe, dass du König wirst, dann denk an die Güte, die der Herr dir erwiesen hat, und schenke mir das Leben. Schone auch meine Nachkommen! Entzieh ihnen nicht deine Gunst, selbst dann nicht, wenn der Herr alle deine Feinde beseitigt" (1. Samuel 20,14–15 GN).

Jonatan kommt um, doch der Bund, den die beiden miteinander schlossen, ist in Davids Augen noch lebendig. Jedermann hätte wohl vollstes Verständnis dafür gehabt, wenn David einfach einen Strich unter die Sache gezogen hätte. Es gab viele gute Gründe dafür.

Die beiden waren damals einfach jung und voller Idealismus gewesen, und wer löst schon alle Vorsätze ein, die er als junger Mensch gemacht hat?

Saul war brutal und rücksichtslos gewesen, und die Nachfahren eines Tyrannen haben nun einmal keine Ehrerbietung zu erwarten.

Und außerdem hat David alle Hände voll zu tun, die Regierungsgeschäfte zu führen und sich um die Belange seiner Armee zu kümmern. Da ist keine Zeit für solche Nebensächlichkeiten.

Doch in Davids Augen ist ein Bund keine Nebensächlichkeit. Wenn Sie die Riesen im Leben Davids auflisten würden, dann wäre die Einhaltung von Zusagen, die er gemacht hat, sicherlich ganz weit oben mit dabei. Sie gehörten immer wieder zu den ganz großen Herausforderungen im Leben Davids.

Der Mann, der eine Frau an seiner Seite hat, die unter Depressionen leidet, weiß ein Lied davon zu singen. Tag für Tag irrt sie im undurchdringlichen Nebel der Düsternis durchs Leben, und er fragt sich, wo das Mädchen geblieben ist, das er damals geheiratet hat. Können Sie in einer solchen Situation zu Ihrem Versprechen stehen?

Ebenso ergeht es der Frau, deren Partner fremdgegangen ist. Nun steht er wieder auf der Matte, und es tut ihm alles furchtbar leid. Aber die Verletzung sitzt tief, und sie fragt sich: „Soll ich ihm jetzt treu sein, obwohl er mir untreu gewesen ist?"

Auch Eltern stehen immer wieder vor dieser Herausforderung. Eltern, deren Kinder ihr Leben verpfuscht haben. Eltern von Kindern, die nichts als Dummheiten machen. Eltern von behinderten Kindern.

Manchmal stellt sich die Frage selbst für Eltern mit kerngesunden Kleinkindern. Die lichten Momente, in denen alles schön ist, sind doch sehr rar, wenn man sie mit den Bergen von Windeln und Schmutzwäsche und den kurzen Nächten vergleicht.

Ja, diese Versprechen, die einem im Fliederduft des Frühlings so leicht über die Lippen gehen – gelten die auch im eisgrauen Februar noch? Wie Gulliver überschatten sie drohend unser kleines Lilliput, und es ist schier unmöglich, ihnen zu entrinnen. David hat es offenbar gar nicht versucht.

Versprechen, die einem im Fliederduft des Frühlings so leicht über die Lippen gehen – gelten sie auch im eisgrauen Februar?

Dabei war es gar nicht so einfach, einen Nachfahren von Jonatan ausfindig zu machen. In Davids Umfeld wusste man von keinem. Die Ratgeber des Königs schafften Ziba herbei, einen der früheren Diener am Hofe Sauls, und erkundigten sich, ob er von einem Überlebenden aus Sauls Sippe wusste. Zibas Antwort ist sehr vielsagend: „Es ist noch ein Sohn Jonatans da, lahm an den Füßen" (2. Samuel 9,3).

Ziba nennt keinen Namen. Alles, was zählt, ist die Tatsache, dass der Junge behindert ist. Wir hören die diskrete Warnung heraus: „Mit Verlaub, Majestät, er ist nicht ganz – nun ja, wie soll ich sagen? – schicklich für den Hof. Vielleicht wollen Majestät sich die Sache mit dem Versprechen noch einmal überlegen."

Von Ziba erfahren wir nicht viel über den Jungen, doch im vierten Kapitel des 2. Buches Samuel finden wir mehr. Es handelt sich um Mefi-Boschet, einen Sohn Jonatans. (Was für Namen! Wenn Sie noch nach Namensideen für Ihr Neugeborenes suchen, dann überlegen Sie doch einmal, ob Ziba oder Mefi-Boschet vielleicht infrage kämen. Damit fallen Sie bestimmt überall aus dem Rahmen.)

Mefi-Boschet war gerade fünf Jahre alt, als sein Vater und sein Großvater von den Philistern umgebracht wurden. Da die Brutalität der Philister allgemein bekannt war, flohen alle, die zu Sauls Sippe gehörten, in die Berge. Mefi-Boschets Kindermädchen packte ihn und rannte, was das Zeug hielt. Dummerweise stolperte sie und der Junge stürzte so unglücklich, dass er sich beide Knöchel brach und fortan nicht mehr laufen konnte.

Die Diener trugen ihn über den Jordan bis zu einem ungastlichen Nest namens Lo Debar, was so viel bedeutet wie „Ort ohne Weide". Stellen Sie sich einen heruntergekommenen Wohnwagen vor, irgendwo in der Wüste zwischen Kakteen und vertrocknetem Gestrüpp. Dies war das Versteck, wo Mefi-Boschet vor den Philistern und später vor David Schutz suchte.

Fassen wir also die Einzelheiten seines unglücklichen Daseins noch einmal zusammen:

- Von Geburt an war er rechtmäßiger Thronerbe.
- Ein unglücklicher Sturz hatte eine bleibende Behinderung hinterlassen.
- Mit seinen lahmen Füßen saß er in einem fremden Land fest.
- Sein Leben war von ständiger Todesangst überschattet.

Opfer widriger Umstände. Verstoßen. Behindert. Unkultiviert.

„Sind Sie sich wirklich sicher?“, hallt Zibas Nachfrage uns in den Ohren. „So etwas wie dieser Junge soll hier im Palast wohnen dürfen?“

David ist sich absolut sicher.

Seine Diener fahren mit einer extralangen Luxuslimousine hinüber auf die andere Seite des Jordans und klopfen an die Tür der billigen Absteige. Sie erklären kurz, worum es geht, laden Mefi-Boschet ins Auto und chauffieren ihn zum Palast. Der Junge ist auf das Schlimmste gefasst. Als er vor David erscheint, ist er in etwa so freudig erregt wie ein zum Tode Verurteilter auf dem Weg zur Exekution.

Er verneigt sich und meint:

„Was ist dein Knecht, dass du dich einem toten Hund zuwendest, wie ich es bin?“

David ruft Ziba herbei, der früher die rechte Hand Sauls gewesen ist, und meint: „Alles, was Saul und seiner ganzen Familie gehört hat, gebe ich dem Sohn deines Herrn. … (er) selbst aber, der Sohn deines Herrn, soll immer an meinem Tisch essen.“
2. Samuel 9,8–10 EÜ

Schneller als man seinen Namen zweimal über die Lippen bringen kann, ist Mefi-Boschet von Lo Debar an die Tafel des Königs aufgestiegen. Seine Tage als Niemand sind gezählt. Von nun an ist er ein „von und zu“ und verfügt noch dazu über beträchtliche Ländereien. Dabei hätte David ihm ja auch einfach ein bisschen Geld nach Lo Debar schicken können. Mit einer ordentlichen Rente auf Lebenszeit hätte er seine Zusage sicherlich mehr als erfüllt. Doch David wollte ihm eben nicht nur ein Auskommen sichern, sondern ihm einen Platz im Leben geben – einen Platz bei sich, an der Tafel des Königs.

Schauen Sie sich doch einmal das Familienportrait ein wenig genauer an, das bei David über dem Kamin hängt. Da sehen Sie ihn, den strahlenden Absolventen der Lo Debar Akademie: David. Er sitzt in der Mitte auf dem Thron, umgeben von seinen allzu zahlreichen Frauen. Hinter ihm steht der braun gebrannte Absalom, daneben die umwerfend schöne Tamar. Etwas weiter zum Rand hin, neben Salomo, dem Bücherwurm, sehen Sie Mefi-Boschet, den Enkel Sauls und Sohn Jonatans. Auf seine Krücken gestützt lächelt er, als hätte er soeben den Jackpot der Spielbank von Jerusalem geknackt.

Irgendwie hatte er es ja auch tatsächlich. Der Junge, der noch nicht mal auf eigenen Füßen stehen konnte, hatte auf einmal alles, was man sich nur wünschen kann. Warum? Weil er David von seinen überragenden Fähigkeiten überzeugte? Weil er ihn zutiefst beeindruckt hatte? Oder weil er ihm ordentlich Druck gemacht hatte? Nichts dergleichen. David hat einfach nur eine Zusage eingelöst. Die Güte, die König David dem Jungen hier erweist, hat nichts mit ihm selbst zu tun, sondern einzig und allein damit, dass David zu seinem Wort steht.

Wenn Sie noch immer nicht überzeugt sind, dann brauchen Sie den Gang der Dinge nur ein wenig weiter zu verfolgen. Fünfzehn Jahre lang verschwindet Mefi-Boschet in der Versenkung, und man hört nichts mehr von ihm, bis er schließlich in der Zeit des Aufstands von Absalom wieder von sich reden macht.

Der missratene Absalom zettelt eine Rebellion an und zwingt seinen Vater, aus Jerusalem zu fliehen. Der gedemütigte König entkommt mit einer Handvoll Getreuer. Raten Sie einmal, wer mit von der Partie ist. Mefi-Boschet? Ich dachte mir schon, dass Sie darauf tippen würden. Falsch – es ist Ziba. Ziba berichtet David, dass Mefi-Boschet sich auf die Seite der Feinde Davids geschlagen hat. Die Geschichte nimmt ihren Lauf, Absaloms Aufstand scheitert, und David kehrt wieder nach Jerusalem zurück, wo Mefi-Boschet ihm eine ganz andere Version der Ereignisse auftischt. Er tritt David mit einem verzottelten Bart und schmutzigen Kleidern gegenüber. Ziba, so behauptet er, hätte sich geweigert, ihn auf ein Pferd zu setzen und ihn einfach in Jerusalem zurückgelassen.

Wer sagt nun die Wahrheit – Ziba oder Mefi-Boschet? Einer von beiden ist ganz offensichtlich ein Lügner. Nur wer? Wir wissen es nicht. Die Wahrheit bleibt im Dunkeln, weil David nie darauf aus war, sie herauszufinden. Im Endeffekt spielt es überhaupt keine Rolle. Mefi-Boschet bleibt, ob er die Wahrheit sagt oder nicht. Sein Platz am Hof hängt nicht von seinem Wohlverhalten ab, sondern von der unwiderruflichen Zusage, die David einmal gegeben hat.

Gott ist das große Vorbild, was die Einhaltung von Bundeszusagen anbelangt.

Warum tut David das? Warum ist er nur so loyal? Wie ist das möglich? Wie bringt David dies nur fertig? Mefi-Boschet nimmt nur und bringt ihm gar nichts. Woher nimmt David diese unerschütterliche Entschlossenheit? Wenn wir David selbst die Frage stellen könnten, wie es ihm möglich war, dieses riesenhafte Versprechen einzulösen, dann würde er sicherlich sehr schnell von sich selbst ablenken und auf Gott zu sprechen kommen. Gott ist das große Vorbild, was die Einhaltung von Bundeszusagen anbelangt.

Mose sagte den Israeliten:

So erkennt doch: Der Herr, euer Gott, ist der wahre und treue Gott! Über Tausende von Generationen steht er zu seinem Bund und erweist allen seine Güte, die ihn lieben und sich an seine Gebote halten.
5. Mose 7,9 Hfa

Gott wird die Zusagen, die er gibt, niemals brechen. Das hebräische Wort für Bund lautet berijit, was so viel bedeutet, wie „eine feierliche Übereinkunft mit bindender Wirkung".[24] Seine unwiderrufliche Bundeszusage zieht sich durch die ganze Bibel hindurch. Erinnern Sie sich noch an die Zusage, die er Noah gab?

Ich habe meinen Bund mit euch geschlossen: Nie wieder sollen alle Wesen aus Fleisch vom Wasser der Flut ausgerottet werden; nie wieder soll eine Flut kommen und die Erde verderben. Und Gott sprach: Das ist das Zeichen des Bundes, den ich stifte zwischen mir und euch und den lebendigen Wesen bei euch für alle kommenden Generationen: Meinen Bogen setze ich in die Wolken; er soll das Bundeszeichen sein zwischen mir und der Erde.
1. Mose 9,11–13

Jeder Regenbogen erinnert uns an den Bund Gottes. Interessanterweise berichten Astronauten, die Regenbögen vom Weltraum aus sehen konnten, dass sie immer einen vollständigen Kreis bilden[25]. Die Verheißungen Gottes sind unverbrüchlich und haben kein Ende.

Gottes unwiderrufliche Bundeszusage zieht sich wie ein purpurroter Faden durch die ganze Bibel hindurch.

Auch Abraham kann von Zusagen erzählen, die er bekommen hat. Gott sagte ihm, wer es fertigbrächte, seine Nachkommen zu zählen, der könnte auch die Zahl der Sterne am Firmament bestimmen. Um den Bund festzumachen, ließ Gott Abraham mehrere Tiere in Hälften zerteilen. Im Orient des Altertums war es üblich, dass derjenige, der eine Zusage besiegeln wollte, zwischen den ausgelegten Hälften eines Tieres hindurchging. Auf diese Weise bekundete er sein Einverständnis, dasselbe Schicksal zu erdulden, falls er sein Wort je brechen sollte.

Als nun die Sonne untergegangen und es finster geworden war, siehe, da war ein rauchender Ofen, und eine Feuerflamme fuhr zwischen den Stücken hin. An dem Tage schloss der Herr einen Bund mit Abram und sprach: Deinen Nachkommen will ich dies Land geben von dem Strom Ägyptens an bis an den großen Strom Euphrat.
1. Mose 15,17–18

Gott nimmt seine Zusagen sehr ernst, und er besiegelt sie auf dramatische Weise. Denken Sie zum Beispiel an Hosea. Siebenhundert Jahre vor der Geburt Jesu gab Gott Hosea die Anweisung, eine Prostituierte namens Gomer zu heiraten. (Wenn der Beruf kein Stirnrunzeln auslöst, der Name tut es bestimmt!) Doch Hosea gehorchte. Gomer brachte drei Kinder zur Welt – keines von ihnen stammte von Hosea. Gomer verließ Hosea und wurde so etwas wie ein heutiges Callgirl in einem Striptease Club. Das bittere Ende kam in Form einer Auktion, auf der sie als Sklavin meistbietend verhökert wurde. Männer von einem weniger edlen Schlag hätten hier dankend abgewunken. Doch nicht so Hosea. Er stieg bei der Versteigerung mit ein, kaufte seine Frau zurück und holte sie zu sich nach Hause. Warum? Hören Sie seine Erklärung:

Und Gott befahl mir: „Mach noch mal einen neuen Anfang: Liebe deine Frau, deine Frau, die dich immer wieder betrügt und gerade wieder mit ihrem neusten Liebhaber schläft. Liebe sie so, wie ich, Gott, das Volk Israel liebe, obwohl sie mit jedem x-beliebigen Götzen flirten und saufen, den sie gerade interessant finden."

Und so tat ich es. Ich zahlte einen stolzen Preis, um sie wieder zurückzubekommen. Sie kostete so viel, wie ein Sklave eben kostet. Hosea 3,1–2; übersetzt nach „The Message"

Wenn Sie ein Bild brauchen, um sich vorstellen zu können, wie die Treue Gottes aussieht, dann halten Sie sich Hosea vor Augen, wie er seine Frau zurückkauft. Denken Sie an die Räucherpfanne, die zwischen den geschlachteten Tieren hindurchgeht. Oder denken Sie an Mefi-Boschet. Vielleicht haben Sie sich nie mit Mefi-Boschet aus Lo Debar identifizieren können. Sie hätten aber allen Grund dazu. Halten Sie sich die Einzelheiten seiner Tragödie noch einmal vor Augen:

- Von Geburt an rechtmäßiger Thronerbe,
- dann tief gefallen,
- sitzt er nun lahm und hilflos in einem fremden Land fest,
- wo er beständig vom Tod bedroht ist.

Im Grunde ist dies auch Ihre Geschichte! Wurden Sie nicht als Kind des Allerhöchsten geboren? Hinken Sie nicht durchs Leben, weil Adam und Eva seinerzeit über die Frucht am Baum gestolpert sind? Wer von uns ist nicht zur Genüge in der dürren Einöde von Lo Debar herumgeirrt?

Doch irgendwann kam der Bote aus dem Palast – die Grundschullehrerin, der Klassenkamerad am Gymnasium, die Tante, der Pastor, sie kamen mit einem dicken Auto und umwerfenden Neuigkeiten: „Du wirst es vielleicht nicht glauben, aber der König von Israel hat an seiner Tafel einen Platz für dich reserviert. Das Tischkärtchen mit deinem Namen steht schon da, und der Stuhl steht bereit. Er will, dass du Teil seiner Familie wirst."

Warum? Wegen Ihres überragenden IQs? Gott braucht keine Ratgeber an seiner Seite.

Wegen Ihres üppigen Vermögens? Das ist bei Gott keinen Pfifferling wert.

Oder vielleicht wegen Ihres Organisationstalents? Na klar! Der Architekt des Weltalls, der die Bahnen von Sternen und Planeten bestimmt, kann ohne Sie nicht auskommen.

Das ewige Leben ist eingesetzt, besiegelt und abgesichert, einzig und allein durch den Bund Gottes.

So leid es mir tut, Mefi-Boschet, aber diese Einladung ist vollkommen unverdient. Sie ist Gottes freier Entschluss. Er hat dir Leben in Ewigkeit zugesagt: „Sie sollen wissen, dass sie auf ein ewiges Leben hoffen dürfen. Das hat Gott, der nicht lügt, schon vor unendlich langer Zeit versprochen" (Titus 1,2 GN).

Das ewige Leben ist eingesetzt, besiegelt und abgesichert, einzig und allein durch den Bund Gottes. Darum – und nur darum – können Sie den Schlüssel für die Absteige in Lo Debar getrost in den Mülleimer werfen: Weil Gott seine Zusagen einhält! Sollte diese Treue Gottes uns nicht inspirieren, es ihm gleichzutun?

Wenn Sie dort lieben, wo Ihre Liebe nicht erwidert wird, dann bekommen Sie einen kleinen Einblick davon, was Gott Ihnen schenkt.

Der Himmel weiß, wie sehr wir diese Inspiration brauchen. Der Umgang mit Menschen in dieser Welt kann uns den letzten Nerv rauben. Es gibt Momente, wenn wir unser Bestes geben, und es dennoch nicht reicht. Wenn unser Ehepartner entschlossen ist, zu gehen, dann können wir ihn nicht zwingen, zu bleiben. Wenn der Ehepartner uns misshandelt, dann müssen wir die Konsequenzen ziehen und gehen. Manchmal werfen wir all unsere Liebe in die Waagschale, und trotzdem lässt der Empfänger uns eiskalt abblitzen. Glauben Sie mir, ich möchte die Herausforderungen nicht kleinreden, mit denen manch einer unter Ihnen sich konfrontiert sieht. Sie sind einfach erschöpft. Sie sind wütend und enttäuscht. Ihre Ehe ist einfach nicht das, was Sie sich erhofft hatten. Das Leben läuft völlig anders als Sie dachten. Doch irgendwo im Nebel der Vergangenheit steht dieses Versprechen, das sie gemacht haben, und ich möchte Sie dringend bitten, alles zu tun, was in Ihren Kräften steht, um es einzuhalten. Wollen Sie nicht einfach noch einmal einen Versuch wagen?

Warum sollten Sie? Weil Sie auf diese Weise das Ausmaß der Liebe Gottes begreifen.

Wenn Sie dort lieben, wo Ihre Liebe nicht erwidert wird, dann bekommen Sie einen kleinen Einblick davon, was Gott Ihnen schenkt. Wenn Sie für Ihren verlorenen Sohn die Laterne neben der Haustür brennen lassen; wenn Sie tun, was richtig ist, obwohl Ihnen selbst übel mitgespielt wurde; wenn Sie den Schwachen und Kranken Ihre Liebe erweisen, dann tun Sie genau das, was Gott Tag für Tag ohne Unterlass tut. Bundestreue ist nichts anderes als Liebe Gottes für Fortgeschrittene.

Ist dies vielleicht der Grund, warum Gott Ihnen so viel zumutet? Wenn Sie Menschen lieben, die Sie belügen, betrügen und Ihnen das Leben schwer machen, handeln Sie dann nicht im Grunde genauso, wie Gott an uns handelt? Durchleben Sie die Nöte und Schwierigkeiten, die Sie dabei haben, ganz bewusst. Es ist eine Einladung Gottes an Sie, seine Liebe verstehen zu lernen.

Wenn Sie die nicht Liebenswerten lieben, dann bekommen Sie einen kleinen Eindruck davon, was Gott für Sie tut.

Und Gott möchte, dass Sie seine Liebe sichtbar umsetzen.

Genau dies tat David im Umgang mit Mefi-Boschet. Er wurde zu einem sichtbaren Beispiel der Treue Gottes. Hosea tat es in seinem Umgang mit Gomer. Er machte sich die Hingabe Gottes zu eigen. Meine Mutter tat es im Umgang mit meinem Vater. Ich erinnere mich noch gut daran, wie sie in den letzten Monaten seines Lebens hingebungsvoll für ihn sorgte. Die amyothrophe Lateralsklerose hatte das letzte Fünkchen Kraft aus seinen Muskeln gesogen. Meine Mutter tat für ihn alles, was eine Mutter für ihr Baby tut. Sie badete ihn und zog ihn an. Im Souterrain unseres Hauses stand ein Krankenhausbett, und so wurde er zu ihrem Missionsprojekt.

Nie habe ich eine Klage von ihr gehört. Ich habe nie irgendeine negative Bemerkung mitbekommen. Alles, was ich sah, war ein Mensch, der in vorbildlicher Weise zu seinem Wort steht. „Wie könnte ich aus Liebe heraus anders handeln?“ Ihre Taten sprachen eine unmissverständliche Sprache. Sie puderte ihn ein, rasierte ihn und wusch seine verschmutzte Bettwäsche. Es hat etwas ungemein Kraftvolles, wenn ein Mensch zu seinem Wort steht.

Genau dazu ruft Gott uns auf. Wir sollen seine hartnäckige Liebe vorleben und seine Treue verkörpern. Gott gibt Ihnen das Privileg, Ihren Kindern und den Menschen um Sie herum echte Liebe vorzuleben.

Nehmen Sie die Chance wahr. Wer weiß? Vielleicht wird irgenwann einmal jemand Ihre Geschichte erzählen, um anderen die Treue Gottes zu veranschaulichen.

Noch ein Gedanke zum Schluss: Sie erinnern sich doch sicherlich noch an das Familienportrait über dem Kamin im Schloss. Ganz ehrlich gesagt bezweifle ich, dass David ein solches Bild besaß. Aber ich könnte mir durchaus vorstellen, dass es im Himmel so etwas gibt. Wäre es nicht etwas, wenn Sie Ihr Gesicht auf dem Familienportrait des Himmels wiederfinden würden? Zusammen mit Leuten wie Mose und Martha, oder Petrus und Paulus … sind Mefi-Boschet und Sie zu sehen.

Und es ist keineswegs nur Mefi-Boschet, der strahlt.

15
HÖHENRAUSCH

Manchmal versteigen wir uns in Höhen, die uns nicht guttun. Es ist tatsächlich möglich, dass wir es zu weit bringen, die Leiter zu rasant erklimmen und zu hoch über den anderen stehen.

Wenn Sie sich zu lange in großen Höhen aufhalten, dann werden vor allem zwei Ihrer Sinne in Mitleidenschaft gezogen. Sie können nicht mehr so gut hören. Denn wenn Sie hoch über den anderen stehen, klingt alles weit entfernt und gedämpft. Zum anderen leidet Ihr Sehvermögen. Denn wenn der Rest der Welt tief unter Ihnen liegt, wird es schwer, den einzelnen Menschen zu sehen. Es sind alles nur noch gesichtslose Winzlinge, die kaum voneinander zu unterscheiden sind. Sie scheinen alle irgendwie gleich auszusehen.

Manchmal versteigen wir uns in Höhen, die uns nicht guttun.

Sie stehen über allem, und von der Welt dort unten dringt kaum etwas zu Ihnen hinauf.

Genauso ergeht es David. Er ist auf dem Gipfel angelangt. Mit fünfzig steht er im Zenit seiner Macht. Israel wächst. Das Land ist wohlhabend. In den zwanzig Jahren seiner Herrschaft hat er sich als Kriegsherr, Musiker, Staatsmann und König einen Namen gemacht. Sein Regierungskabinett ist hochkarätig besetzt, und sein Reich erstreckt sich inzwischen über nahezu

100 000 Quadratkilometer. Als Feldherr ist er unbesiegt, seine Regierung ist hoch effizient, das Volk liebt ihn, die Armee steht loyal zu ihm und die Massen folgen ihm nach. David steht auf dem Gipfel dessen, was das Leben zu bieten hat.

Welch ein Kontrast zu jenem Moment, in dem wir ihm zum ersten Mal begegnet sind – damals im Tal von Elah: Er kniete am Bach und suchte fünf glatte Steine zusammen. Alle anderen standen aufrecht: die Soldaten, Goliat, seine Brüder – sie standen erhobenen Hauptes auf ihren Füßen. David dagegen kauerte am Boden, tief unten, an der tiefsten Stelle des Tals. Nie war David so klein, und doch zugleich so groß.

Nun, dreißig Jahre später, hat sich das Blatt grundlegend gewendet. David ist am Gipfel seiner Macht angelangt, und doch ist er nun schwächer als je zuvor. Er ist der unangefochtene Herrscher über sein Reich, und wohin auch sein Blick vom königlichen Balkon aus fällt – alles liegt ihm zu Füßen.

Eigentlich wäre sein Platz nicht hier, hoch oben über der Stadt auf dem Balkon, sondern hoch zu Ross an der Seite seiner Soldaten. Doch David ist zu Hause geblieben.

Als der Frühling kam, begann wieder die Zeit, in der die Könige ihre Feldzüge unternahmen. Auch König David ließ seine Soldaten ausrücken: Unter der Führung Joabs zogen seine Offiziere mit dem ganzen Heer Israels in den Krieg gegen die Ammoniter. Sie verwüsteten das Land der Feinde und belagerten die Hauptstadt Rabba. David selbst blieb in Jerusalem.
2. Samuel 11,1 Hfa

Es ist Frühling in Israel. Die Nächte sind lau, und ein süßer Duft liegt in der Luft. David hat Zeit, uneingeschränkte Macht über sein Volk und – Frühlingsgefühle.

Da fällt sein Blick auf eine Frau, die gerade ein Bad nimmt. Natürlich drängt sich hier die Frage auf, wieso Batseba ihr Bad im Freien nahm. Ob sie wohl insgeheim die Hoffnung hegte, dass die Blicke des Königs an Orte schweifen, die ihn gar nichts angehen? Wir werden es nie erfahren. Tatsache ist, dass er sie sieht, und dass der Anblick ihm gefällt. David lässt Erkundigungen über sie einholen. „Man berichtete ihm: ‚Die Frau heißt Batseba. Sie ist eine Tochter Eliams und verheiratet mit Uria, einem Hetiter'" (2. Samuel 11,3 Hfa).

Die Höflinge geben ihm nicht nur den Namen der Frau, sie setzen ihn auch über Einzelheiten in Kenntnis, die ihm eigentlich eine Warnung sein müssten: ihren Familienstand und den Namen ihres Mannes. Warum hätten sie ihm wohl davon berichtet, wenn nicht, um ihn zu warnen? Und weshalb hätten sie ihm wohl den Namen des Mannes genannt, wenn er David nicht irgendwie bekannt gewesen wäre?

Es ist gut möglich, dass Uria David bekannt war. Der Hofdiener hofft wohl, den König mit diesen Hinweisen von dummen Gedanken abbringen zu können, doch er stößt auf taube Ohren. Im darauffolgenden Vers tut David den ersten Schritt auf dem glitschigen Pfad, der in den Abgrund führt. „David sandte Boten zu ihr und ließ sie holen. Batseba kam, und er schlief mit ihr" (2. Samuel 11,4 Hfa).

In dieser Episode erleben wir einen David, der von oben herab schaltet und waltet. Erst schickt er seine Soldaten in den Krieg (2. Samuel 11,1), dann schickt er seine Diener aus, um Erkundigungen über Batseba einzuholen (2. Samuel 11,3), und bald schickt er sie erneut aus, um Batseba zu sich bringen zu lassen (2. Samuel 11,4). Als er dann von ihrer Schwangerschaft erfährt, lässt er Joab den Befehl überbringen, er solle Uria umgehend nach Jerusalem schicken (2. Samuel 11,6).

In seiner königlichen Großmut gewährt er dem Krieger auf Heimaturlaub eine Nacht mit seiner Frau, doch Uria verzichtet aus Solidarität mit seinen kämpfenden Kameraden. Daraufhin zieht David hinter den Kulissen ein paar Fäden und sorgt dafür, dass Uria zu einem Himmelfahrtskommando abkommandiert wird, bei dem er umkommt. Nachdem das Übel vertuscht ist, lässt der König Batseba holen und macht sie zu seiner Frau (2. Samuel 11,27).

Ein ziemlich unsympathischer David ist das, der da von oben herab die Fäden zieht. Dies ist nicht der David, den wir lieb gewonnen haben – der Hirte, für den das Wohl seiner Herde an erster Stelle steht; der gehetzte Flüchtling, der seine Haut vor Saul zu retten sucht; der leidenschaftliche Dichter, der Gott mit seinen Psalmen anbetet. Vollkommen unerwartet begegnet uns ein ganz anderer David, der seine Macht missbraucht, um seine Ohnmacht zu vertuschen, und der andere zu Dienern seiner Sünde macht.

Wenn Sie zu lange in großen Höhen bleiben, dann wird Ihr Gehör dumpf und Ihr Augenlicht trübe.

Was ist in ihn gefahren? Ganz einfach. David leidet unter einem Höhenrausch. Er hat sich zu lange auf dem Gipfel aufgehalten. Die dünne Luft hat seine Sinne beeinträchtigt. Er kann nicht mehr so gut hören wie einst. Die warnenden Hinweise seiner Diener und die mahnende Stimme seines Gewissens dringen nicht mehr zu ihm durch. Er ist taub für das Reden Gottes. Das Leben auf dem Gipfel hat ihn schwerhörig und kurzsichtig gemacht. Was er sah, war im Grunde gar nicht Batseba, es war eine Frau beim Baden. In seiner Verblendung sah er nicht die Person selbst, sondern nur einen nackten Körper mit runden Formen. Sie war eine Eroberung, doch wo war der Blick für den Menschen Batseba – als Ehefrau Urias, als Tochter seines Volkes, als Geschöpf Gottes? Ausgeblendet! Davids Perspektive war zusammengeschrumpft. Dieses Schicksal droht jedem, der zu lange auf dem Gipfel der Macht lebt. Die dünne Luft und das gleißende Licht der Sonne rauben uns den Verstand.

Doch welcher Sterbliche erklimmt schon solche Höhen wie David? Wer braucht einfach nur mit den Fingern zu schnippen, und schon steht das Rendezvous, wer auch immer die Auserwählte sei? Präsidenten und Könige können schalten und walten, wir dagegen können froh sein, wenn der Pizzaservice unsere Bestellung nicht versiebt. Wir gehören nicht zu den erlauchten Kreisen.

Die anderen Kämpfe, mit denen David es zu tun hatte, sind noch irgendwo nachvollziehbar: die Angst vor Saul, die ewigen Durststrecken in der Wüste – das kennen wir auch. Doch David als Herrscher mit uneingeschränkten Befugnissen? Der königliche Aussichtsbalkon ist uns vollkommen fremd.

Oder vielleicht doch nicht?

Bei mir war es kein Balkon, sondern ein Flugzeug. Auch ich schaute jemandem zu. Es war keine Frau beim Baden, sondern es war eine Stewardess, die irgendwie nichts richtig machte. Wenn man Mineralwasser bestellte, brachte sie Saft. Wenn man um ein Kopfkissen bat, bekam man eine Decke, wenn sie es nicht komplett vergaß.

Allmählich wurde es mir zu bunt. Ich sagte es zwar nicht, aber dafür waren meine Gedanken umso unmissverständlicher. Wo ist denn hier der Service? Ich meinte wohl, ich hätte etwas Besseres verdient. Gerade eben kam ich von einer Konferenz, auf der ich als Gastredner aufgetreten war. Im Ohr klangen mir noch die Worte derer, die meinten, wie überaus glücklich sie sich schätzen dürften, dass ich gekommen war. Ich weiß nicht, was törichter war – die Schmeicheleien selbst oder die Tatsache, dass ich sie ernst nahm. Jedenfalls waren sie mir offensichtlich ein wenig zu Kopf gestiegen. Hoch erhobenen Hauptes schritt ich die Gangway entlang und begab mich zu meinem Sessel, in dem festen Bewusstsein, dass ich mich auf diesem Flug getrost in Sicherheit wiegen durfte. Schließlich war es allen Engeln bekannt, dass ich eine Schlüsselfigur im Reich Gottes war.

Dann bat ich um ein Glas Mineralwasser und um ein Kissen. Meine Wünsche wurden missachtet, und mir schwoll der Kamm. Sehen Sie, was ich sehe? Ich schwang mich empor und stellte mich über die Stewardess. In der Hackordnung des Flugzeugs stand sie unter mir. Sie war dazu da, mich zu bedienen, und ich war dazu da, bedient zu werden.

Nun schauen Sie mich bitte nicht so vorwurfsvoll an. Haben Sie nicht auch schon einmal auf jemanden herabgeschaut – auf den Kassierer im Parkhaus vielleicht, die Verkäuferin im Supermarkt, den Mann am Zeitungsstand oder die Garderobenfrau im Theater? Geben Sie es zu: Auch Sie sind schon einmal so mit anderen Leuten umgesprungen wie ich. Auch wir haben schon wie David im Höhenrausch geschwelgt, dass uns Hören und Sehen verging.

Als ich die Stewardess anschaute, sah ich nicht den Menschen – sie war für mich nichts als eine Dienstleistungskraft. Doch auf einmal stand sie neben mir und stellte mir eine Frage, die mir mit einem Schlag den Kopf zurechtrückte.

„Herr Lucado?" Ich war ziemlich überrascht, als die Stewardess auf einmal neben mir kniete. „Sind Sie nicht der Mann, der die christlichen Bücher schreibt?"

Christliche Bücher, das schon, aber christliche Gedanken? Na ja, da haperts noch ganz gewaltig, dachte ich bei mir, während ich die Stufen von meinem luftigen Balkon hinunterstieg.

„Hätten Sie wohl einen Moment Zeit für mich?", fragte sie. Ihre Augen wurden feucht, und sie fing an, mir ihr Herz auszuschütten. In den folgenden Minuten brach ihr ganzer Schmerz aus ihr heraus. Am Morgen war der Scheidungsantrag ihres Mannes in der Post gewesen, und er hatte ihre Telefonanrufe nicht beantwortet. Sie hatte keine Ahnung, wo sie bleiben sollte, und sie war kaum in der Lage, einen klaren Gedanken zu fassen. Sie fragte mich, ob ich wohl für sie beten könnte.

Ich tat es, doch sowohl Gott als auch ich wussten, dass sie nicht die Einzige war, die in diesem Augenblick Gebet brauchte.

Und wie steht es mit Ihnen? Wie ist es um Ihr Gehör bestellt? Hören Sie die Boten, die Gott Ihnen über den Weg schickt? Hören Sie die Stimme Gottes, wenn sich Ihr Gewissen regt?

Wie sieht es mit Ihrem Sehvermögen aus? Haben Sie noch einen Blick für Menschen, oder sehen sie nur Funktionsträger? Sehen Sie Menschen mit ihren Nöten, oder sehen Sie nur Untergebene?

In der Geschichte von David und Batseba geht es vielleicht gar nicht so sehr um Lust als vielmehr um den Missbrauch von Macht. Es ist die Geschichte eines Mannes, der höher stieg als ihm guttat – eines Mannes, der nichts nötiger brauchte als eine Stimme, die ihm sagt: „Nimm dich bloß in Acht! Hochmut kommt vor dem Fall."

„Auf Stolz folgt Sturz, nach Übermut kommt Untergang" (Sprichwörter 16,18 GN).

In der Geschichte von David und Batseba geht es gar nicht so sehr um Lust als vielmehr um den Missbrauch von Macht.

Genau dies muss der Grund sein, warum Gott Hochmut so zuwider ist. Es ist ihm ein Gräuel, seine Kinder untergehen zu sehen. Er leidet darunter, wenn ein David der Versuchung der Macht erliegt, und wenn eine Batseba missbraucht wird. Gott verabscheut die Früchte des Hochmuts im Leben seiner Kinder. Er hat nicht nur eine Abneigung dagegen. Er verabscheut sie. Er könnte kaum deutlichere Worte finden als in Sprichwörter 8,13: „Ich verabscheue Überheblichkeit und Hochmut" (GN). Einige Kapitel später heißt es: „Hochmütige kann der Herr nicht ausstehen; verlass dich darauf: Sie werden ihrer Strafe nicht entgehen" (Sprichwörter 16,5 GN).

Legen Sie es lieber nicht darauf an! Fragen Sie David. Er hat sich von den Folgen seines Absturzes nie wieder ganz erholt. Machen Sie nicht denselben Fehler wie er. Steigen Sie lieber vom Berg herab, anstatt es auf einen Absturz anzulegen.

Streben Sie nach Demut. Demut bedeutet nicht, schlechter von sich zu denken; es bedeutet, weniger an sich zu denken. „Niemand soll sich über andere erheben und höher von sich denken, als es angemessen ist. Bleibt bescheiden und sucht das rechte Maß! Durch den Glauben hat jeder von euch seinen besonderen Anteil an den Gnadengaben bekommen. Daran hat jeder den Maßstab, nach dem er sich einschätzen soll" (Römer 12,3 GN).

Demut bedeutet nicht, schlechter von sich zu denken; es bedeutet, weniger an sich zu denken.

Nehmen Sie Ihre Armut an. Wir sind alle gleichermaßen bankrott und reich beschenkt. „Der Mensch muss gehen, wie er gekommen ist; für nichts und wieder nichts hat er sich abgeplagt" (Prediger 5,15 GN).

Widerstehen Sie der Versuchung, berühmt sein zu wollen. „Setz dich stattdessen zunächst ans untere Tischende. Wenn dein Gastgeber dich dann sieht, wird er kommen und sagen: ‚Freund, wir haben aber einen besseren Platz für dich!' So wirst du vor allen anderen Gästen geehrt werden" (Lukas 14,10).

Würden Sie es nicht auch vorziehen, einen Ehrenplatz zugewiesen zu bekommen als davon verscheucht zu werden?

Gott hat ein Rezept für Höhenkranke: Steigen Sie von Ihrem Gipfel herab. Sie werden überrascht sein, wie gut Sie auf einmal wieder hören, und wer alles wieder in Ihrem Blickfeld erscheint. Und Sie werden endlich wieder richtig durchatmen können.

16
KATASTROPHALE ABSTÜRZE

Was ist der Name des Papstes dem Vatikan wert? Rogers Cadenhead wollte es wissen. Nach dem Tod von Papst Johannes Paul II. ließ der passionierte „Internetadressen-Sammler" die Homepage-Bezeichnung www.Benedict-XVI.com für sich registrieren, noch bevor der Name des neuen Papstes bekannt wurde. Cadenhead sicherte sich die Rechte, als Rom noch gar nicht wusste, dass diese gebraucht würden.

Die Rechte für einen Homepage-Namen können durchaus einträglich sein. Ein anderer Name – PopeBenedictXVI.com – wurde bei der Auktionsplattform ebay für über 16 000 Dollar gehandelt. Doch Cadenhead ging es nicht ums Geld. Als guter Katholik war er gerne bereit, seiner Kirche den Namen zu überlassen.

„Ich bin bestimmt nicht scharf darauf, einschließlich meiner Großmutter 1,1 Milliarden Katholiken auf dem Hals zu haben", scherzte er.

Doch ganz leer ausgehen wollte er auch nicht. Als Gegenleistung wollte Cadenhead Folgendes:

- „einen von diesen Hüten",
- „einen Gratisaufenthalt im Vatikan Hotel",
- „eine Generalabsolution für die dritte Woche im März 1987 (und bitte keine Fragen)".[26]

Da stellt sich natürlich unweigerlich die Frage, was wohl in jener Woche vorgefallen sein mag. Vielleicht kommt Ihnen auch eine solche Woche in den Sinn. Vermutlich gibt es bei den meisten von uns eine oder gar mehrere dieser Wochen, die wir am liebsten ungeschehen machen würden.

Ein Sommer, in dem wir mal über die Stränge geschlagen haben; vier Wochen, in denen wir alle Hemmungen über Bord geworfen haben; ein verrückter Tag. Wenn es eine Kiste mit Videobändern gäbe, auf denen jeder Moment Ihres Lebens festgehalten ist, welche Bänder würden Sie am liebsten verbrennen? Gibt es in Ihrem Leben Phasen, in denen Sie ein wenig zu doll auf die Pauke gehauen, zu tief ins Glas geschaut oder zu viele bunte Pillen geschluckt haben?

Bei König David jedenfalls gab es das. Hätte es einen tieferen Absturz geben können? Erst verführt er Batseba und schwängert sie, dann bringt er ihren Mann um und macht seinen General und seine Soldaten zu blinden Komplizen in seinem schmutzigen Spiel. Am Ende nimmt er sie zur Frau, und bekommt ein Kind von ihr.

Die Vertuschungsaktion scheint zu gelingen. Der außenstehende Beobachter schöpft keinerlei Verdacht. David hat eine neue Frau, und die dunklen Wolken haben sich wieder verzogen. Die Regierungsgeschäfte laufen bestens, doch im Herzen Davids rumort es gewaltig. Die Schuldgefühle drücken. Später einmal wird er diese Zeit mit sehr anschaulichen Worten beschreiben:

Denn als ich es wollte verschweigen, verschmachteten meine Gebeine durch mein tägliches Klagen.

Denn deine Hand lag Tag und Nacht schwer auf mir, dass mein Saft vertrocknete, wie es im Sommer dürre wird.
Psalm 32,3–4

Davids Seele ist wie ein Obstbaum im Winter: Kahl, fruchtlos, in Nebelschwaden gehüllt. Seine Harfe hängt unberührt im Schrank. Seine Hoffung liegt im tiefsten Winterschlaf. Er ist ein wandelndes Wrack. Jene „dritte Woche im März" überschattet sein Leben wie ein hungriges Rudel Wölfe. Es gibt kein Entkommen. Warum? Weil Gott die Sache nicht ruhen lässt.

Unterstreichen Sie in Ihrer Bibel den letzten Vers in 2. Samuel 11: „Aber dem Herrn missfiel die Tat, die David getan hatte" (Vers 27). Mit diesen Worten bringt der Erzähler einen neuen Akteur ins Drama von David und Batseba hinein: Gott. Bis dahin war Gott im Hintergrund, er kam in der Geschichte nicht vor.

David verführt Batseba – Gott bleibt außen vor. David schmiedet sein Komplott – kein Wort von Gott. Uria kommt um, Batseba wird Davids Frau – Gott bleibt im Hintergrund. Gott wird nicht gefragt, und er meldet sich auch nicht zu Wort. Noch in der ersten Hälfte von Vers 27 scheint die Geschichte ein glückliches Ende zu nehmen: „[…] sie wurde seine Frau und gebar ihm einen Sohn."

Das Kinderzimmer wird eingerichtet, und Bücher werden gewälzt, um einen passenden Namen zu finden. Neun Monate vergehen, und ein kleiner Junge kommt zur Welt. Es hat ganz den Anschein, als ob David hier noch einmal glimpflich davongekommen ist. Scheinbar hat man den Vorfall im Himmel als „dummen Jungenstreich" zu den Akten gelegt. Gott hat ein Auge zugedrückt. Doch gerade in dem Moment, da wir (und David!) ein neues Kapitel aufschlagen wollen, tritt eine Gestalt hinter dem Vorhang hervor und auf die Bühne. „Dem Herrn missfiel die Tat, die David getan hatte."

Gott bricht sein Schweigen. Er, der im 11. Kapitel bis zum letzten Vers überhaupt nicht in Erscheinung tritt, nimmt nun das Heft in die Hand. David, der bis dahin die Fäden zog, nimmt Platz, und Gott führt jetzt die Regie.

Gott schickt Nathan zu David. Nathan ist ein Prophet, ein Prediger, eine Art geistlicher Ratgeber der Regierung. Allein die Tatsache, dass er es wagte, dem König unter die Augen zu treten, ist bereits eine Auszeichnung wert. Er weiß schließlich, wie es Uria ergangen ist. David hatte sich nicht gescheut, einen unbescholtenen Soldaten umzubringen. Wie mag es einem Prediger ergehen, der es wagt, ihm zu nahe zu treten?

Trotz allem – Nathan traut sich. Anstatt die Dinge direkt beim Namen zu nennen, erzählt er die Geschichte eines armen Mannes, der nur ein Schaf besaß. Damit kann David spontan etwas anfangen. Schließlich hat er selbst Schafe gehütet, bevor er König über ein ganzes Volk wurde. Er weiß, was Armut ist. Er war der Jüngste in einer Familie, die so bitterarm war, dass sie sich keinen Hirten leisten konnte. Nathan erzählt David, wie sehr der arme Hirtenjunge sein einziges Schäfchen liebte. Er nahm es auf den Schoß und fütterte es mit der Hand. Es war sein Ein und Alles.

Nun kommt der reiche Schuft ins Spiel. Er hat in seiner Villa einen Gast zu bewirten, und so muss etwas zu Essen auf den Tisch. Anstatt jedoch ein Schaf aus seiner eigenen Herde zu schlachten, schickt er seine Bodyguards los, um dem armen Mann sein Schaf wegzunehmen. Sie fahren mit ihrem Geländewagen mit getönten Scheiben vor, greifen sich das Lamm und fachen das Feuer auf dem Grill an.

Als David die Geschichte hört, sträuben sich ihm die Nackenhaare. Er umfasst die Armlehnen seines Throns und fällt ein standrechtliches Urteil. Der Mann hat sein Leben verwirkt. „So wahr der Herr lebt: Der Mann ist ein Kind des Todes, der das getan hat! Dazu soll er das Schaf vierfach bezahlen, weil er das getan und sein eigenes geschont hat“ (2. Samuel 12,5–6).

Tja, David, jetzt hat es dich aber ganz schön kalt erwischt! Welch eine böse Überraschung! Hast du denn nicht gemerkt, wie Nathan den Galgen gezimmert und die Schlinge durch den Haken gezogen hat? Ist dir nicht aufgefallen, wie er dir die Hände auf dem Rücken gefesselt und dich die Stufen hinaufgeführt hat? Erst jetzt, wo er dir den Strick um den Hals legt und die Schlinge zuzieht, überkommt dich auf einmal ein flaues Gefühl. Mit vier Worten zieht Nathan die Schlinge zu: „Du bist der Mann!“ (2. Samuel 12,7).

David erblasst. Er schluckt. Schweißperlen treten ihm auf die Stirn. Er sackt in seinem Sessel zusammen und macht überhaupt nicht den Versuch, sich zu verteidigen. Kein einziges Wort bringt er hervor. Was sollte er auch sagen? Gott dagegen ist noch lange nicht fertig. Durch den Mund Nathans verkündet er:

Ich habe dich zum König von Israel erwählt und dich beschützt, als Saul dich umbringen wollte. Den gesamten Reichtum Sauls und auch seine Frauen habe ich dir gegeben. Ganz Israel und Juda gehören dir. Und sollte dir das noch zu wenig sein, würde ich dir sogar noch mehr schenken. Warum also missachtest du meinen Willen? Warum hast du getan, was ich verabscheue? Den Hetiter Uria hast du ermordet und dann seine Frau geheiratet. Ja, du, David, bist der Mörder Urias, denn du hast angeordnet, dass Uria im Kampf gegen die Ammoniter fallen sollte! 2. Samuel 12,7–9 Hfa

In Gottes Worten hören wir nicht Hass, sondern Schmerz, nicht Erniedrigung, sondern Unverständnis. Alle Hügel sind doch von deinen Schafen bedeckt! Warum stiehlst du? Dein Palast ist von lauter Schönheiten bevölkert. Warum nimmst du, was dir nicht gehört? Warum hat der Reiche es nötig, den Armen zu bestehlen? David ist ohne jegliche Entschuldigung.

So ergeht das Urteil über ihn:

Darum soll jetzt das Schwert auf ewig nicht mehr von deinem Haus weichen; denn du hast mich verachtet und dir die Frau des Hetiters

genommen, damit sie deine Frau werde. So spricht der Herr: Ich werde dafür sorgen, dass sich aus deinem eigenen Haus das Unheil gegen dich erhebt, und ich werde dir vor deinen Augen deine Frauen wegnehmen und sie einem andern geben; er wird am hellen Tag bei deinen Frauen liegen. Ja, du hast es heimlich getan, ich aber werde es vor ganz Israel und am hellen Tag tun.
2. Samuel 12,10–12 Hfa

Von diesem Tage an ist das Haus Davids von Unruhe und Tragödien heimgesucht. Selbst das Kind, das aus dem Ehebruch hervorgegangen ist, muss sterben (2. Samuel 12,8). Es geht nicht anders. Die benachbarten Völker werden die Heiligkeit des Gottes Davids in Zweifel ziehen. David hat das Ansehen Gottes in den Schmutz gezerrt. Er hat die Ehre Gottes mit Füßen getreten. Und Gott, der eifersüchtig über seine Herrlichkeit wacht, straft vor aller Augen die Sünde, die David in aller Öffentlichkeit begangen hat. Das Neugeborene stirbt. Der König von Israel muss der harten Wahrheit ins Auge sehen, die in 4. Mose 32,23 steht: „Wenn ihr aber euer Wort nicht haltet, ladet ihr Schuld auf euch und die Strafe des Herrn wird euch mit Sicherheit treffen“ (GN).

Können Sie auch ein Lied davon singen? Lässt Ihnen die verflixte Woche im März 1987 keine Ruhe? Entzündet sich die alte Wunde immer wieder von Neuem? Ein katastrophaler Absturz hinterlässt seine Spuren. Es ist wie ein Furunkel.

Wird Gott wohl untätig bleiben, wenn seine Kinder durch die Sünde vergiftet werden?

Mein Bruder hatte einmal so etwas. Er muss so um die 12 oder 13 Jahre alt gewesen sein. In seinem Nacken wuchs eine Beule wie ein kleiner Vulkan. Als gelernte Krankenschwester wusste meine Mutter ganz genau, was zu tun war. Das Ding musste ausgedrückt werden – jeden Morgen musste der Dreck raus. Je heftiger sie drückte, desto mehr schrie er, doch sie ließ nicht locker, bis der Herd ausgeräumt war.

Na toll! Vielen Dank für das schöne anschauliche Bild!

Es tut mir leid, dass ich kein Blatt vor den Mund genommen habe, aber ich musste an dieser Stelle einfach deutlich werden. Sie finden, dass meine Mutter vielleicht ein wenig zu unsanft war? Dann sollten sie erst mal Gott kennenlernen. Unbekannte Sünden sind wie Eiterbeulen am Herzen, die sich immer weiter ausbreiten und alles vergiften.

Und Gott ist so gnädig, zuzugreifen und Druck zu machen:

Der Weg eines hinterhältigen Mensch aber ist steinig.
Sprichwörter 13,15 NL

Wer Unrecht sät, wird Unglück ernten.
Hiob 4,8 Hfa

Gott stört Ihren faulen Frieden. Er raubt Ihnen den Schlaf und lässt Sie keine Ruhe mehr finden. Wissen Sie, warum er das tut? Er will Ihre Sünde ausräumen. Kann eine Mutter untätig zusehen, wenn eine fortschreitende Entzündung langsam den Körper ihres Kindes vergiftet? Und Gott – wird er wohl untätig bleiben? Er wird nicht ruhen, bis wir nicht genau das tun, was David tat: unsere Schuld eingestehen.

„Da sprach David zu Nathan: Ich habe gesündigt gegen den Herrn. Nathan sprach zu David: So hat auch der Herr deine Sünde weggenommen; du wirst nicht sterben“ (2. Samuel 12,13).

Er wird nicht ruhen, bis wir nicht genau das tun, was David tat: unsere Schuld eingestehen.

Interessant. David hatte das Todesurteil über den imaginären Viehdieb gesprochen. Doch Gott ist gnädiger. Es erlässt ihm seine Schuld. Das bedeutet freilich nicht, dass er sie zudeckt. Er nimmt sie weg. „So fern der Morgen ist vom Abend, lässt er unsre Übertretungen von uns sein. Wie sich ein Vater über Kinder erbarmt, so erbarmt sich der Herr über die, die ihn fürchten“ (Psalm 103, 12–13).

Bringen Sie das Übel vor dem Richterstuhl Gottes ans Licht. Lassen Sie Gott das Urteil darüber sprechen, seineVergebung gewähren und die Sünde dann für alle Ewigkeit begraben.

Es dauerte ein ganzes Jahr. Es bedurfte einer ungewollten Schwangerschaft, ein unschuldiger Soldat musste sterben, ein Prophet musste das Unrecht aufdecken, und Gott musste gehörig Druck machen, doch am Ende öffnete David sein Herz, und er bekannte: „Ich habe gesündigt gegen den Herrn“ (2. Samuel 12,13).

Und Gott tat das, was er auch mit Ihrer und meiner Sünde tut: er nimmt sie weg.

Wäre es nicht an der Zeit, dass Sie Ihre leidige „dritte Woche im März 1987“ein für alle Mal hinter sich lassen? Rufen Sie eine Dreierkonferenz ein: Sie, Gott und Ihre dunklen Erinnerungen. Bringen Sie das Übel vor dem Richterstuhl Gottes ans Licht. Lassen Sie Gott das Urteil darüber sprechen, seine Vergebung gewähren, um es dann für alle Ewigkeit zu begraben.

Er tut es ganz gewiss, auch wenn Sie nicht den Namen des Papstes als Tauschware in den Topf werfen können.

17
FAMILIENANGELEGENHEITEN

David ist irgendwo in seinen Sechzigern, aber er sieht schon deutlich älter aus. Wie ein alter Mann schlurft er mit hängenden Schultern und gebeugtem Kopf durch die Gegend. Er hat Mühe, einen Fuß vor den anderen zu setzen. Immer wieder muss er einen Moment innehalten, teilweise deshalb, weil der Hang steil ist, aber auch, weil er immer wieder weinen muss.

Dies ist wohl der längste Weg, den er je zu gehen hatte – ungleich länger als der Weg vom Ufer des Bachs zum Fuße des Hangs, wo Goliat Stellung bezogen hatte. Er war viel länger als der gewundene Pfad vom Gejagten zum König oder der schwere Schritt vom Moment der Überführung zum Eingeständnis seiner Schuld. Dies waren auch steile Wege mit engen Kurven gewesen, doch nichts im Vergleich zu diesem beschwerlichen Pfad den Ölberg hinauf.

David stieg weinend und mit verhülltem Haupte den Ölberg hinauf; er ging barfuß und alle Leute, die bei ihm waren, verhüllten ihr Haupt und zogen weinend hinauf.
2. Samuel 15,30 EÜ

Wenn Sie ein wenig genauer hinschauen, dann sehen Sie auch den Grund seiner Trauer. Er trägt keine Krone. Die hat sein Sohn Absalom mit Gewalt an sich gerissen. David ist heimatlos. Er muss den Schutz der Mauern Jerusalems, der Hauptstadt, die er selbst gegründet hat, hinter sich lassen und ins Exil gehen.

Wer würde in einem solchen Augenblick nicht weinen? Der Thron ist verloren, ohne Bleibe, vor ihm eine ungewisse Zukunft in der Wüste. Was ist geschehen? Hat David einen Krieg verloren? Wurde das Land von einer Seuche verwüstet oder von einer Hungersnot heimgesucht? Was ist geschehen, dass der König auf seine alten Tage diesen einsamen und steilen Weg gehen muss? Vielleicht können wir ihm ja etwas entlocken. Stellen wir ihm doch einmal zwei einfache Fragen:

„Sag mal, David, was machen denn eigentlich deine Kinder?"

Er zuckt zusammen. Vierzehn Jahre ist es nun her, seit David Batseba verführte. Vor dreizehn Jahren prophezeite Nathan: „Darum soll jetzt das Schwert auf ewig nicht mehr von deinem Haus weichen" (2. Samuel 12,10).

Nathans Weissagung hat sich auf bitterste Weise bestätigt. Amnon, einer von Davids Söhnen, hatte sich in seine Halbschwester Tamar verguckt, eine der Töchter Davids aus einer anderen Ehe. Das Mädchen ging ihm einfach nicht mehr aus dem Kopf, bis er ihr schließlich auflauerte und sie vergewaltigte. Nachdem er sich an ihr vergangen hatte, behandelte er sie wie ein Stück Dreck.

Tamar kochte vor Wut – verständlicherweise! Sie streute sich Asche aufs Haupt und zerriss das bunte Gewand, das die jungfräulichen Töchter des Königs trugen. „So blieb Tamar einsam im Hause ihres Bruders Absalom" (2. Samuel 13,20). Im folgenden Vers lesen wir, wie David reagierte. „Und als der König David dies alles hörte, wurde er sehr zornig."

Und? Ist das alles? Ist der Vers damit etwa schon zu Ende? Dabei kann es doch nicht bleiben! David wird Amnon doch wohl zur Rede stellen. Und eine ordentliche Strafe wäre sicherlich auch angebracht. Oder wie wäre es mit einer Verbannung? Wir hätten erwartet, dass es heißt: „David wurde sehr zornig und ... stellte Amnon zur Rede oder strafte Amnon oder verbannte Amnon." Was aber tat David?

Nichts. Keine Zurechtweisung. Keine Bestrafung. Keine Inhaftierung. Keine Zurücksetzung. Keine Kopfwäsche. Amnon kam völlig ungeschoren davon.

Doch was noch schlimmer ist: Auch Tamar gegenüber blieb David vollkommen untätig. Dabei hätte sie es in diesem Moment dringend gebraucht, dass er sie in Schutz nimmt, sie bestätigt und ihr gegenüber seine Wertschätzung zum Ausdruck bringt. Sie hätte einen Vater gebraucht. Doch von David kam nichts als eisiges Schweigen. So sprang ihr Bruder Absalom in die Bresche. Er nahm seine Schwester in Schutz und schmiedete ein Komplott: Er sorgte dafür, dass Amnon sich betrank und ließ ihn dann umbringen.

Inzest, Hinterlist, eine vergewaltigte Tochter, ein ermordeter Sohn, ein weiterer Sohn mit Blut an den Händen – das Königshaus ist in Aufruhr.

Höchste Zeit, dass David auf den Plan tritt und die Initiative ergreift. Wie damals, als er mit seinem Heldenmut Goliat zur Strecke brachte. Oder als er mit seinem Edelmut Saul Vergebung gewährte. Oder als er mit seiner Großmut die Krise am Bach Besor meisterte. Seine Familie hätte es dringend gebraucht, dass David sich in diesem Moment wieder von seiner besten Seite zeigt, doch sie wartete vergebens. David blieb untätig. Er trauerte. Er zog sich zurück und blies Trübsal.

Absalom missdeutete dieses Schweigen Davids als Zorn und floh zum Haus seines Großvaters. David machte nicht einen einzigen Schritt auf seinen Sohn zu. Drei Jahre lang lebten sie in unterschiedlichen Städten. Schließlich kehrte Absalom nach Jerusalem zurück, doch David weigerte sich, ihn zu empfangen. Absalom heiratete und hatte bald vier Kinder: „Absalom wohnte zwei Jahre in Jerusalem, ohne des Königs Angesicht zu sehen" (2. Samuel 14,28).

Dabei wird es gar nicht einfach gewesen sein, sich aus dem Weg zu gehen, denn Jerusalem war keine große Stadt. Um Absalom nicht über den Weg zu laufen, musste der Konig ihn Tag für Tag ausspionieren und ausmanövrieren. David schaffte es, sich komplett von seinem Sohn abzuschirmen.

Im Grunde genommen jedoch erging es seinen übrigen Kindern auch nicht viel anders. Ein Abschnitt, der zu einem späteren Zeitpunkt seines Lebens verfasst wurde, gibt uns einen Einblick in Davids Erziehungsphilosophie. Einer seiner Söhne, Adonia, zettelte einen Putschversuch an. Mit Hilfe von einer kleinen Truppe von Schlägertypen und ein paar Streitwagen wollte er den Thron an sich reißen. Hat David ihm denn daraufhin nicht gehörig den Marsch geblasen? Aber wo denken Sie hin? „Und sein Vater hatte ihm nie etwas verwehrt sein Leben lang, dass er gesagt hätte: Warum tust du das?" (1. Könige 1,6).

David war sozusagen eine Art Homer Simpson unter den Vätern in der Bibel. Er war der Inbegriff der Passivität. Wenn man ihn nach seinen Kindern fragt, seufzt er nur. Bei der zweiten Frage schließlich wird er kreidebleich.

„Und wie steht's mit deiner Ehe?"

Die ersten Zweifel kommen uns schon in 2. Samuel, Kapitel 3. Was auf den ersten Blick wie eine nichtssagende Liste von Namen anmutet, ist im Grunde genommen eine einzige Galerie von Warnschildern.

Und es wurden David Söhne geboren zu Hebron. Sein erstgeborener Sohn war Amnon, von Ahinoam, der Jesreeliterin; der zweite: Kilab, von Abigajil, der Frau des Karmeliters Nabal; der dritte: Absalom, der Sohn der Maacha, der Tochter Talmais, des Königs von Geschur; der vierte: Adonija, der Sohn der Haggit; der fünfte: Schefatja, der

Sohn der Abital; der sechste: Jitream, von Egla, der Frau Davids. Diese wurden David geboren zu Hebron.
2. Samuel 3,2–5

Ich komme hier auf insgesamt sechs Frauen. Hinzu kommt noch Michal, seine erste Frau, und schließlich Batseba, die am meisten Berühmtheit erlangte, sodass David insgesamt acht Frauen hatte – zu viele also, um jeder von ihnen wenigstens einen Tag in der Woche widmen zu können. Doch damit nicht genug. In Davids Familienbibel stoßen wir auf einen Hinweis, der das Bild noch um einiges trüber erscheinen lässt. Nachdem der Chronist die Namen der Söhne Davids aufgelistet hat, fügt er noch hinzu: „Das sind alles Söhne Davids, außer den Söhnen der Nebenfrauen" (1. Chronik 3,9).

Nebenfrauen? David hat also mit anderen Frauen noch mehr Kinder in die Welt gesetzt, und wir wissen noch nicht einmal, wie viele. Wenn man zynisch sein wollte, könnte man die Frage stellen, ob David es überhaupt selbst gewusst hat. Was hat er sich wohl dabei gedacht? Hatte er denn nicht die klare Anweisung Gottes gelesen: „Darum wird ein Mann seinen Vater und seine Mutter verlassen und seiner Frau anhangen" (1. Mose 2,24)? Ein Mann. Eine Frau. Eine Ehe. Im Grunde eine ganz einfache Addition, doch David hatte sich offenbar in höhere Mathematik verstiegen.

David vollbrachte viele großartige Leistungen. Er vereinigte die zwölf Stämme Israels zu einer geeinten Nation. Er war ein überaus erfolgreicher Feldherr. Er gab dem Land eine Hauptstadt und erhob Gott als Herrn über sein Volk, indem er die Bundeslade zurückbrachte und den Weg zum Bau eines Tempels bereitete. Er verfasste Gedichte, die wir noch heute lesen, und Psalmen, die bis auf den heutigen Tag gesungen werden. Doch was seine Familie anbelangt, versagte David auf ganzer Linie.

Der Ausverkauf seiner Familie war Davids gravierendstes Versäumnis. Die Verführung von Batseba war ein unverzeihlicher, aber doch letztlich menschlicher Fehltritt. Der Mord an Uria war ein brutaler, aber irgendwie vorhersehbarer Akt der Verzweiflung. Doch die völlige Vernachlässigung seiner Kinder und sein über weite Strecken hemmungsloser Umgang mit Frauen? Dies waren nicht einfach Ausrutscher aus Langeweile oder Verzweiflungstaten. Das familiäre Chaos, das David fabrizierte, war eine lebenslange Verirrung, für die er am Ende einen hohen Preis zahlte.

Vor ein paar Jahren kam einmal ein junger Mann auf mich zu und prahlte, er habe ein Haus, in dem seine Ehefrau wohnt, und außerdem noch eine Eigentumswohnung, in der seine Freundin wohnt. Zur Rechtfertigung verwies er auf das Beispiel Davids und meinte, er habe sogar schon daran gedacht, polygam zu werden. David habe ja schließlich auch polygam gelebt.

Der Fortgang der Familiensaga Davids liefert uns die passende Antwort auf eine solche hirnverbrannte Eselei.

Erinnern Sie sich noch an Absalom? Am Ende konnte sich David dann doch noch zu einer Wiedervereinigung durchringen, aber leider war es zu spät. Die Saat der Bitterkeit hatte zu tiefe Wurzeln geschlagen, und schließlich fasste Absalom den Entschluss, seinen Vater vom Thron zu stoßen. Er brachte einen Teil der Armee auf seine Seite und zettelte einen Staatsstreich an.

Seine Machtergreifung ist die Vorgeschichte zu unserer Fluchtepisode. David flieht aus Jerusalem und macht sich über den Ölberg auf den Weg in Richtung Wüste, ein einsamer und bedrückter alter Mann – ohne Krone, ohne Hauptstadt. „David stieg weinend und mit verhülltem Haupte den Ölberg hinauf; er ging barfuß und alle Leute, die bei ihm waren, verhüllten ihr Haupt und zogen weinend hinauf“ (2. Samuel 15,30).

Schließlich gelingt es Truppen, die David ergeben sind, Absalom zu stellen. Als dieser versucht, zu Pferde zu entkommen, verfängt er sich mit seinem langen Haar in einem Baum, und wird mit dem Speer getötet. Als man David die Nachricht überbringt, bricht er in sich zusammen: „Mein Sohn Absalom! Mein Sohn, mein Sohn Absalom! Wollte Gott, ich wäre für dich gestorben! O Absalom, mein Sohn, mein Sohn!“ (2. Samuel 19,1)

Die Tränen kommen zu spät. David hat überall Erfolg, nur nicht in seinem eigenen Haus. Kann man überhaupt von Erfolg reden, wenn die eigene Familie scheitert? Für David wäre der Rat des Apostels Paulus sicherlich sehr nützlich gewesen: „Ihr Väter, behandelt eure Kinder nicht so, dass sie widerspenstig werden!“ (Epheser 6,4 Hfa).

Wie konnte es zu einem solchen Desaster kommen? Warum erwähnt David seine Familie nie? In den Psalmen verliert er kein einziges Wort über seine Kinder. Eine von seinen zahlreichen Frauen wird doch wohl eines Gedichtes oder eines Liedes würdig gewesen sein. Doch David hält sich bedeckt.

Abgesehen vom Gebet für Batsebas Baby, finden wir in der Bibel keinerlei Hinweis darauf, dass David je für seine Familie gebetet hätte. Er betete um Klarheit, wie mit den Philistern zu verfahren ist. Er trat im Gebet für seine Soldaten ein. Er betete für seinen Freund Jonatan und für seinen Erzfeind Saul. Doch über seine Familie schweigt er sich aus, gerade so als gäbe es sie gar nicht.

War David einfach zu beschäftigt, um von ihnen Notiz zu nehmen? Vielleicht. Schließlich hatte er eine Hauptstadt zu gestalten und ein Reich aufzubauen.

War er zu wichtig, als dass er sich um sie hätte kümmern können? „Sollen doch die Frauen sich um die Kinder kümmern, ich regiere das Land.“

Oder hatte er am Ende so heftige Schuldgefühle, dass er seiner Fürsorgepflicht nicht gerecht werden konnte? Wie sollte er, der Batseba verführte und Uria auf dem Gewissen hatte, seine Söhne zurechtweisen, wenn sie Frauen schändeten und mordeten?

Zu beschäftigt, zu wichtig – und nun? Zu spät. David hat alle Abfahrten verpasst. Doch für Sie ist es noch nicht zu spät. Ihre Familie ist Ihr persönlicher Hauptgewinn, Ihre alles überragende Priorität. Machen Sie nicht denselben tragischen Fehler wie David. Wie würden Sie reagieren, wenn man Ihnen dieselben Fragen stellen würde wie ihm?

Ihre Familie ist Ihr persönlicher Hauptgewinn, Ihre alles überragende Priorität.

„Wie steht es mit Ihrer Ehe?"

Stellen Sie sich vor, sie wäre Ihr *Testore* Cello. Diese meisterhaft gebauten Instrumente sind echte Raritäten. Jedes einzelne dieser überaus seltenen Stücke ist von unschätzbarem Wert. Nur wenige Musiker haben das Privileg, ein *Testore* zu spielen, und noch weniger dürfen sich glücklich schätzen, eines zu besitzen.

Ich selbst kenne zufällig jemanden, der in dieser glücklichen Lage ist. Er – halten Sie sich fest – lieh es mir sogar einmal aus, als Anschauungsobjekt für eine Predigt. Ich suchte nach einem Bild für die Zerbrechlichkeit und Einmaligkeit der Ehe, und so bat ich ihn, die nahezu dreihundert Jahre alte Kostbarkeit auf die Bühne zu bringen, während ich der Gemeinde den Wert dieses Instruments erläuterte.

Was denken Sie, wie ich diese Antiquität behandelt habe? Ob ich sie wohl herumgewirbelt und an den Saiten herumgezupft habe? Wohl kaum. Dieses Cello ist viel zu wertvoll für meine ungeschickten Laienhände. Außerdem hatte der Eigentümer es mir ja auch nur geliehen, und ich hätte es nie gewagt, einfach so achtlos mit seinem edelsten Besitz umzugehen.

Am Tage Ihrer Hochzeit hat Gott Ihnen einen Schatz anvertraut – ein filigranes, edles Meisterstück. Dieses einmalige Geschöpf hat er Ihnen in die Hand gegeben. Halten Sie Ihre Frau in Ehren. Gehen Sie würdig mit Ihrem Mann um. Warum sollten Sie auf irgenwelchen x-beliebigen Instrumenten herumgeigen, wenn Sie das Privileg haben, ein *Testore* zu besitzen?

David hat dies nie begriffen. Er sammelte Ehefrauen wie Trophäen. Er sah Frauen als Lustobjekte, nicht als Teil des großen Planes Gottes. Machen Sie nicht denselben Fehler.

Seien Sie Ihrem Partner unbedingt treu – bedingungslos und mit ganzer Entschlossenheit. Halten Sie Ihre Blicke im Zaum. Keine Flirts. Keine Neckereien. Schleichen Sie nicht um den Schreibtisch Ihrer Mitarbeiterin herum. Bleiben Sie nicht im Büro Ihres Kollegen hängen. Wen kümmert's, wenn man Sie vielleicht manchmal als ein wenig kurz angebunden oder verklemmt ansieht? Sie haben ein Versprechen abgelegt. Stehen Sie dazu!

Am Tage Ihrer Hochzeit hat Gott Ihnen einen Schatz anvertraut – ein filigranes, edles Meisterstück.

Halten Sie Ihre(n) Partner(in) in Ehren, und sorgen Sie für die Kinder, die Gott Ihnen gibt.

„Was machen denn eigentlich die Kinder?"

Unter uns lebt ein Heer von verborgenen Held(inn)en. Sie werden nicht mit Medaillen dekoriert und küssen keine Trophäen. Ihre Schultern sind von Rotznasenspuren verziert, und sie sind Meister im Wehwehchenpusten. Sie stehen zwar nicht in der Zeitung, aber dafür stehen sie sich auf dem Spielplatz die Beine in den Bauch, oder sie stehen bei der Lehrerin auf der Matte, um über die Fünf in Chemie zu reden. Nie erscheinen ihre Namen auf der Liste der Nobelpreisträger, aber dafür auf der Liste des Elternbeirats oder der Kindergottesdiensthelfer.

Sie sind nicht nur Namensgeber, sondern Eltern mit Leib und Seele, mit ganzer Kraft, rund um die Uhr, Jahr für Jahr. Heldenhaft. Die Nachrichten nehmen keine Notiz von ihnen. Macht nichts! Die Kinder tun's dafür umso mehr: Unsere Mama. Unser Papa. Und diese Mamas und Papas sind weitaus bedeutsamer als alle Wirtschaftsbosse und Parlamentarier im Land. Ganz still und unscheinbar halten sie die Welt zusammen.

Reihen Sie sich mit ihnen ein. Lesen Sie Ihren Kindern Bücher vor. Spielen Sie Ball mit ihnen, solange Sie es noch können, und solange die Kinder es noch wollen. Nehmen Sie sich fest vor, bei jedem ihrer Fußballspiele zuzuschauen, bei jeder Vorführung dabei zu sein und jeden Aufsatz zu lesen, den sie geschrieben haben.

Kinder haben eine ganz eigene Art, das Wort Liebe zu buchstabieren: Z-E-I-T. Dazu zählt nicht allein die sogenannte Qualitätszeit, sondern auch die Zeit, die man zusammen auf dem Sofa sitzt, die Zeit beim Autofahren – einfach Zeit eben, egal wann und wo. Kinder sind kein Hobby, sie sind Ihre Berufung.

Ihr Partner ist keine Trophäe, sondern ein Schatz.

Passen Sie auf, dass Sie nicht am Ende denselben Preis zahlen, den David bezahlt hat. Lassen Sie uns ein paar Kapitel weiterblättern und uns seine letzten Stunden anschauen. Im Angesicht des Todes dieses Helden wird deutlich, wie hoch der Preis einer vernachlässigten Familie wirklich ist.

Kinder haben eine ganz eigene Art, das Wort Liebe zu buchstabieren: Z-E-I-T.

Nur noch wenige Stunden trennen David von der letzten Station seines Weges. Ein Frösteln überkommt ihn, dem selbst durch warme Decken nicht mehr abzuhelfen ist. Seine Diener kommen zu dem Schluss, dass David jemanden braucht, um ihn zu wärmen, jemanden der an seiner Seite liegt und ihn im Arm hält, während er in seinen letzten Zügen liegt.

Rufen sie eine seiner zahlreichen Frauen? Nein. Bitten sie eines seiner Kinder, seinem Vater diesen letzten Gefallen zu erweisen? Nein. „[…] sie suchten ein schönes Mädchen im ganzen Gebiet Israels und fanden Abischag von Schunem und brachten sie dem König. Und sie war ein sehr schönes Mädchen und umsorgte den König und diente ihm. Aber der König erkannte sie nicht“ (1. Könige 1,3–4).

Vermutlich hätte David in diesem Moment all seine zahlreichen Eroberungen für die zärtlichen Arme eines geliebten Menschen hergegeben, doch es war zu spät. Er starb in den Armen einer Fremden, weil er seiner eigenen Familie entfremdet war.

Doch für Sie ist es noch nicht zu spät.

Machen Sie Ihre Frau zu Ihrer höchsten Priorität. Schenken Sie Ihrem Ehemann Ihre ganze Leidenschaft. Lieben Sie diesen einen Menschen, der Ihren Ring am Finger trägt, mit ganzer Hingabe.

Und lieben Sie die Kinder, die Ihren Namen tragen.

Erfolg beginnt im eigenen Hause.

18
ZERRONNENE HOFFNUNGEN

„Ich hatte mir vorgenommen ..."

Als David diese Worte spricht, ist er alt. Die Hände, die einst die Steinschleuder schwangen, sind schwach geworden. Die Füße, die vor der Bundeslade tanzten, sind lahm. Seine Augen leuchten noch, doch sein Haar ist ergraut und das Kinn unter seinem Bart ist erschlafft.

„Ich hatte mir vorgenommen ..."

Eine große Zahl von Zuhörern ist zugegen, als David diese Worte spricht. Höflinge, Berater, Kämmerer und Diener – sie alle sind auf Davids Geheiß zusammengekommen. Der König ist müde. Für ihn ist es nun bald Zeit, Abschied zu nehmen. Alles lauscht seinen Worten.

„Ich hatte mir vorgenommen, ein Haus zu bauen..."

Irgendwie eine sonderbare Einleitung für eine Abschiedsrede. David spricht nicht davon, was er getan hat, sondern was er eigentlich hatte tun wollen, ohne jedoch dazu gekommen zu sein. „Ich hatte mir vorgenommen, ein Haus zu bauen als Ruhestätte für die Lade des Bundes des Herrn und für den Schemel der Füße unseres Gottes, und hatte mich angeschickt, es zu bauen" (1. Chronik 28,2).

Ein Tempel also. David hatte einen Tempel errichten wollen. Was er für Israel getan hatte, das wollte er nun auch für die Bundeslade tun: Er wollte ihr Sicherheit geben. So, wie er Jerusalem als Hauptstadt Israels gegründet hatte, so wollte er nun auch den Tempel als Ort der Anbetung in Israel begründen. Wer wäre eher dazu prädestiniert gewesen als er? Hatte er nicht eigenhändig das Anbetungsbuch schlechthin verfasst? Hatte er nicht die Bundeslade in Sicherheit gebracht? Der Tempel wäre sozusagen sein Wahrzeichen geworden. David hatte daran gedacht, die letzten Jahre seines Lebens dem Bau dieser Wohnstatt Gottes zu widmen.

So jedenfalls hatte er es sich vorgenommen. „Ich hatte mir vorgenommen, ein Haus zu bauen als Ruhestätte für die Lade des Bundes des Herrn und für den Schemel der Füße unseres Gottes, und hatte mich angeschickt, es zu bauen" (1. Chronik 28,2).

Er hatte sich angeschickt ... Die Architekten waren ausgesucht und die Baufirmen angeheuert. Die Pläne waren gezeichnet und die Statik war fertig berechnet. Die Säulen waren entworfen und die Steine für die Treppen behauen.

„Ich hatte mir vorgenommen ... und hatte mich angeschickt."

Planungen, Vorbereitungen, aber kein Tempel. Warum? Hatte David irgendwann der Mut verlassen? Nein, er war felsenfest entschlossen. Hatte das Volk nicht mitgespielt? Und ob. Alle hatten großzügig gespendet. Waren die Ressourcen zu knapp? Keineswegs. David besorgte über Jahre hinweg „so viel Kupfer, dass es nicht zu wiegen war" (1. Chronik 22,3–4). Was also war dazwischen gekommen?

Eine Konjunktion.

Konjunktionen sind in der Grammatik so etwas wie Verkehrsampeln im Satz. Manche sind grün (z. B. das Wörtchen „und"), andere fungieren als gelbe Ampeln (so z. B. das Wort „jedoch"), und einige wenige sind rot – gellend rot, wie ein Hammerschlag auf dem Amboss. Eine solche rote Ampel hatte David zu einer Vollbremsung gezwungen.

… ich hatte mich angeschickt, es zu bauen. Aber *Gott ließ mir sagen: Nicht du sollst meinem Namen ein Haus bauen; denn du bist ein Kriegsmann und hast Blut vergossen. […] Dein Sohn Salomo soll mein Haus und meine Vorhöfe bauen.*
1. Chronik 28,2–3.6 (Hervorhebung durch den Autor)

Davids blutige Vergangenheit kostete ihn das Vorrecht, den Tempel bauen zu dürfen. Alles, was ihm zu sagen blieb, war:

„Ich hatte mir vorgenommen …"

„Ich hatte mich angeschickt …"

„Aber Gott …"

Es kommen mir spontan eine Reihe von Leuten in den Sinn, die etwas ganz Ähnliches gesagt haben. Gott hatte andere Pläne gehabt als sie.

Ein Mann zum Beispiel hatte sich erst mit Mitte dreißig zum Heiraten entschließen können. Er war fest entschlossen, auf die richtige Frau zu warten und hatte sich viel Zeit genommen, seine Wahl im Gebet vor Gott zu bewegen. Nachdem er sie endlich gefunden hatte, zogen die beiden in den Westen aufs Land, kauften sich eine Ranch und begannen ihr gemeinsames Leben. Gerade mal drei Jahre später kam die lang ersehnte Frau bei einem Unfall ums Leben.

Ich hatte mir vorgenommen …

Ich hatte mich angeschickt …

Aber Gott …

Ein junges Ehepaar richtete liebevoll ein Zimmer für das Baby her, das sie erwarteten. Sie tapezierten die Wände, und die Wiege bekam einen neuen Anstrich. Leider kam es zu einer Fehlgeburt.

Ich hatte mir vorgenommen …

Ich hatte mich angeschickt …

Aber Gott …

Willem wollte gerne Pastor werden. Mit 23 Jahren hatte er

genug Lebenserfahrung, um zu wissen, dass er in den vollzeitlichen Dienst für Gott gehörte. Er hatte als Kunsthändler und Sprachlehrer gearbeitet und antiquarische Bücher verkauft. Er wusste, wie man sich seinen Lebensunterhalt verdient, aber das konnte doch nicht alles im Leben sein. Der einzige Ort, wo er wirklich auflebte, war die Gemeinde. Er hatte ein echtes Herz für die Menschen.

Seine Leidenschaft führte ihn in die Kohlegruben im Süden Belgiens. Im Frühling des Jahres 1879 begann der junge Holländer seinen Dienst als Pastor unter den einfachen, schwer arbeitenden Bergarbeitern in Borinage. Schon nach sechs Wochen wurde seine Hingabe auf die Probe gestellt. Ein Grubenunglück wurde vielen Leuten im Dorf zum Verhängnis. Willem kümmerte sich um die Verwundeten und sorgte für die hungernden Familien. Mit eigenen Händen durchsuchte er die Schlackehaufen, um ein wenig Brennstoff für seine Leute aufzutreiben.

Nachdem der Schutt beseitigt und die Toten begraben worden waren, hatte der junge Geistliche die Herzen der Menschen gewonnen. Die Kirche war voll von Menschen, die seine einfache Botschaft der Liebe hören wollten. Der junge Willem war am Ziel seiner Sehnsucht angelangt.

Aber …

Eines Tages kam sein Vorgesetzter von der Kirchenleitung zu Besuch, um nach dem Rechten zu schauen. Er war entsetzt über die Verhältnisse, unter denen der junge Pastor arbeiten musste. Er trug einen alten Soldatenmantel und hatte sich aus Sackleinen eine Hose geschneidert. Seine Behausung war eine einfache Hütte. Sein Gehalt gab er den Armen. Der Mann von der Kirchenleitung war davon jedoch nicht sonderlich beeindruckt.

„Sie sehen ja jammervoller aus als die Leute, die Sie unterweisen wollen“, meinte er.

Wie gehen Sie mit diesen „Aber Gott"-Erfahrungen im Leben um?

Willem entgegnete, ob Jesus denn nicht genau dasselbe getan hätte, doch der Älteste ließ den Einwand nicht gelten. Dies war einfach nicht schicklich für einen Prediger. Willem wurde aus dem Dienst der Kirche entlassen.

Der junge Mann war am Boden zerstört.

Er hatte doch nur eine Gemeinde bauen wollen. Er wollte doch Gott verherrlichen. Hatte er etwa nicht Gottes Willen getan? Warum ließ Gott ihn dann das begonnene Werk nicht fortsetzen?

Ich hatte mir vorgenommen …

Ich hatte mich angeschickt …

Aber Gott …

Wie gehen Sie mit diesen „Aber Gott"-Erfahrungen im Leben um? Wie reagieren Sie, wenn Gott Ihre guten Pläne über den Haufen wirft?

Der Mann, der seine Frau verlor, reagierte sehr negativ. Zum Zeitpunkt der Abfassung dieses Buches sitzt er in einer dichten Nebelbank von Wut und Bitterkeit. Das junge Ehepaar dagegen hat die Enttäuschung besser verarbeitet. Sie sind weiterhin in der Gemeinde aktiv und beten, dass Gott ihnen ein Kind schenkt.

David trat dem Ungeheuer seiner Enttäuschung mit einem „Nun …" entgegen. Er entzog Gott nicht sein Vertrauen.

Und Willem? Tja, also das ist wirklich eine ganz außergewöhnliche Geschichte. Doch bevor ich sie Ihnen erzähle, lassen Sie uns noch einmal kurz auf David zurückkommen. Wie hat er reagiert, als Gott ihm einen Strich durch die Rechnung machte? (Seine Reaktion wird Ihnen gefallen.)

Er fügte sich dem „Aber“ Gottes, doch er tat es mit einem „Nun …“

Nun hat der Herr, der Gott Israels, mich erwählt aus meines Vaters ganzem Hause, dass ich König über Israel sein sollte immerdar. Denn er hat Juda erwählt zum Fürsten und im Stamm Juda meines Vaters Haus, und unter meines Vaters Söhnen hat er an mir Gefallen gehabt, dass er mich zum König machte über ganz Israel.
1. Chronik 28,4

Auf einen Satz reduziert, besagt dieser Absatz in etwa Folgendes: „Wer bin ich, dass ich mich beschweren sollte?“ David war vom Aschenputtel zum König avanciert, er hatte auf der Schafweide begonnen und war im Palast geendet. Wer wird die fehlende Kirsche auf dem Sahnehäubchen monieren, wenn er eine Riesenportion gemischtes Eis auf dem Teller hat?

David trat dem Ungeheuer seiner Enttäuschung mit einem „Nun …“ entgegen. Er entzog Gott nicht sein Vertrauen.

Dasselbe tat Willem. Anfangs war er zutiefst verletzt und verbittert. Zunächst blieb er noch eine Weile in jenem kleinen Dorf, ohne zu wissen, was er nun tun sollte. Eines Tages jedoch fiel ihm ein alter Bergmann ins Auge, der tief gebeugt eine gewaltige Last Kohlen schleppte. Der Anblick inspirierte ihn zu einer ersten Skizze. Die ersten Versuche waren noch ein wenig ungeschickt, doch er machte einen zweiten Anlauf. In diesem Augenblick entdeckte Willem, ohne es zu wissen, seine wahre Berufung.

Nicht der Rock des Geistlichen, sondern der Malerkittel.

Nicht die Kanzel, sondern Palette und Staffelei.

Nicht mit Worten sollte er predigen, sondern mit Bildern. Der junge Mann, der in den Augen des Kirchenoberen als Pastor untragbar war, wurde in den Augen der Welt zu einem Künstler, der neue Maßstäbe setzte:

Vincent Willem van Gogh.[27]

Auf das „Aber" Gottes antwortete er mit einem „Nun …"

Wer vermag zu sagen, wohin ein solches „Nun" in Ihrem Leben führen kann?

19
RÄUMEN SIE DIESEN GOLIAT AUS DEM WEG!

Noch vor dem Aufwachen drängelt und schiebt er sich zu Ihnen ans Bett, in der Hoffnung, dass es ihm gelingt, die erste Stimme an Ihrem Ohr zu sein. Ihm ist besonders an den ersten schemenhaften Gedanken gelegen, den ersten Empfindungen des Tages, die noch im Halbschlaf entstehen. Er weckt Sie mit Worten voller Sorge und Gedanken der Anspannung. Wenn der Tag Ihnen bereits vor dem Aufstehen eine unerträgliche Last ist, dann können Sie sicher sein, dass Ihr Riese Ihnen bereits vor dem Aufstehen einen Besuch abgestattet hat.

Und das war nur zum Aufwärmen. Beim Frühstück ist er wieder da und flüstert auf Sie ein. Wenn Sie zur Tür hinausgehen, ist er der Begleiter an Ihrer Seite. Wie Ihr Schatten weicht er keinen Schritt von Ihnen. Er kennt Ihren Terminkalender, liest Ihre Post, und er redet so viel Unfug daher, dass er jede Talkshow weit in den Schatten stellt.

„Das ist eine Nummer zu groß für dich."

„Du kommst aus einer langen Reihe von Versagern."

„Schmeiß hin! Mit diesen schlechten Karten kannst du nur verlieren."

Er ist der Riese in Ihrem Leben, Ihr Goliat. Wenn Sie ihm auch nur die geringste Chance geben, dann wird er Ihr Leben in ein Tal von Elah verwandeln, mit seinem Gespött, seinem Geläster, seinem Geprahle und mit seinen Forderungen, die von der gegenüberliegenden Seite des Tals herüberschallen. Erinnern Sie sich noch an das unflätige Benehmen Goliats? „Der Riese Goliat stellte sich schon seit fast sechs Wochen jeden Morgen und jeden Abend zwischen den beiden Heeren auf und forderte die Israeliten heraus“ (1. Samuel 17,6).

Auch heute noch treiben sich die Goliats in der Weltgeschichte herum. Schulden. Katastrophen. Krankheiten. Depressionen. Riesenherausforderungen tanzen auch uns heute auf der Nase herum, bringen uns um den Schlaf, rauben uns den Frieden und saugen gierig schlürfend alle Freude aus unserem Leben ab. Doch beherrschen können sie uns nicht. Sie wissen ja, wie man mit ihnen umgeht. Den Riesen sieht man ins Auge, indem man sich erst einmal Gott ganz deutlich vor Augen stellt.

Schau auf den Riesen – dann stolperst du.
Schau auf den Herrn – dann stolpert der Riese.

Sie wissen, was David wusste, und Sie tun, was David tat. Sie suchen sich fünf Steine und Sie treffen fünf Entscheidungen. Haben Sie sich jemals gefragt, warum David ausgerechnet fünf Steine mit in den Zweikampf nahm? Warum nicht zwei oder zwanzig? Wenn wir die Geschichte noch einmal ganz genau lesen, dann stoßen wir auf die Antwort. Nehmen Sie sich Ihre fünf Finger zu Hilfe, um sich die fünf Steine zu vergegenwärtigen, die Sie brauchen, um Ihrem Goliat das Handwerk zu legen. Der Daumen ist die Gedächtnisstütze für den ersten Stein.

1. Der Stein Ihrer Geschichte mit Gott

Goliat war für David letztlich ein alter Bekannter. Elah war für ihn durchaus nicht neu. Alle anderen zitterten, doch David kam die Sache sofort bekannt vor. Gott hatte ihm die Kraft gegeben, um mit Löwen zu kämpfen und Bären zu überwältigen. Sollte ihm das mit diesem Riesen dort nicht auch gelingen?

David aber sprach zu Saul: „Dein Knecht hütete die Schafe seines Vaters; und kam dann ein Löwe oder ein Bär und trug ein Schaf weg von der Herde, so lief ich ihm nach, schlug auf ihn ein und errettete es aus seinem Maul. Wenn er aber auf mich losging, ergriff ich ihn bei seinem Bart und schlug ihn tot. So hat dein Knecht den Löwen und den Bären erschlagen, und diesem unbeschnittenen Philister soll es ergehen wie einem von ihnen; denn er hat das Heer des lebendigen Gottes verhöhnt."
1. Samuel 17,34–36

Die richtigen Erinnerungen schaffen Helden, die falschen bringen Schwächlinge hervor. Letzte Woche wurde mir mein mangelndes Erinnerungsvermögen zum Verhängnis. Mein Goliat überfiel mich um vier Uhr morgens mit einer quälenden Litanei von Sorgen. Unsere Gemeinde versuchte, Spenden für ein neues Jugendgebäude zu sammeln – viel mehr Geld als wir jemals auf einen Schlag gesammelt haben.

Der Riese weckte mich mit einer Verhöhnung. *Ihr seid doch vollkommen verrückt! So viel Geld bekommt ihr doch nie zusammen.* Ich konnte nichts dagegenhalten. *Die wirtschaftliche Lage ist schlecht. Die Leute gehen alle auf Nummer sicher. Keinen einzigen Ziegelstein werdet ihr am Ende kaufen können.* Goliat hatte mich bereits so sehr in die Enge getrieben, dass ich zwischen den Bäumen in Deckung ging.

Doch dann fiel mir David wieder ein, der eigentlich auch keine Chance gehabt hatte, und die Sache mit dem Löwen und dem Bären. Ich fasste den Entschluss, das zu tun, was auch er tat: auf die Siege Gottes zu schauen. Ich stieg aus dem Bett, ging ins Wohnzimmer und machte das Licht an. Dann holte ich mein Tagebuch heraus und begann, eine Liste der Löwen und Bären zu machen, mit denen ich es in der Vergangenheit zu tun gehabt hatte.

Allein in den letzten fünf Jahren hatte Gott dafür gesorgt, dass

- ein Geschäftsmann uns mehrere Hektar Land spendete,
- eine andere Gemeinde unser altes Gebäude kaufte,
- die Mitglieder unserer Gemeinde mehr als großzügig spendeten, sodass wir nun zu 80 Prozent schuldenfrei waren.

Gott hat es doch schon einmal gemacht, sagte ich mir. Der ausgestopfte Löwenkopf im Foyer und der Bärenfell-Teppich im Gottesdienstraum sind die Beweise dafür. Auf einmal hörte ich ein dumpfes Plopp. Dort im Wohnzimmer! Ich drehte mich um und sah gerade noch, wie Goliat die Augen rollte, in die Knie ging und vornüber auf den Teppich fiel. Ich stand auf, setzte ihm triumphierend einen Fuß auf den Rücken und meinte schmunzelnd: „Da, nimm das, du Riesenzwerg!“[28]

„Gedenket seiner Wunder, die er getan hat, seiner Zeichen und der Urteile seines Mundes“ (1. Chronik 16,12). Führen Sie Buch über Gottes Erfolge. Machen Sie eine Liste seiner Weltrekorde. Hat er Sie nicht treu durch reißende Fluten geführt? Hat er seine Treue nicht immer wieder unter Beweis gestellt? Haben Sie nicht wieder und wieder seine Versorgung erlebt? Wie oft kam es vor, dass Sie abends hungrig ins Bett gehen mussten? Wann sind Sie morgens frierend aufgewacht? Dank Gottes Hilfe liegen Ihre Feinde hinter Ihnen wie tote Hasen am

Wegesrand. Schreiben Sie die Sorgen von heute in den Sand. Die Siege von gestern aber meißeln Sie in Stein! Also, ergreifen Sie den Stein Ihrer eigenen Geschichte mit Gott. Als Nächstes nehmen Sie den zweiten Stein.

2. Der Stein des Gebets

Schauen Sie sich einmal Ihre Hand an. Zwischen Ihrem Daumen und Ihrem Zeigefinger liegt eine Senke. Wenn Sie vom Daumen zum Zeigefinger wollen, müssen Sie da durch. Lassen Sie es sich als Erinnerung dienen, dass auch David diesen Weg zurücklegen musste. Bevor er hoch hinaus konnte, musste er zuerst einmal tief hinab. Bevor er zum Kampf hinaufging, musste er in die Senke, um sich vorzubereiten. Stellen Sie sich dem Riesen erst dann, wenn Sie vorbereitet sind. Nehmen Sie sich Zeit zum Gebet. Der Apostel Paulus schreibt: „Hört nie auf, zu bitten und zu beten! Gottes Heiliger Geist wird euch dabei leiten. Bleibt wach und bereit“ (Epheser 6,18 Hfa).

Gebet war auch der Schlüssel zu Davids Erfolgen. Seine Weisheit am Bach Besor war eine Frucht des Gebets: „David aber stärkte sich in dem Herrn, seinem Gott“ (1. Samuel 30,6). Als Sauls Soldaten ihm bedrohlich dicht auf den Fersen waren, wandte sich David an Gott: „[…] denn du bist mir Schutz und Zuflucht in meiner Not“ (Psalm 59,16).

Wie überlebt man als Flüchtling in Höhlen? David überlebte, weil er betete – Gebete, wie dieses: „Erbarme dich über mich, o Gott, erbarme dich! Bei dir suche ich Zuflucht, bei dir bin ich geborgen wie ein Küken, das sich unter die Flügel seiner Mutter flüchtet, bis das Unwetter vorbeigezogen ist. Zu Gott, dem Höchsten, schreie ich; zu ihm, der meine Not wendet und alles zu einem guten Ende führt“ (Psalm 57,1–2).

Die Friedenszusage gilt denen, die ihre Gedanken und Wünsche auf den König ausrichten.

Wann immer David mit seinen Gedanken in Gott eintauchte, blieb er standhaft. Wann immer er es nicht tat, fiel er auf die Nase. Was meinen Sie? Ob David an jenem Abend, als er Batseba verführte, wohl viel Zeit im Gebet verbracht hat? Ob er an dem Tag, an dem er das Mordkomplott gegen Uria schmiedete, einen Psalm gedichtet hat? Vermutlich nicht.

Halten Sie sich die folgende Zusage immer vor Augen: „Herr, du gibst Frieden dem, der sich fest an dich hält und dir allein vertraut!" (Jesaja 26,3). Gott verheißt uns nicht nur Frieden, sondern vollkommenen Frieden. Uneingeschränkt, unverdorben, unverwässert. Wem? Denen, die sich „fest" an ihn halten. Es reicht nicht, gelegentlich einmal vorbeizuschauen oder hin und wieder einmal über Gott nachzusinnen. Die Friedenszusage gilt denen, die ihre Gedanken und Wünsche auf den König ausrichten.

Also – bitten Sie Gott um Hilfe. Nehmen Sie den Stein des Gebets zur Hand, aber vergessen Sie auch nicht den nächsten Stein.

3. Der Stein des Prioritätensetzens

Nehmen Sie den längsten Finger an Ihrer Hand als Gedächtnisstütze, um Ihre allererste und wichtigste Priorität nicht zu vergessen: Gottes Ehre. David wachte eifersüchtig darüber. Niemand sollte seinen Gott in den Schmutz ziehen. David kämpfte, „damit alle Welt innewerde, dass Israel einen Gott hat, und damit diese ganze Gemeinde innewerde, dass der Herr nicht durch Schwert oder Spieß hilft; denn der Krieg ist des Herrn" (1. Samuel 17,46–47).

Sehen Sie Ihre schwierige Situation als Leinwand Gottes. Sie ist der Untergrund, auf dem Gott sich mit gewaltiger Hand schöpferisch verewigt.

Goliat war in den Augen Davids lediglich eine Gelegenheit für Gott, sich zu beweisen! War er sich sicher, dass er den Kampf überleben würde? Nein, das war er nicht, aber er war bereit, sein Leben um des Ansehens Gottes willen aufs Spiel zu setzen.

Wie wäre es, wenn Sie Ihren Riesen aus demselben Blickwinkel heraus sehen würden? Anstatt darüber zu jammern, warum sehen Sie ihm nicht einfach gelassen ins Auge? Ihr Tumor ist die Gelegenheit für Gott, die Muskeln seiner heilenden Kraft spielen zu lassen. Ihre Sünde ist eine wunderbare Möglichkeit für Gott, seine Gnade zu demonstrieren. Ihre kriselnde Ehe ist der perfekte Schauplatz, an dem Gott seine Kraft unter Beweis stellen kann. Sehen Sie Ihre schwierige Situation als Leinwand Gottes. Sie ist der Untergrund, auf dem Gott sich mit gewaltiger Hand schöpferisch verewigt.

Also – verkünden Sie den Namen Gottes, und dann greifen Sie nach dem vierten Stein.

4. Der Stein der Leidenschaft

Als Goliat sich in Bewegung setzte und auf David losstürzen wollte, lief auch David ihm entgegen. Im Laufen nahm er einen Stein aus seiner Tasche, legte ihn in die Steinschleuder und schleuderte ihn mit aller Wucht gegen den Feind. Der Stein traf Goliat am Kopf und bohrte sich tief in seine Stirn. Sofort fiel der Riese zu Boden auf sein Gesicht.

1. Samuel 17,48–49 Hfa

David lief nicht vor dem Riesen davon, sondern er rannte auf ihn zu. Auf der einen Seite des Schlachtfelds standen Saul und seine Armee von Feiglingen mit kreidebleichen Gesichtern, auf der gegenüberliegenden Seite standen Goliat und seine knüppelschwingenden Aufschneider. Zwischen den Linien rannte der Hirtenjunge mit seinen schlaksigen Beinen. Wer hätte auch nur einen Heller auf den Jungen aus Bethlehem gewettet? Sicher nicht die Philister. Die Israeliten auch nicht – weder seine Brüder noch der König. Aber Gott!

David konnte seinen Riesen einen Kopf kürzer machen, weil er nur auf den Herrn sah.

Und weil Gott es tat, und weil David genau wusste, dass er es tat, wurde das ewige Schlusslicht zu einer Furie, die mit wirbelnder Schleuder auf den Riesen zustürzte.

Tun Sie es ihm gleich! Was bringt es Ihnen, dasselbe Problem immer wieder hin und her zu wälzen? So ausgiebig, wie Sie Ihren Goliat angestarrt haben, wissen Sie doch inzwischen sicher längst, wie viele Haare er auf der Brust hat. Hat Sie das auch nur einen einzigen Schritt weitergebracht?

Nein. Das Auflisten von Wunden bewirkt keine Heilung. Das Aufzählen von Problemen bringt Sie der Lösung keinen Schritt näher. Das Katalogisieren Ihrer Ablehnungserfahrungen schafft die Ablehnung nicht aus der Welt. David konnte seinen Riesen einen Kopf kürzer machen, weil er nur auf den Herrn sah. Machen Sie sich Ihren Ringfinger zur Gedächtnisstütze, dass Sie nicht vergessen, nach dem Stein der Leidenschaft zu greifen.

Noch ein Finger ist übrig, und der steht für den letzten Stein.

5. Der Stein der Beharrlichkeit

David gab sich nicht der Illusion hin, dass es mit einem Stein getan war. Er wusste, dass Goliat vier ebenso monsterhafte Verwandte hatte. „Jischbi-Benob war ein Nachkomme Rafas, ein Riese. Er war bewaffnet mit einem neuen Schwert und mit einem Speer, dessen bronzene Spitze allein fast vier Kilogramm wog“ (2. Samuel 21,16 Hfa). Dann war da noch „Saf, der auch einer vom Geschlecht der Riesen war“ (Vers 18 Hfa), und schließlich Goliats gleichnamiger Bruder, „der hatte einen Spieß, dessen Schaft war wie ein Weberbaum!“ (Vers 19 Hfa). Doch diese drei nehmen sich noch fast harmlos aus, im Vergleich zum King Kong der Philister:

Da trat ein Mann von riesenhafter Größe auf; er hatte an jeder Hand sechs Finger und an jedem Fuß sechs Zehen, zusammen vierundzwanzig; […] auch er stammte von Rafa ab.
1. Samuel 17, 20.22 EÜ

Warum sammelte David fünf Steine? Tat er es vielleicht deshalb, weil Goliat vier Verwandte hatte, die von ebenso schrecklicher Gestalt waren wie er? David musste darauf gefasst sein, dass auch sie ins Tal hinuterkommen würden, um ihrem Fleisch und Blut im Kampf zur Seite zu stehen. David war jedenfalls vorbereitet, für den Fall der Fälle.

Tun Sie es ihm gleich. Geben Sie nur ja nicht auf. Vielleicht reicht ein Gebet nicht aus. Womöglich ist es mit einer Entschuldigung nicht getan. Ein Tag oder auch ein Monat des entschlossenen Gegensteuerns sind möglicherweise nicht genug. Vielleicht müssen Sie auch den einen oder anderen Rückschlag einstecken, aber geben Sie nicht auf! Laden Sie Ihre Schleuder immer wieder neu nach und seien Sie bereit zum nächsten Schuss.

Geben Sie niemals auf!

David sammelte fünf Steine. Er traf fünf Entscheidungen. Tun Sie es ihm gleich. Die Steine, auf die es ankommt, sind Ihre Geschichte mit Gott, Ihr Gebet, Ihre Prioritäten, Ihre Leidenschaft und Ihre Beharrlichkeit.

Wenn Goliat Sie also das nächste Mal aufweckt, dann greifen Sie nach einem Stein. Womöglich ergreift er die Flucht, bevor Sie überhaupt dazu kommen, Ihre Steinschleuder zu laden.

Nachwort

WAS IN BETHLEHEM BEGANN

Die Geschichte von David begann auf einer Schafweide. Seine Kindheit und Jugend verbrachte er auf abgelegenen Feldern in Gesellschaft von wolligen Geschöpfen. Lange bevor irgendjemand Notiz von ihm nahm, lauschten die Schafe seinen Worten. Wenn man die Milliarden von Lebewesen hintereinander aufreihen würde, die David zu allen Zeiten gehört haben, dann würden die Schafe die Prozession anführen.

Seine Geschichte nimmt ihren Ausgang auf einer Schafweide.

Einer Schafweide in Bethlehem, einem verschlafenen Nest irgendwo in den sanften Hügeln Judäas, im Land der Schafhirten zwischen Olivenbäumen, Feigenbäumen und Weinbergen. Das Land ist nicht üppig, aber es bietet ein erträgliches Auskommen. In den Augen der Welt ist dieser Ort völlig unbedeutend, nicht jedoch in den Augen Gottes. Aus irgendeinem Grunde bestimmte er ausgerechnet Bethlehem zur Wiege für dieses auserwählte Kind.

Er war in der Tat auserwählt – erwählt, gesalbt und ausgesondert durch Gottes souveränen Ratschluss. Der Prophet verkündete den Ruf, und die Familie vernahm ihn: Der Schafhirte war ausersehen, Hirte Israels zu werden. Der Junge aus Bethlehem sollte auf dem Thron Israels sitzen.

Doch zuvor musste er durch die Hölle gehen.

Der Pfad, der aus Bethlehem herausführte, war steil und

gefährlich. Er führte durch die schlangenverseuchte Wüste, mitten hindurch durch ein wutentbranntes Jerusalem, durch Konflikt und Verderben. Die Mächtigen seiner Zeit wollten ihn umbringen, sein eigenes Volk drohte, ihn zu steinigen, und seine Familie verlachte ihn.

Manche erhoben ihn zum König, andere traten ihn in den Schmutz. Die Tore Jerusalems sahen ihn als Herrscher einziehen und als Gejagten fliehen. Am Ende starb er in der Hauptstadt Israels einen einsamen Tod.

Doch er ist keineswegs tot.

Seine Worte sprechen noch heute eine beredte Sprache. Sein Erbe lebt fort bis zu diesem Tag. Man kann ihn hassen oder lieben. Immer wieder wird er zum Thema gemacht. Man liest seine Worte, reflektiert seine Taten und versucht, sich ein Bild zu machen, wie er wohl ausgesehen haben mag. In der Bibel gibt es nur vereinzelte Hinweise, wie er ausgesehen hat, und so haben Bildhauer und Maler aller Epochen darüber spekuliert – Michelangelo, Rembrandt, Da Vinci –, mit Pinsel und Leinwand, mit Meissel und Stein.

Und Bücher. Bücher über Bücher! Über den Abkömmling aus Bethlehem wurden mehr Seiten verfasst als über irgendeine andere Gestalt der Weltgeschichte. Wir können einfach nicht aufhören, über ihn zu reden. Seine Fußspuren in der Wüste Judäas sind längst verweht, doch wir kommen bis heute zusammen, um sie immer wieder neu lebendig werden zu lassen.

Sie können sich sicherlich denken, wer gemeint ist.

Sie ahnen es doch. Oder nicht? Die Weide. Die Salbung. Die Berufung im Kindesalter. Zeitlebens von Feinden bedrängt. Wüste. Jerusalem. Judäa. Ein einsamer Tod. Ein unsterbliches Erbe. Wer ist dieser Junge aus Bethlehem?

David natürlich.

Oder ist es Jesus?

Oder sind es vielleicht beide?

Sie können ein Dutzend Einzelheiten zusammentragen, die Jesus und David wie Zwillinge aussehen lassen. Verblüffend! Dasselbe gilt jedoch auch für Sie. Lesen Sie einmal die folgende Liste und sagen Sie mir, wer gemeint ist – Jesus oder Sie?

Von einer Mutter geboren.
Mit körperlichen Schmerzen vertraut.
Genießt es, fröhlich zu feiern.
Von Freunden zurückgewiesen.
Opfer ungerechter Anschuldigungen.
Liebt Geschichten.
Zahlt widerwillig seine Steuern.
Singt gerne.
Findet religiös verbrämte Habgier widerwärtig.
Hat Erbarmen mit den Einsamen.
Von seinen Geschwistern abgelehnt.
Setzt sich für die Unterdrückten ein.
Sorgen rauben ihm den Schlaf.
Schläft manchmal unterwegs ein.
Als ungehobelt verschrien.
Fürchtet sich vor dem Sterben.

Sie?

Jesus?

Oder vielleicht beide?

Es scheint beinahe so, als ob Sie und Jesus eine ganze Reihe von Gemeinsamkeiten haben, ebenso wie Jesus und David.

Christus wurde einer von uns, um uns erlösen zu können.

Ist das denn wichtig? Das möchte ich wohl meinen. Jesus versteht Sie. Er kennt den Klatsch der Kleinstadt ebenso wie den

Stress des Großstadtlebens. Er hat Pfade von Schafhirten beschritten und die Paläste der Herrscher von innen gesehen. Er hat selbst erlebt, was Hunger, Kummer und Tod bedeuten, und er möchte an Ihrer Seite sein, wenn Sie damit zu tun haben. Jesus „gehört nicht zu denen, die unsere Schwächen nicht verstehen und zu keinem Mitleiden fähig sind. Jesus Christus musste mit denselben Versuchungen kämpfen wie wir, auch wenn er nie gesündigt hat. Aber weil er für uns eintritt, dürfen wir mit Zuversicht und ohne Angst zu Gott kommen. Er wird uns seine Barmherzigkeit und Gnade zuwenden, wenn wir seine Hilfe brauchen" (Hebräer 4,15–16 Hfa).

Er wurde einer von uns, um uns erlösen zu können.

Die Biografien von David und Jesus haben viele gemeinsame Stationen: Bethlehem, Judäa, Jerusalem, der Ölberg, das Tote Meer, En Gedi. Doch obwohl ihre Geschichten viele Gemeinsamkeiten aufweisen, dürfen wir uns nicht zu dem voreiligen Schluss verleiten lassen, dass sie identisch wären.

Bei Jesus gab es keinen Batseba-Absturz, keinen Uria-Mord und keine finsteren Vertuschungsmanöver. Jesus hat niemals ein Dorf geplündert, ist niemals im Lager des Feindes untergeschlüpft und hat niemals seine Kinder vernachlässigt. Niemand hat den größten Sohn Bethlehems je der Polygamie, der Brutalität oder des Ehebruchs bezichtigt. Es hat überhaupt nie irgendjemand Jesus erfolgreich einer Sünde überführt.

Man hat es versucht. Und wie man es versucht hat! Doch als die Ankläger ihn als Sohn Satans bezeichneten, da fragte Jesus einfach nur nach Beweisen. „Oder kann mir einer von euch auch nur eine einzige Sünde nachweisen?" (Johannes 8,46 Hfa). Niemand konnte es. Die Jünger waren Tag und Nacht mit ihm zusammen. Seine Feinde beobachteten ihn auf Schritt und Tritt. Seine Bewunderer studierten ihn genau. Doch niemand fand jemals auch nur eine Sünde an ihm.

Niemand ertappte ihn je am falschen Ort, hörte ihn je etwas Falsches sagen, oder erlebte, wie er unangemessen reagierte. „Er hat keine Sünde getan; keine Lüge, kein betrügerisches Wort ist je über seine Lippen gekommen“ (1. Petrus 2,22 Hfa). Pilatus war so etwas wie der Chef des römischen Äquivalents der CIA, doch als er versuchte, Jesus einer Verfehlung zu überführen, musste er passen (Johannes 18,38). Selbst die Dämonen nannten Jesus den „Heiligen Gottes“ (Lukas 4,34).

Jesus hat niemals das Ziel verfehlt.

Was jedoch ebenso erstaunlich ist: Er hat sich niemals von jenen distanziert, die es taten.

Lesen Sie einmal den ersten Vers im Matthäusevangelium. Jesus wusste um Davids Verfehlungen. Er hatte seinen Ehebruch, die Morde und die Unaufrichtigkeit mit eigenen Augen gesehen, und er war zutiefst betrübt darüber. Doch seine Verfehlungen änderten nichts an seinem Verhältnis zu David. Der erste Vers im ersten Kapitel des ersten Evangeliums bezeichnet Jesus als den „Sohn Davids“ (Matthäus 1,1). Keine Einschränkungen, Erklärungen oder Anmerkungen. Ich hätte zumindest folgende Fußnote angefügt: „Diese Wahlverwandtschaft soll in keiner Weise als stillschweigende Zustimmung gegenüber Davids Lebenswandel missdeutet werden.“ Doch der Text enthält nichts dergleichen. David hatte sich ganz gehörig verrannt, und Jesus wusste dies sehr gut. Dennoch bekannte er sich zu seinem Erbe.

Er tat für David genau das, was mein Vater für meinen Bruder und mich tat.

Als wir noch in die Grundschule gingen, bekam mein Bruder zu Weihnachten eine Luftpistole geschenkt. Sogleich richteten wir im Garten einen Schießstand ein und verbrachten den Nachmittag damit, auf Zielscheiben zu schießen. Doch irgendwann wurde uns das Durchlöchern von Pappscheiben ein wenig zu banal, und es kam Langeweile auf. Mein Bruder schickte mich ins Haus, um einen Handspiegel zu holen. Er drehte sich mit dem Rücken zur Zielscheibe und nahm den Spiegel, um mit der Pistole rückwärts über die Schulter hinweg das Ziel anzupeilen. Leider verfehlte sein Buffalo Bill-Kunstschuss die Zielscheibe ... und den Lagerschuppen dahinter ebenfalls ... und auch den Holzzaun hinter dem Schuppen. Wir hatten keinen blassen Schimmer, wo der Schuss hingegangen war. Unser Nachbar auf der anderen Seite des Zauns wusste es dafür umso besser. Schon bald tauchte er am Gartenzaun auf und fragte, wer den Schuss abgegeben hätte, und wer ihm die Scheibe in seiner Terrassentür ersetzen würde.

In diesem Augenblick verleugnete ich meinen Bruder. Ich änderte meinen Nachnamen und gab vor, ich sei aus Kanada und nur über die Festtage zu Besuch gekommen. Mein Vater war da edelmütiger als ich. Er war durch den Lärm von seinem Weihnachtsmittagsschläfchen aufgewacht, kam in den Garten hinaus und klärte die Angelegenheit mit dem Nachbarn.

Während der Unterredung hörte man ihn unter anderem Folgendes sagen: „Ja, das sind meine Kinder. Ja, ich werde für den Unfug, den sie da angerichtet haben, bezahlen."

Dasselbe sagt Jesus auch über Sie. Er weiß doch, dass Sie das Ziel verfehlen. Er weiß, dass Sie nicht in der Lage sind, für den Schaden aufzukommen, den Sie angerichtet haben. Darum tut er es: „Er gab uns seinen Sohn, der alle Schuld auf sich nahm, um uns von unserer Schuld freizusprechen" (1. Johannes 4,10 Hfa).

Jesus nennt Sie seinen Bruder und seine Schwester. Nun stellt sich die Frage: Ist er Ihr Heiland?

Er wurde einer von uns, um uns alle miteinander zu erlösen. „Jetzt haben sie alle den einen Vater: sowohl Christus, der die Menschen in die Gemeinschaft mit Gott führt, als auch die Menschen, die durch Christus zu Gott geführt werden. Darum schämt sich Christus auch nicht, sie seine Brüder zu nennen" (Hebräer 2,11 Hfa).

Er schämte sich nicht um Davids willen. Ebensowenig schämt er sich um Ihretwillen. Er nennt Sie seinen Bruder und seine Schwester. Nun stellt sich nur die Frage: Ist er Ihr Heiland?

Nehmen Sie sich einen Moment Zeit, um eine Antwort auf diese Frage zu finden. Womöglich haben Sie sich diese Frage nie wirklich gestellt. Vielleicht haben Sie nie wirklich erkannt, wie sehr Jesus Sie liebt. Nun wissen Sie es. Jesus hat David niemals verleugnet, und er wird auch Sie nicht verleugnen. Er wartet nur darauf, dass Sie ihn einladen. Ein Wort genügt, und Gott wird genau das tun, was er auch mit David und Millionen von anderen getan hat: Er wird Ihnen sein Siegel aufdrücken, Sie erretten und in seinen Dienst nehmen. Es spielt im Grunde keine Rolle, wie Sie es sagen, doch hier ist ein Vorschlag, wie Sie es angemessen ausdrücken können:

Jesus, mein Retter und mein Riesentöter, ich vertraue dir mein Herz und mein Leben an. Ich bitte dich, dass du mir dein Erbarmen, deine Kraft und ewiges Leben schenkst. Amen.

Beten Sie dies aus einem ehrlichen Herzen heraus, und seien Sie sich einer Tatsache gewiss: Ihr größter Goliat ist bereits gefallen. Ihr Versagen ist weggewaschen, und der Tod ist entwaffnet. Dieselbe Kraft, die Davids Riesen zu Zwergen gemacht hat, lässt auch Ihre Riesen zusammenschrumpfen.

Sie können Ihren Riesen gegenübertreten. Warum? Weil Sie Gott ins Angesicht geschaut haben.

STUDIENHILFEN

1 Im Angesicht des Riesen

Feindaufklärung

1 Sie kennen Goliat ja selbst nur zu gut. Sie erkennen ihn am Gang, und Sie erschaudern beim Klang seiner Stimme. Sie haben Ihren Godzilla beständig vor Augen. Die Frage ist nur: Sehen Sie außer ihm sonst noch etwas? Sie hören seine Stimme. Doch ist dies alles, was Sie hören?

- Welchen Riesen mussten Sie sich in Ihrer Vergangenheit bereits stellen?
- Inwieweit blockiert Goliat Ihren Blick auf Gott und hindert Sie daran, vom Herrn zu hören?

2 Bei David dagegen dreht sich alles um Gott. Natürlich sieht er den Riesen auch, aber was sein Blickfeld dominiert, ist Gott.

- Was bedeutet es für Sie, Gott an die erste Stelle zu setzen?
- Inwiefern verlieren die Riesen in Ihrem Leben an Macht und Einfluss, wenn Gott an erster Stelle steht?

3 Die Biografie Davids wird einem makellosen Superheiligen wohl kaum sonderlich zusagen. Musterchristen werden hier unweigerlich enttäuscht, alle anderen dagegen finden sie ermutigend. Wir sitzen alle auf derselben Achterbahn. Mal gelingt uns der große Wurf, dann wieder machen wir eine jämmerliche Bauchlandung, mal gibt es Soufflé, dann wieder verkohltes Toastbrot.

- In welchen Lebensbereichen gelingt Ihnen am ehesten der große Wurf und das delikate Soufflé? Wo überwiegen bei Ihnen die Bauchlandungen und verbrannten Toastbrote?

- Fühlen Sie sich durch Davids Lebensgeschichte inspiriert? Wenn ja, warum? Wenn nein, warum nicht?

4 Rein zahlenmäßig liegt das Verhältnis zwischen den Aussagen über Gott und den Aussagen über Goliat also bei 9:2. Wie sieht es zum Vergleich bei Ihnen aus? Denken Sie viermal so oft an die Gnade Gottes wie an Ihr eigenes Versagen? Sehen Sie viermal so viel Segen Gottes in Ihrem Leben als Gründe zum Klagen? Ist der Aktenordner zum Thema „Hoffnung“ in Ihrem Kopf viermal so dick wie die Akte zum Thema „Furcht“? Ist es bei Ihnen viermal so wahrscheinlich, dass Sie über die Kraft und die Möglichkeiten Gottes reden wie über die Anforderungen des Tages?

- Wie ist es bei Ihnen um die Antworten auf diese Fragen bestellt?
- Wie können Sie Gott ins Zentrum Ihrer Aufmerksamkeit rücken und Goliat ins Abseits drängen?

5 Schau auf den Riesen – dann fällst du. Schau auf den Herrn – dann fällt der Riese.

- In welchen Lebensbereichen geraten Sie normalerweise ins Wanken, weil Sie auf Ihre Riesen starren?
- In welchen Lebensbereichen geraten Ihre Riesen ins Wanken, weil Sie auf Gott schauen?

Marschbefehl

1 Lesen Sie 1. Samuel 17,1–57.

- Inwieweit unterscheidet sich Davids Perspektive von der seiner Landsleute?
- Lesen Sie Vers 34–37. Warum ist David davon überzeugt, einen Kampf gegen Goliat gewinnen zu können?

- Was wird in den Versen 45–47 über den „Mann nach Gottes Herzen“ ausgesagt?

2 Lesen Sie Jesaja 51,12–15.
- Weshalb sollen wir uns nicht vor der Macht eines Menschen fürchten?
- Was geschieht, wenn wir unseren Schöpfer vergessen?
- Was für Pläne hat Gott mit uns?

3 Lesen Sie Hebräer 12,1–3.
- Welche Menschen oder Lebenszeugnisse ermutigen Sie in Ihrem Glauben? Warum?
- Warum sollen wir unseren Blick auf Jesus richten? Wie wird Jesus in dieser Textstelle dargestellt?
- Was passiert, wenn wir unseren Blick in dieser Weise auf Jesus richten?

Schlachtplan

Was ist derzeit das größte Problem mit dem Sie zu kämpfen haben? Welcher Goliat stellt sich Ihnen entgegen, verhöhnt Sie und zweifelt Gottes Fähigkeit an, Ihnen zu helfen? Nehmen Sie sich eine Stunde Zeit und richten Sie sich ganz auf den Herrn aus, auf seine Kraft, seine Weisheit und seine Herrlichkeit. Nutzen Sie diese Stunde, um Ihr Problem vor Gott zu bringen und warten Sie dann ab, wie er die Schlacht zu Ihren Gunsten wendet.

2 Wenn das Telefon stumm bleibt

Feindaufklärung

1 Sie kennen sicher dieses Gefühl. Auch bei Ihnen hat das Telefon irgendwann einmal nicht geklingelt, und zwar in Angelegenheiten, die von großer Tragweite waren: die Bewerbung für einen Job oder ein Projekt, der Versuch, etwas wiedergutzumachen, die Bitte um Unterstützung, doch die erhoffte Antwort blieb aus. Sie kennen diesen Schmerz. Wir alle kennen ihn.

- Beschreiben Sie eine Situation, in der das Telefon für Sie stumm blieb. Wie ist es Ihnen dabei ergangen?
- Warum ist es so schmerzhaft, wenn der ersehnte Anruf ausbleibt?

2 Das hebräische Wort für „jüngster Sohn“ ist *hakkaton*. Damit wird nicht nur das Alter, sondern auch der Rang zum Ausdruck gebracht. Der *hakkaton* war nicht einfach nur der Jüngste in der Geschwisterreihe, er war „der Kleine“ – das Schlusslicht, der Zwerg, das Baby.

- In welcher Gruppe oder Organisation waren Sie schon einmal der *hakkaton*?
- Welches Erlebnis war für Sie in diesem Zusammenhang besonders schmerzhaft?

3 Dieser blöde Goliat der Bevorzugung! Haben Sie genug davon? Dann hören Sie auf, Ihren Goliat wie gebannt anzustarren. Wen interessiert es schon, was er denkt? Das Einzige, worauf es ankommt, ist Gott, und wie er die Dinge sieht.

- Warum ist es so schwer, den Goliat der Ablehnung links liegen zu lassen?

- Was glauben Sie, was Ihr Schöpfer jetzt in diesem Moment von Ihnen denkt?

4 Gott sah etwas, das niemand sonst wahrnahm: Ein Herz, das ihn suchte. Inmitten seiner Schwächen sehnte sich David nach Gott, wie die Lerche nach dem ersten Morgenlicht. Er wurde ein Mann nach dem Herzen Gottes, weil er Gott auf den Fersen blieb. Darum geht es Gott im Grunde und um nichts sonst, und daran hat sich bis heute nichts geändert.
- Was bedeutet es Ihrer Meinung nach, Gott zu suchen?
- Haben Sie ein Herz, das sich nach Gott sehnt? Wie wirkt sich das in Ihrem täglichen Leben aus?

5 Die Geschichte von David macht eines deutlich: Ihr himmlischer Vater kennt Ihr Herz, und eben deshalb hält er einen Platz für Sie bereit.
- Freut es Sie oder berunruhigt es Sie eher, dass Gott Ihr Herz kennt? Begründen Sie Ihre Antwort.
- Glauben Sie von ganzem Herzen, dass Gott für Sie einen Platz reserviert hat? Wenn ja, warum?

Marschbefehl

1 Lesen Sie 1. Samuel 15–16 und 1. Chronik 10,13–14.
- Warum verwarf Gott Saul in seiner Stellung als König?
- Inwieweit brachte Samuels Angst vor Saul Gottes Pläne in Gefahr?
- Welche Auswirkungen hatte Sauls Ungehorsam?

2 Lesen Sie 1. Samuel 13,14 und Apostelgeschichte 13,22.
- Nachdem Sie 1. Samuel 13,14 gelesen haben, erläutern

Sie, nach welchen Charaktereigenschaften Gott den zukünftigen König seines Volkes ausgewählt hat.

- Inwieweit spiegelt Davids Leben laut Apostelgeschichte 13,22 diese Charaktereigenschaft wider?
- Können Sie diese Charaktereigenschaft auch in Ihrem persönlichen Leben entdecken?

Schlachtplan

Wie können wir zu Menschen nach Gottes Herzen werden? Am besten, indem wir uns viel in der Gesellschaft von Menschen aufhalten, die diesem Image entsprechen. Suchen Sie sich zwei oder drei reife Christen, die Ihrem Empfinden nach in einer engen Beziehung zu Jesus stehen. Bitten Sie die Betreffenden um ein vertrauliches Gespräch und finden Sie heraus, wie sie ihre Beziehung zu Jesus im Alltag gestalten, wie sie Lebensperspektiven entwickeln und wie sie mit Krisen umgehen.

3 Wenn Saul tobt

Feindaufklärung

1 Welche Ungeheuer terrorisieren Ihr Leben? Ist es die kontrollwütige Mutter oder der Trainer, der sein Handwerk scheinbar bei Stalin im Gulag gelernt hat? Ist es der Mathelehrer mit dem pädagogischen Geschick eines Pitbull Terriers oder der selbst ernannte Oberfeldwebel im Büro?

- Wie sieht Ihre Antwort auf die oben gestellte Frage aus?
- Wie verhalten Sie sich normalerweise, wenn die Ungeheuer Ihres Lebens zum Angriff übergehen?

2 Und was tut Gott? Löscht er das Unrecht mit Stumpf und Stiel aus? Wie gerne hätten wir dies! Bekanntlich hat er ja auch den einen oder anderen Pharao und diesen oder jenen Herodes vom Erdboden vertilgt. Ich weiß nicht, wie er mit Ihren Peinigern verfahren wird, aber was er mit Ihnen vorhat, das weiß ich sehr wohl. Er wird Ihnen einen Jonatan an die Seite stellen.

- Warum geht Gott Ihrer Meinung nach so unterschiedlich mit den vielen Tyrannen um, die in unserer Welt so viel Schaden anrichten?
- Wer ist in Ihrem Leben ein Jonatan, den Gott Ihnen zur Seite gestellt hat?

3 Sie sehnen sich nach einem echten Freund? Sie haben einen. Und eben deshalb können Sie sich auch entscheiden. Sie können Ihren Saul oder Ihren Jonatan zum Dreh- und Angelpunkt Ihrer Wahrnehmung machen. Sie haben die Wahl, ob Sie Ihre Schreckgespenster oder die Güte und Freundschaft Jesu in den Mittelpunkt Ihres Denkens rücken wollen.

- Auf wen richten Sie normalerweise Ihren Blick, wenn ein Saul Ihnen das Leben schwer macht?
- Wie können Sie es lernen, in Zukunft die Freundlichkeit Jesu im Blickfeld zu behalten? Welche praktischen Schritte würden Ihnen dabei helfen?

4 Wenn Sie zu lange im stinkenden Bodensatz Ihrer Verletzungen bleiben, dann nehmen Sie selbst genau den giftigen Geruch an, der Ihnen so verhasst ist.

- Welche Verletzung, die Sie im Laufe Ihres Lebens erlitten haben, birgt das größte Potenzial in sich, Sie auf Dauer gefangen zu halten?
- Warum werden Sie am Ende genau den giftigen Geruch annehmen, der Ihnen so verhasst ist, wenn Sie sich zu lange mit Ihren Verletzungen beschäftigen?

5 Gehen Sie jeden Tag nach Herzenslust in den Weiten der Güte Gottes ein und aus. Listen Sie die Zeichen seiner Freundlichkeit auf: jede Einzelheit, von der Schönheit des Sonnenuntergangs bis hin zur Realität Ihrer Erlösung – lassen Sie sich das alles auf der Zunge zergehen. Sicherlich, Ihr Saul hat Ihnen viel geraubt, aber wie viel mehr hat Jesus Ihnen geschenkt! Gestatten Sie es Jesus, Ihnen der Freund zu sein, den Sie brauchen.

- Nehmen Sie Stift und Papier zur Hand und notieren Sie, was Gott Ihnen allein in dieser Woche alles geschenkt hat.
- Inwieweit trifft es zu, dass Christus Ihnen mehr geschenkt hat, als Saul Ihnen rauben konnte?

Marschbefehl

1 Lesen Sie 1. Samuel 18,6–29.

- Was war der erste Anlass für Sauls Zorn auf David? Warum ärgerte er sich ausgerechnet darüber?
- Warum fürchtete sich Saul vor David (Vers 12)?
- Inwieweit beeinflusst Sauls Eifersucht den weiteren Verlauf der Erzählung?

2 Lesen Sie 1. Samuel 18,1–4; 20,1–42; 23,16.

- Wie würden Sie Davids und Jonatans Freundschaft beschreiben?
- Wer setzte in dieser Freundschaft mehr aufs Spiel, David oder Jonatan?

3 Lesen Sie 1. Samuel 23,16.

- Was ist nach Aussage dieser Bibelstelle das wichtigste Element einer tiefen Freundschaft?
- Was bedeutet es, dass Jonatan Davids Vertrauen auf Gott stärkte?

4 Lesen Sie 2. Timotheus 4,16–18.

- Welche Freunde von Paulus hielten am Ende seines Lebens noch fest zu ihm?
- Wer stand an seiner Seite?
- Inwieweit war diese Freundschaft für Paulus eine Quelle der Kraft und Ermutigung?

Schlachtplan

Wir lesen, dass Jonatan David in seinem Vertrauen auf Gott stärkte. Jemand anderem dabei zu helfen, im Glauben zu wachsen, ist ein wunderbares Mittel, um selbst geistlich reifer zu werden. Kennen Sie jemanden in Ihrem persönlichen Umfeld, der gerade Ermutigung braucht? Ergreifen Sie die Initiative und stärken Sie ___________________s Vertrauen auf Gott. Achten Sie aber darauf, dass Sie dabei aufrichtig und mit Feingefühl vorgehen.

4 Tage zum Verzweifeln

Feindaufklärung

1 Ganz offensichtlich ist Davids Glaube ins Wanken geraten. Es ist noch gar nicht allzu lange her, da war alles, was er brauchte, eine Hirtenschleuder. Und auf einmal bittet er, der früher Sauls Rüstung verschmähte, den Priester um eine Waffe. Was ist aus unserem Helden geworden?

- Wie konnte es Ihrer Meinung nach passieren, dass David Gott aus dem Blickfeld verloren hat?
- Was geht bei Ihnen für gewöhnlich vor, wenn Sie Gott aus dem Blickfeld verlieren?

2 Brot und Schwert. Nahrung und Ausrüstung. Die Gemeinde ist dazu da, beides bereitzustellen.

- Wie versorgt Ihre Gemeinde die Menschen mit Brot (Nahrung) und Schwert (Ausrüstung)?
- Welche Rolle spielen Sie in dieser Versorgungskette?

3 Jesus ruft uns dazu auf, im Zweifelsfalle so zu entscheiden, wie es die Barmherzigkeit gebietet.

- Warum liegt Jesus an der Barmherzigkeit so viel?
- Wie zeigen Sie Ihren Mitmenschen die Barmherzigkeit Jesu?

4 Am Ende eines Tages im Heiligtum Gottes steht nicht die Frage im Vordergrund, wie viele Gesetze übertreten wurden, sondern wie viele Davids in ihrer Verzweiflung Nahrung und Ausrüstung gefunden haben. Ahimelech lehrt uns, dass es wichtiger ist, sich nach dem Geist des Gesetzes zu richten, als nach dem Buchstaben.

- Fällt es Ihnen leichter, sich am Geist des Gesetzes zu orientieren oder am Buchstaben? Erläutern Sie Ihre Antwort.
- Was passiert, wenn Sie sich am Geist des Gesetzes orientieren, anstatt den Buchstaben in den Vordergrund zu stellen?

5 In dieser Geschichte ist David ein Mensch, der auf die Nase gefallen ist. Dies ist nun einmal typisch für Menschen, die sich in einer verzweifelten Lage befinden. Doch immerhin landet er dabei am richtigen Ort, nämlich im Heiligtum Gottes, wo Gott die Hoffnungslosen empfängt und sich ihrer annimmt.

- Was hat der Herr im Laufe des letzten Jahres für Sie getan, wenn Sie einmal ins Stolpern geraten sind?
- Gibt es in Ihrem Umfeld jemanden, der auf die Nase gefallen ist und Hilfe braucht, um wieder auf die Füße zu kommen?

Marschbefehl

1 Lesen Sie 1. Samuel 21,1–9.

- Aus welchem Grunde hat David Ihrer Meinung nach den Priester angelogen?
- Warum wollte David ausgerechnet das Schwert Goliats?
- Ist es grundsätzlich ein Zeichen von Unglauben, wenn wir zum Schwert greifen? Erläutern Sie Ihre Antwort.

2 Lesen Sie Römer 8,38–39.

- Welche Gewissheit bringt Paulus in diesen Versen zum Ausdruck?
- Inwieweit kann diese Gewissheit uns in Krisenzeiten zur Hilfe werden?
- Teilen Sie diese Gewissheit? Erläutern Sie Ihre Antwort.

3 Lesen Sie Johannes 20,19–22.

- Wie reagiert Jesus auf die Ängste seiner Jünger?
- Welchen Auftrag gibt er seinen Jüngern?
- Womit rüstet Jesus seine Jünger aus, um seinen Auftrag erfüllen zu können?

Schlachtplan

Als ein Mitglied der Gemeinde Gottes ist es Ihr besonderes Privileg, andere Menschen mit Nahrung und Ausrüstung zu versorgen. Gibt es in Ihrer Gemeinde eine Person, der es selbst am Notwendigsten mangelt? Kümmern Sie sich diese Woche um einen Menschen in Not.

Feindaufklärung

1 Eine Wüstenzeit beginnt mit einer Abfolge von Brüchen und setzt sich in einer Reihe von Täuschungsmanövern fort.

- Welche Erfahrungen haben Sie in der Vergangenheit mit solchen Beziehungsbrüchen gemacht?
- Warum ziehen Beziehungsbrüche so häufig Täuschungsmanöver nach sich? Was kommt in der Regel nach den Beziehungsbrüchen und Täuschungsmanövern?

2 Gibt es da einen Saul, der Ihnen den Weg zu dem Leben, das Sie einmal hatten, und zu den Menschen, die Ihnen etwas bedeuten, verbaut hat? Sind Sie in dem Bestreben, irgendwie Ihre Haut zu retten, auch schon einmal der Versuchung erlegen, die Wahrheit zu verdrehen und sich die Fakten so zurechtzulegen, wie es Ihnen gerade passte? Haben Sie sich nach Gath geflüchtet? Unter normalen Umständen würden Sie da nie auch nur einen Fuß hineinsetzen, aber das hier ist einfach eine Ausnahmesituation, und so bleibt Ihnen nichts anderes übrig, als sich an die Brutstätte der Riesen zu begeben, von wo Sie nichts als Schwierigkeiten zu erwarten haben.

- Wie würden Sie diese Frage beantworten?
- Beschreiben Sie, was Gath für Sie persönlich bedeutet. Warum halten Sie sich in Krisenzeiten ausgerechnet dort auf?

3 Machen Sie Gott zu Ihrem Zufluchtsort. Nicht Ihre Arbeit oder Ihren Ehepartner. Auch nicht Ihren guten Ruf oder Ihre Kapitallebensversicherung. Flüchten Sie sich zum Herrn. Lassen Sie sich von ihm belagern, nicht von Saul. Lassen Sie

ihn das Dach sein, das Sie vor der Hitze der Sonne beschirmt, die schützenden Wände, die den Wind abhalten, das Fundament, auf dem Sie stehen.

- Wie kann Gott Ihnen zur Zuflucht werden?
- Was muss sich in Ihrem Leben ändern, wenn Gott Ihnen zur Fluchtburg werden soll?

4 „Dass Sie außer Jesus nichts brauchen, wird Ihnen erst dann wirklich klar, wenn Ihnen außer ihm nichts mehr geblieben ist."

- Stimmen Sie mit dieser Aussage überein? Erläutern Sie Ihre Antwort.
- Haben Sie jemals eine Phase durchlebt, in der Ihnen außer Jesus nichts geblieben war? Beschreiben Sie Ihre Erfahrungen.

5 Machen Sie eine Wüstenzeit durch? Dann bergen Sie sich in Gott wie jemand, der sich auf der Flucht in eine Höhle zurückzieht. Suchen Sie Zuflucht in seiner Gegenwart.

- Beschreiben Sie eine Lebensphase, in der Sie Zuflucht in Gottes Gegenwart gesucht haben.
- In welchen Bereichen hat Ihnen Gottes Volk in Krisenzeiten zur Seite gestanden? Wie haben Sie als Teil der Gemeinde in der Vergangenheit anderen Menschen in Not geholfen?

Marschbefehl

1 Lesen Sie 1. Samuel 21,10–22,2.

- Was hat David Angst eingeflößt?
- Wie hat er sich aufgrund seiner Angst verhalten?
- Hat ihm dieses Verhalten weitergeholfen? Begründen Sie Ihre Antwort.

2 Lesen Sie Psalm 57,1–3.

- Wohin wendet sich David, als er von seinen Feinden umringt wird?
- Welche Bedeutung hat das Wort „Zuflucht“ in diesem Kontext für David?
- Welche Antwort erwartet David von Gott? Warum erwartet er ausgerechnet diese Antwort?

3 Lesen Sie 1. Korinther 1,26–31.

- Wie beschreibt Paulus die Mitglieder der Gemeinde? Inwieweit sind seine Beobachtungen für uns wichtig?
- Warum erwählt Gott ausgerechnet diese Menschen? Was erhofft er sich davon?
- Was können wir aus diesen Versen über die angemessene Lebensperspektive eines Christen lernen?

Schlachtplan

Diejenigen unter uns, die am dringlichsten Unterstützung brauchen, werden häufig nicht um Hilfe bitten. Halten Sie in Zukunft ganz bewusst nach Menschen Ausschau, die einsam sind und sich ausgeschlossen fühlen. Laden Sie diese Personen zum Essen ein oder einfach nur zu einem gemeinsamen Spaziergang. Bitte legen Sie sich keine Predigt zurecht, die Sie ihm oder ihr bei passender Gelegenheit servieren können. Einfach nur da zu sein ist mehr als genug. Bitten Sie Gott, dass Ihre Bemühungen dazu beitragen, dass die betreffende Person Zuflucht beim Herrn finden kann.

6 Peiniger

Feindaufklärung

1 Da fallen uns unweigerlich wieder die Menschen ein, die uns das Leben zur Hölle machen. Es ist eine Sache, unseren Freunden wohlgesonnen zu sein, aber denen, die uns übel mitgespielt haben? Könnten Sie das?

- Wer sind die Peiniger Ihres Lebens? Was müsste alles passieren, bevor Sie bereit wären, gerade diesen Menschen etwas Gutes zu tun? Wie könnte dies praktisch aussehen?
- Sie kennen die menschliche Tendenz, Schmerz mit Schmerz zu vergelten. Könnten Sie sich vorstellen, aus diesem Teufelskreis auszusteigen und Ihren Peinigern Gutes zu tun, anstatt ihnen alles mit gleicher Münze heimzuzahlen?

2 Solange wir nach Rache streben, bleiben wir auf die widerwärtigsten Augenblicke in unserem Leben fixiert. Wer darauf aus ist, Rechnungen zu begleichen, der kommt nie von den traumatischen Erlebnissen der Vergangenheit los. Wollen Sie das? Hilft es Ihnen, ein besserer Mensch zu werden, wenn Sie die Erfahrungen, die Sie verletzt haben, ständig wiederkäuen und von Neuem durchleben? Sicher nicht. Im Gegenteil, Sie gehen dabei zugrunde.

- Kennen Sie einen rachsüchtigen Menschen, der ständig darauf aus ist, Rechnungen zu begleichen? Halten Sie sich diese Person einmal vor Augen. Glauben Sie wirklich, dass dieser Mensch glücklich ist? Begründen Sie Ihre Antwort.
- Warum zerstören Rachsucht und Rechthaberei die Menschen, die darin gefangen sind?

3 Selbst mit Ihren Feinden hat Gott noch etwas vor. Die Tatsache, dass ihr Herz noch schlägt, ist der Beweis dafür, dass er sie nicht endgültig fallen gelassen hat. Auch wenn diese Menschen sich nicht um den Willen Gottes scheren, ist Gott dennoch nicht mit ihnen fertig, und Sie erweisen Gott Ehre, wenn Sie ihm zugestehen, selbst hier noch auf eine Wendung hinzuarbeiten.

- Inwieweit kann es für Sie persönlich eine Hilfe sein, dass Gott mit Ihren Feinden noch etwas vorhat?
- Lassen Sie einmal Ihrer Phantasie freien Lauf. Wie könnte Gott es fertigbringen, dass Ihre Feinde Ihnen zum Segen werden und dem Herrn Ehre bringen?

4 Vergeben heißt nicht, so zu tun, als wäre nichts geschehen. David hat Sauls Sünde weder beschönigt noch hat er darüber hinweggesehen. Er hat die Dinge klar beim Namen genannt ohne auszuweichen, doch er hat die Konfrontation mit Saul vermieden.

- Ist es möglich, jemandem von Herzen zu vergeben und dieser Person dennoch aus dem Weg zu gehen?
- Wenn Vergebung nicht bedeutet, dass wir die Tat entschuldigen oder so tun, als sei nichts geschehen, was bedeutet es dann? Wie sieht Vergebung praktisch aus? Welcher Person sollten Sie am vordringlichsten vergeben?

5 Haben wir die Unverschämtheit, Gott um Gnade zu bitten und selbst keine Gnade zu gewähren? In der Bibel wird dieses Thema immer wieder angesprochen. Jesus ging Sünder, die nicht bereit waren, anderen Sündern Gnade zu gewähren, sehr hart an.

- Ist Ihre Sünde in Gottes Augen weniger schlimm als die Sünde der Menschen, die Sie verletzt haben? Erläutern Sie Ihre Antwort.

- Warum ging Jesus Ihrer Meinung nach so scharf gegen Sünder vor, die nicht bereit waren, anderen Sündern zu vergeben? Glauben Sie, dass Jesus Ihnen persönlich etwas zu diesem Thema sagen möchte?

Marschbefehl

1 Lesen Sie 1. Samuel 24 und 26.

- Wie ist es Davids Männern gelungen, eine Prophetie umzuinterpretieren, um David dazu zu veranlassen, Böses zu tun (24,5)?
- Warum brachte David Saul so viel Achtung entgegen (24,6–8)? Wem erwies David damit die eigentliche Ehre?
- In wessen Hände legte David sowohl seine eigene als auch Sauls Zukunft (26,10–11)?

2 Lesen Sie Römer 12,14–21.

- Wie sollen wir als Christen mit unseren Feinden umgehen?
- Warum ist es den Gläubigen untersagt, selbst Rache zu nehmen (Vers 19)?
- Welche Strategie gibt Gott seinen Kindern, um mit ihrem Rachebedürfnis konstruktiv umzugehen (Vers 21–22)?

3 Lesen Sie Kolosser 3,13.

- Was bedeutet es, einander zu ertragen?
- Warum sollen Christen ausgerechnet den Menschen vergeben, die sie verletzt haben?
- Warum hat der Herr Ihnen vergeben? Welchen Aspekt der Vergebung Gottes könnten Sie in Zukunft lernen nachzuahmen?

Schlachtplan

Gibt es jemanden, dem Sie einfach nicht vergeben können? Nehmen Sie sich Zeit zum Gebet und setzen Sie im Gebet alles daran, dieser Person zu vergeben. Wenn irgend möglich, dann versuchen Sie, sich mit der betreffenden Person auszusöhnen. Lassen Sie nicht länger zu, dass Ihre Seele von Bitterkeit vergiftet wird.

7 Barbarische Verhaltensweisen

Feindaufklärung

1 Die Menschlichkeit der beiden neuen Gefangenen ist ansteckend, und auch Gordon wird von ihr befallen. Er fängt nun ebenfalls an, seine Rationen mit Kranken zu teilen. Selbst seine wenigen Habseligkeiten schenkt er weg. Immer mehr Soldaten werden von dieser Welle der Hilfsbereitschaft erfasst. Der Umgangston im Lager ändert sich. An die Stelle von Selbstsucht tritt Selbstlosigkeit.

- Können Sie sich an eine Begebenheit in Ihrem Leben erinnern, wo die guten Einstellungen eines Einzelnen die Atmosphäre in einer gesamten Gruppe oder Organisation grundlegend verändert haben?
- In welchem Umfeld könnten Sie persönlich einen positiven Wandel herbeiführen?

2 Lassen Sie sich in Ihrem Verhalten durch die allgemein gültigen Gepflogenheiten bestimmen? Dreht sich Ihre Welt ganz um Sie? Meine Karriere, meine Träume, mein Besitz. Ich will, dass alles nach meinen Vorstellungen läuft und sich nach meinem Terminkalender richtet. Wenn ja, dann ist Ihnen sicherlich bewusst, wie brutal dieser Riese sein kann.

- Halten Sie sich einmal den gestrigen Tag vor Augen. Wie viel Zeit haben Sie damit verbracht, über sich selbst nachzugrübeln?
- Weshalb ist es so problematisch, wenn unser Leben ständig um uns selbst kreist und kein Raum für andere Gedanken bleibt?

3 Abigails Freundlichkeit brachte die donnernde Lawine des Zorns zum Stehen. Demut hat eine enorme Kraft. Eine Bitte um Verzeihung kann Konflikte entschärfen und ein Wort des Bedauerns löscht Wut. Ölzweige bringen mehr Gutes hervor als Streitäxte es jemals könnten.

- Beschreiben Sie die sanftmütigste und freundlichste Person, die Sie kennen. Welchen Einfluss hatte dieser Mensch auf sein Umfeld?
- Ist es schwer für Sie, demütig zu sein? Erläutern Sie Ihre Antwort.

4 Abigail trat zwischen David und Nabal. Jesus trat zwischen Sie und Gott. Abigail nahm es freiwillig auf sich, für Nabals Sünden bestraft zu werden. Jesus ertrug die Strafe für Sie und mich. Abigail besänftigte den Zorn Davids. Und nahm Jesus uns nicht vor dem Zorn Gottes in Schutz?

- Warum hat Abigail Ihrer Meinung nach so gehandelt?
- Nimmt Jesus Sie vor dem Zorn Gottes in Schutz?

5 Ein einzelner Gefangener kann ein ganzes Lager umkrempeln. Eine Abigail kann eine ganze Familie retten. Seien Sie die Schöne inmitten von all den Biestern um Sie herum, und lassen Sie sich überraschen, was passiert.

- In welchem Umfeld könnten Sie zur Abigail werden, die Frieden in eine angespannte Situation bringt?
- Was würden Sie mit Ihrem Verhalten erreichen wollen?

Marschbefehl

1 Lesen Sie 1. Samuel 25.

- Wie hat sich Abigails Diener von David und seinen Leuten behandelt gefühlt (Verse 14–16)?

- Mit welcher Lüge rechtfertigt David seine Rachepläne an Nabal (Verse 21–22)?
- Wer hat nach Abigails Aussage David davor behütet, auf eigene Faust Rache zu nehmen (Vers 26)? Warum ist dieses Detail so wichtig?

2 Lesen Sie Sprichwörter 15,1.

- In welcher Aussage dieses Verses finden Sie Nabals Verhalten wieder?
- Welche Aussage beschreibt Abigail?
- Welcher Teil dieses Verses trifft am ehesten auf Sie zu?

3 Lesen Sie Philipper 4,5.

- Welche Charaktereigenschaft hebt diese Bibelstelle besonders hervor? Wem gegenüber sollen Christen sich so verhalten?
- Welche unerwartete Aussage wird mit dieser Aufforderung in Verbindung gebracht? Wo sehen Sie die Verbindung zwischen den beiden Kerngedanken?
- Was ist Ihrer Meinung nach mit Güte und Freundlichkeit gemeint?

Schlachtplan

Halten Sie sich einen Menschen vor Augen, den Sie verletzt, beleidigt oder abgewiesen haben. Bitten Sie Gott um die Gnade und Demut, auf diese Person zuzugehen und sie um Vergebung zu bitten. Ganz ohne Frage ist dies ein schwerer Schritt. Beten Sie, dass Gott Frieden und Heilung in die Situation bringt.

8 Typen mit „Pumpguns"

Feindaufklärung

1 Die Lage ist hoffnungslos, und von Gott ist nichts zu sehen. David ist vollkommen auf Saul fixiert. Er hängt sich sein Porträt im Großformat an die Wand und spielt die Nachrichten, die Saul ihm auf dem Anrufbeantworter hinterlassen hat, immer wieder ab. Er lässt seiner Angst freien Lauf, bis sie ihn schließlich vollkommen im Griff hat. „Irgendwann wird er mich umbringen."

- Warum liegen Gottesferne und Hoffnungslosigkeit häufig so nahe beieinander?
- Gibt es Situationen in Ihrem persönlichen Leben, die Ihnen das Gefühl vermitteln, vernichtet zu werden?

2 Das Versteck im Lager des Feindes beschert zunächst einmal eine Phase der Entspannung. Verhält es sich denn nicht immer so? Warum nicht einfach mal alle Hemmungen aufgeben und saufen, bis alle Sorgen vergessen sind – wenigstens vorübergehend? Warum nicht einfach ausziehen und den ständigen Streit mit dem Partner hinter sich lassen – nur für eine Weile? Warum nicht einfach mal alles vergessen und es sich mit Pornovideos gut gehen lassen – nur dieses eine Mal? Doch der Rausch der Versuchung dauert nicht lange an. Schon bald fluten Schuldgefühle wie Brecher heran. Die Einsamkeit nach der Trennung macht sich schmerzhaft bemerkbar.

- Unter welchen Umständen verstecken Sie sich auch mal gerne im Lager des Feindes? Was erhoffen Sie sich davon?
- Warum bringt es uns im Allgemeinen nicht weiter, im Lager des Feindes Zuflucht zu suchen?

3 Hören Sie auf, Selbstgespräche zu führen und folgen Sie stattdessen der Einladung Jesu: „Kommt alle her zu mir, die ihr müde seid und schwere Lasten tragt, ich will euch Ruhe schenken“ (Matthäus 11,28 NL).

- Welche Bänder lassen Sie immer wieder in Ihrem Kopf abspielen? Welchen unproduktiven Botschaften setzen Sie sich damit beständig aus?
- Haben Sie jemals die Ruhe erfahren, von der Jesus hier spricht? Wenn Sie diese Frage mit Ja beantworten konnten, dann beschreiben Sie die Erfahrung doch einmal näher. Wenn Ihre Antwort Nein lautet, dann überlegen Sie, was Sie davon abhält, die Ruhe Jesu zu suchen.

4 Beten Sie, holen Sie sich gesunden Rat, und geben Sie nicht auf.

- Wie hängen ein regelmäßiges Gebetsleben und die Fähigkeit, nicht vorschnell aufzugeben, miteinander zusammen?
- An wen können Sie sich wenden, wenn Sie gesunden Rat brauchen?

5 Lassen Sie sich nicht von der Nebelwand täuschen, die Ihnen die Sicht nimmt, wenn Sie durchhängen. Womöglich ist das Ziel nur noch ein paar Schwimmzüge entfernt. Wer weiß, vielleicht hebt Gott gerade in diesem Moment die Hand, um Gabriel das Signal zu geben, nach der Posaune zu greifen. Vielleicht sammeln sich die Engel schon, die Heiligen machen sich bereit, und die Dämonen erschauern. Halten Sie durch! Kämpfen Sie weiter. Seien Sie barmherzig, dieses eine Mal noch. Seien Sie großzügig, noch dieses eine Mal. Halten Sie noch dieses eine Seminar. Machen Sie diesem einen Menschen Mut. Machen Sie noch einen Schwimmzug.

- Welche gute Sache oder Aufgabe würden Sie im Augenblick am liebsten an den Nagel hängen?
- Haben Sie schon einmal erlebt, dass ein Mensch in Ihrem Umfeld trotz großer Widrigkeiten erfolgreich zum Ziel gekommen ist? Welchen Einfluss hat diese Erfahrung auf Sie gehabt?

Marschbefehl

1 Lesen Sie 1. Samuel 27.

- Inwieweit gründete sich Davids Strategie, Saul zu entrinnen, auf eine Lüge (Vers 1)?
- Inwieweit gründete sich sein Plan, bei den Philistern zu siedeln, auf eine ganze Reihe von Lügen (Vers 8–11)?
- Warum sind Lügen keine gute Grundlage, wenn es darum geht, solide für die Zukunft zu planen?

2 Lesen Sie Sprichwörter 14,12.

- Inwieweit bestätigt Davids Intermezzo bei den Philistern die Wahrheit dieser Bibelstelle?
- Wenn Gottes Wege grundsätzlich besser sind als unsere eigenen, warum entscheiden wir uns dann trotzdem so häufig für unsere eigenen Pläne?
- Was können Sie heute tun, damit Ihr Leben nicht zu einer Illustration für diesen Vers wird?

3 Lesen Sie Matthäus 11,28.

- Welche Zusage wird uns in diesem Vers gegeben?
- Wem gilt diese Zusage?
- Was müssen wir tun, um in den Genuss dieser Verheißung zu kommen?

Schlachtplan

Versuchen Sie, sich in der kommenden Woche auf das Positive zu konzentrieren. Machen Sie den Menschen, mit denen Sie in Berührung kommen, ganz bewusst Komplimente. Das gilt ganz besonders für diejenigen, die es am wenigsten erwarten – die Verkäuferin, der Nachbar, der Postbote oder die Kellnerin. Werten Sie am Ende der Woche Ihre Erlebnisse aus. Wie ist es Ihnen in Ihrer „positiven Woche“ ergangen, und welchen Einfluss hatten Sie auf die Menschen in Ihrem Umfeld?

9 Genug ist genug

Feindaufklärung

1 Soziale Netze tragen nicht immer. Freunde sind nicht immer sehr freundschaftlich. Pastoren können schiefliegen, und Gemeinden können sich irren. Wenn scheinbar nichts mehr hilft, dann müssen wir genau das tun, was David in dieser Situation tut. Er wendet sich an Gott.

- Können Sie sich an eine Zeit erinnern, wo eines oder mehrere Ihrer sozialen Netze weggebrochen sind? Wie haben Sie darauf reagiert und an wen haben Sie sich gewendet?
- In welchem Bereich Ihres Lebens wäre es am Wichtigsten, sich an den Herrn zu wenden?

2 Wir stehen vor der Frage, was wir mit diesen Leuten anfangen wollen, die einfach nur im Gras liegen. Sollen wir Druck ausüben? Sollen wir ihnen Schuldgefühle machen? Sollen wir ihnen ihre Ruhe gönnen, aber dabei die Stoppuhr laufen lassen? Oder wollen wir uns am Beispiel von David orientieren? Er hat ihnen einfach diese Zeit am Bach Besor gelassen.

- Wie reagieren Sie auf Leute vom Bach Besor?
- Wann haben Sie zuletzt versucht, Ihr Zelt am Bach Besor aufzuschlagen? Gab es einen David in Ihrem Leben, der Ihnen dafür Zeit eingeräumt hat? Erläutern Sie Ihre Antwort.

3 David hat im Laufe seines Lebens viele große Taten vollbracht und sicherlich auch viele törichte Entscheidungen getroffen. Doch es gibt vielleicht keinen Moment, in dem David mehr Größe gezeigt hat als hier, auch wenn diese Be-

gebenheit oft in Vergessenheit gerät: David gab den müden Kriegern am Bach Besor ihre Ehre zurück.

- Stimmen Sie Max Lucado zu, wenn er schreibt, dass Davids großmütigste Tat darin bestand, seine müden Krieger am Bach Besor ausruhen zu lassen? Erläutern Sie Ihre Antwort.
- Kennen Sie in Ihrem Umfeld müde Krieger, für die Sie ein David werden könnten? Haben Sie konkrete Vorstellungen, wie Sie diese Menschen ehren können?

4 Es ist in Ordnung, sich auszuruhen. Jesus ist Ihr David. Er kämpft, wenn Sie vor Erschöpfung nicht mehr weiterkönnen. Er geht für Sie dorthin, wohin Sie ihm nicht folgen können. Er nimmt es Ihnen nicht übel, wenn Sie Rast machen.

- Haben Sie manchmal das Gefühl, Gott könnte ärgerlich werden, wenn Sie versuchen sich auszuruhen? Erläutern Sie Ihre Antwort.
- Haben Sie schon erlebt, dass Jesus für Sie kämpft, als Sie nicht mehr weiterkonnten? Nennen Sie einige Beispiele.

Marschbefehl

1 Lesen Sie 1. Samuel 30,1–25.

- Wie überlebte David diese schrecklichen Ereignisse (Vers 6)?
- Beschreiben Sie, wie Gott David seine Gnade erwies, obwohl er sich im Lande der Philister geistlich nicht gerade mit Ruhm bedeckt hatte (Vers 18–19).
- Wem schrieb David seinen Sieg über die Amalekiter zu (Vers 23)? Inwieweit beeinflusst diese Sichtweise seine Entscheidung über die Aufteilung der Beute?

2 Lesen Sie Markus 6,31.

- Auf welchem Aktivitätsniveau arbeiten die Jünger Jesu in dieser Szene?
- Was verordnet Jesus seinen müden Jüngern?
- Gilt diese Aufforderung Jesu auch für Ihre persönliche Situation?

3 Lesen Sie Philemon 20.

- Worum bittet Paulus hier?
- Welchen Gewinn erhofft sich Paulus, wenn seine Bitte erfüllt wird?
- Wen könnten Sie heute „im Herrn erfreuen"?

Schlachtplan

Es ist wirklich vollkommen in Ordnung, sich für eine Weile auszuruhen. Gönnen Sie sich einfach mal eine Pause. Fahren Sie irgendwohin, wo Sie sich wohlfühlen und zur Ruhe kommen können, und spannen Sie mal aus. Besuchen Sie einen botanischen Garten, durchstreifen Sie einen Park oder fahren Sie mit dem Auto durch die Gegend. Sie wissen am besten, was Ihnen persönlich guttut. Stellen Sie Ihr Telefon ab, nehmen Sie sich einen Tag frei und ruhen Sie sich aus. Gott wird sich mit Ihnen freuen.

10 Unbeschreibliche Trauer

Feindaufklärung

1 Im Angesicht des Todes werden wir mit einem solchen Schmerz konfrontiert und mit Fragen, auf die es einfach keine Antwort gibt, dass wir am liebsten davonrennen möchten. Einfach nicht darüber reden. Sich in Arbeit stürzen. Zur Flasche greifen. Geschäftig sein. Nur nichts an sich herankommen lassen.

- Wie reagieren Sie auf den Tod, ganz besonders wenn er Ihnen einen nahestehenden Menschen raubt?
- Warum ziehen so viele Menschen es vor, sich ihrer Trauer nicht zu stellen? Was erreichen sie damit?

2 Wann immer sich in Ihnen der Gedanke regt, dass die Bestie der Trauer sich verzogen haben könnte, kommt plötzlich ein Lieblingslied von ihr im Radio, oder Sie riechen sein Rasierwasser oder kommen an einem Restaurant vorbei, wo Sie oft zusammen waren. Wie aus dem Nichts taucht der Riese wieder auf.

- Haben Sie schon einmal erlebt, dass alte Trauer ohne Vorwarnung wieder über Sie hereingebrochen ist?
- Wie reagieren Sie, wenn die Bestie der Trauer Sie heimsucht? Wie gehen Sie persönlich mit Trauer um?

3 Sehen Sie der Realität Ihres Verlustes ins Auge. Sie haben nicht einfach nur eine Partie „Mensch ärgere dich nicht“ verloren oder Ihren Schlüsselbund verlegt. Sie können nicht einfach so weitermachen, als wäre nichts geschehen. Irgendwann – früher oder später – müssen auch Sie das tun, was David damals tat: Sie müssen Ihrer Trauer ins Gesicht sehen.

- Mit welchem großen Verlust müssen Sie sich im Augenblick auseinandersetzen? Beschreiben Sie dieses Erlebnis.
- Welche Bibelstellen haben Ihnen in der Vergangenheit Trost gegeben und Ihnen dabei geholfen, mit Ihrer Trauer umzugehen?

4 In den tiefsten Tiefen der Trauer stellen wir uns den schwersten Fragen des Lebens. Wozu bin ich hier? Wo gehe ich hin? Die Begegnung mit dem Tod konfrontiert uns mit unangenehmen und doch entscheidenden Fragen.

- Mit welchen tiefen Fragen des Lebens sind Sie durch persönliche Trauer schon einmal konfrontiert worden?
- Welche tiefen Fragen hat der Tod bei Ihnen aufgeworfen? Auf welche dieser Fragen haben Sie bis heute keine Antwort finden können?

5 Deshalb, sehen Sie Ihrer Trauer ins Auge. Nehmen Sie sich die Zeit. Gestatten Sie es sich, Tränen zu vergießen. Gott hat Verständnis dafür. Er weiß um den Schmerz des Verlustes. Schließlich hat er seinen eigenen Sohn sterben sehen. Doch er weiß auch um die Freude der Auferstehung. Und in seiner Kraft dürfen Sie es auch.

- Glauben Sie, dass Trauer zeitlich begrenzt ist? Erläutern Sie Ihre Antwort.
- Freuen Sie sich auf die Auferstehung? Wenn ja, warum? Wenn nein, warum nicht?

Marschbefehl

1 Lesen Sie 1. Samuel 31 und 2. Samuel 1.

- Warum hat Gott es Ihrer Meinung nach zugelassen, dass Jonatan an der Seite seines Vaters Saul starb?

- Warum hat David den jungen Amalekiter in dieser Geschichte so schroff behandelt?
- Was können Sie in dieser Bibelpassage über Davids und Jonatans Freundschaft lernen?

2 Lesen Sie Prediger 7,3–4.

- Was sagt Gott zu Gläubigen, die über den Tod von geliebten Menschen trauern?
- Inwieweit kann Trauer jemals besser sein als Lachen?
- Welchem göttlichen Zweck mag die Trauer dienen?

3 Lesen Sie 1. Thessalonicher 4,13–18.

- Ist die Kernaussage von Vers 13, dass Christen nicht um ihre Verstorbenen trauern sollten? Was will uns dieser Vers wirklich vermitteln?
- Welche Verheißung empfangen wir in diesem Textabschnitt?
- Warum ist es so wichtig, dass wir einander mit der Wahrheit ermutigen, was am Tage der Wiederkunft Christi wirklich geschehen wird?

Schlachtplan

Viele Menschen in unserem Kulturkreis haben Mühe damit, zu trauern. Wir sind der Überzeugung, dass Trauer möglichst schnell überwunden und vor allem nicht an die Öffentlichkeit getragen werden sollte. Um eine bessere Vorstellung davon zu bekommen, was gesundes Trauern bedeuten kann, empfehle ich Ihnen folgendes Buch: „Über die Trauer" von C.S. Lewis. Der Begleiter für schwere Stunden.

11 Kreuzungen, die keine sind

Feindaufklärung

1 Eine der schwierigsten Fragen des Lebens überhaupt ist die Frage: Was will Gott von mir?

- Wozu hat Gott Sie Ihrer Meinung nach berufen, und was ist das Hauptziel Ihres Lebens?
- Wenn Sie im Augenblick keine Vorstellung davon haben, was Gott mit Ihrem Leben vorhaben mag, was könnte Ihnen dabei helfen, Gottes Pläne besser zu verstehen?

2 Sie haben doch eine Bibel. Lesen Sie sie!

- Beschreiben Sie Ihre momentanen Bibellesegewohnheiten.
- Würden Sie gerne ein besseres Verständnis von der Bibel gewinnen? Wie könnten Sie Ihre Bibellese in Zukunft interessanter gestalten und dem Heiligen Geist mehr Freiraum geben, Ihnen Inhalte verständlicher zu machen?

3 Sie haben doch eine Familie von Gläubigen um sich. Suchen Sie sich Rat.

- Wie eng sind Sie mit einem Kreis von Gläubigen verbunden? Welche Person könnte Ihnen zum Ratgeber werden?
- Wie oft suchen Sie sich bei vertrauenswürdigen Menschen Rat, wenn es darum geht, Gottes Willen für Sie zu ergründen? Warum ist das Einholen von Rat eine gute Angewohnheit?

4 Sie haben doch ein Herz, das Gott gefallen möchte. Hüten Sie es.

- Wo würden Sie Ihr Herz für Gott auf der folgenden Skala einordnen?
  eiskalt – kalt – kühl – lauwarm – warm – heiß – glühend
- Gibt es Wege und Möglichkeiten, wie Ihr Herz Ihnen dabei helfen könnte, Gottes Willen für Ihr Leben besser zu ergründen?

5 Viele Leute treffen aus einem Gefühl heraus vollkommen törichte Entscheidungen. „Ich hatte den Eindruck, Gott will, dass ich meine Frau betrüge … meine Rechnungen nicht bezahle … meinen Arbeitgeber belüge …“ Merken Sie sich eines: Gott wird Sie nie in einer Weise führen, die seinem Wort widerspricht. Er wird niemals seine eigenen Maßstäbe verletzen.
- Sind Sie mit Gottes Wort vertraut genug, um keine törichten Entscheidungen zu treffen, wenn Ihre Gefühle mit Ihnen durchgehen? Erläutern Sie Ihre Antwort.
- Haben Sie schon einmal erlebt, dass die Weisheit der Bibel Sie oder einen nahestehenden Menschen davon abgehalten hat, eine dumme Gefühlsentscheidung zu treffen?

Marschbefehl

1 Lesen Sie 2. Samuel 2,1–4.
- Welche spezifischen Fragen stellt David in dieser Bibelpassage? Welche Antworten erhält er von Gott? Was können Sie daraus zum Thema Gebet lernen?
- Was geschah, als David sich an Gottes Anweisungen hielt? Wie hätten sich Ihrer Meinung nach die Dinge entwickelt, wenn David nicht bereit gewesen wäre, Gott zu gehorchen? Warum sind Sie dieser Überzeugung?

- Sehen Sie eine Verbindung zwischen dieser Bibelstelle und der Aussage in Jakobus 4,2?

2 Lesen Sie Psalm 32,8 und Sprichwörter 3,5.
- Was verheißt uns Gott in Psalm 32,8? Bei wem liegt nach Aussage dieser Bibelstelle die Hauptverantwortung für die versprochene Wegweisung?
- Welche Aufgabe fällt laut Sprichwörter 3,5 dem einzelnen Gläubigen zu, wenn es darum geht, Gottes Willen zu ergründen? Wie könnte das ganz praktisch aussehen?
- Welche Verheißung wird uns in Sprichwörter 3,5 gegeben, wenn wir den Willen Gottes für unser Leben suchen? Gibt es Ausnahmen von dieser Verheißung?

3 Lesen Sie Philipper 2,13; 4,6 und Epheser 2,10.
- Was hat Philipper 2,13 mit der Erforschung von Gottes Willen zu tun? Fühlen Sie sich durch diesen Vers ermutigt?
- Wenn Ihnen der Gedanke Angst macht, dass Sie Gottes Willen für Ihr Leben erforschen sollen, welchen Trost finden Sie in Philipper 4,6?
- Welche Ermutigung finden Sie zu diesem Thema in Epheser 2,10. Steht Gott Ihnen dabei zur Seite?

Schlachtplan

Wie viel Übung haben Sie darin, Gottes Willen für Ihr Leben zu ergründen? Die Bibel hat eine ganze Menge zu diesem Thema zu sagen. Besorgen Sie sich eine Konkordanz und lesen Sie alle Textstellen nach, die unter den Schlagworten „der Wille des Herrn“ oder „Gottes Wille“ aufgeführt sind.

12 Trutzburgen

Feindaufklärung

1 Wo hat Satan in Ihrem Leben seine Trutzburg? „Da kommt ihr nie dran, keine Macht des Himmels schafft das!“ Hämisch grinsend stellt er sich zwischen Gott und Sie, mit Ihrer Neigung zu Wutausbrüchen, mit Ihrem angeschlagenen Selbstbild, mit Ihrem Heißhunger, der nicht ruht, bevor der Kühlschrank leer ist, mit Ihrem unbezwingbaren Misstrauen gegen jede Autorität.

- Wie würden Sie diese Frage des Autors beantworten?
- Was haben Sie bisher unternommen, um die Trutzburg Satans in Ihrem Leben zu besiegen?

2 Wäre es nicht wunderbar, wenn Gott auch in Ihrer Lebensgeschichte ein solches „Trotzdem“ einfügen würde? In einer Alkoholikerfamilie aufgewachsen, und trotzdem lebt sie suchtfrei. Nie studiert, aber trotzdem beherrscht er seinen Beruf meisterhaft. Bis zu seiner Rente hat er nie eine Bibel in der Hand gehabt, und trotzdem hat er noch den Weg zu einem echten und innigen Glauben gefunden.

- Welches „Trotzdem“ wünschen Sie sich von Gott in Ihrer Biografie?
- Hat Gott Ihnen in der Vergangenheit schon einmal ein solches „Trotzdem“ geschenkt?

3 Sie und ich, wir treten mit Zahnstochern zur Schlacht an. Gott dagegen kommt mit Rammböcken und Kanonen. Was er seinerzeit für David tat, kann er auch für uns tun.

- Mit welchen Zahnstochern sind Sie bisher zum Kampf angetreten? Haben sie sich als nützliche Waffen erwiesen?

- Haben Sie Gott schon einmal darum gebeten, für Sie zu tun, was er einst für David tat? Wie hat Gott auf Ihre Frage reagiert?

4 Es gibt im Wesentlichen zwei Arten von Gedanken, die laufend um Ihre Aufmerksamkeit konkurrieren. Der eine sagt: „Ja, das schaffst du!" Der andere: „Nein, das schaffst du nicht!" Der eine sagt: „Gott wird dir helfen." Der andere will Ihnen weismachen: „Gott hat dich im Stich gelassen!" Auf der einen Seite stehen die Gedanken, die die Sprache des Himmels sprechen. Auf der anderen Seite steht das Gespött der Jebusiter oben auf der Mauer. Die eine Seite proklamiert Gottes Kraft, die andere reitet auf Ihrem Versagen herum. Die eine Seite ist darauf aus, Sie aufzubauen, die andere zieht Sie beständig herunter. Und hier ist nun die gute Neuigkeit: Sie haben die Wahl, welcher Stimme Sie Gehör schenken wollen.

- Was hören Sie häufiger – die Stimme, die Gottes Stärke verkündet, oder den Miesmacher, der über Ihre Schwächen herzieht?
- Wie können Sie Ihre Ohren für die Stimme sensibilisieren, die Sie aufbaut, und zugleich lernen, der negativen Stimme kein Gehör mehr zu schenken?

Marschbefehl

1 Lesen Sie 2. Samuel 5,6–10.

- Welcher Art Opposition sah sich David hier gegenüber? Wie ging er damit um?
- Welche Gründe werden in Vers 10 für die militärischen Siege Davids angeführt?
- Wie können Sie sich an Davids Beispiel orientieren und Ihre Hindernisse überwinden?

2 Lesen Sie 2. Korinther 10,3–5.

- Welche Art von Kampfführung wird in dieser Textstelle beschrieben? Wie viel Erfahrung haben Sie persönlich damit?
- Wer oder was ist nach Aussage von 2. Korinther 10,4 (Hfa) unser Feind? Welche Art von Waffen müssen in diesem Kampf eingesetzt werden? Woher nehmen diese Waffen ihre Kraft?
- Welche schwere Form der Arbeit wird in Vers 5 beschrieben? Sind Sie persönlich in diesem Bereich Ihres Lebens aktiv? Erläutern Sie Ihre Antwort.

3 Lesen Sie Epheser 1,19–20.

- Welche Mittel hat Gott Ihnen zur Verfügung gestellt, damit Ihr Leben als Christ gelingen kann?
- Woher können Sie die Gewissheit nehmen, dass diese Mittel ausreichen, um jeden Widerstand zu überwinden, der sich Ihnen entgegenstellt?
- Wie kann etwas, das vor sehr langer Zeit geschehen ist, uns heute noch eine Quelle der Stärkung und Ermutigung sein?

Schlachtplan

Es kann sehr schwer sein, einen schier endlosen Kampf allein zu bestehen. Gehen Sie auf einen Freund zu, dem Sie vertrauen und der die nötige Reife besitzt, und bitten Sie diesen Menschen, Ihnen dabei zu helfen, diese Trutzburg in Ihrem Leben anzugehen. Beten Sie anhaltend um einen Durchbruch in diesem Bereich, und bitten Sie Ihren Freund, Sie im Gebet zu unterstützen. Legen Sie sich ein geistliches Tagebuch zu und notieren Sie sich Ihre Fortschritte.

13 Ein ferner Gott

Feindaufklärung

1 Ist Gott ein ferner Gott? Viele Mütter stehen vor der drängenden Frage: „Wie kann die Gegenwart Gottes meine Kinder erfüllen?" Viele Väter fragen sich: „Wie kann die Gegenwart Gottes in meiner Familie Gestalt gewinnen?" Ganze Gemeinden haben ein unstillbares Verlangen danach, dass Gottes Gegenwart mit ihrer verändernden und heilenden Kraft unter ihnen greifbar wird.

- Glauben Sie, dass Gott ein ferner Gott ist? Erläutern Sie Ihre Antwort.
- Wie würde sich Ihr Leben verändern, wenn Sie davon überzeugt wären, dass Gott nicht weit entfernt, sondern mitten in Ihrem Alltag gegenwärtig ist?

2 Gott kommt, aber er kommt zu seinen Bedingungen. Er kommt, wenn seine Gebote beachtet werden, wenn die Herzen gereinigt und die Sünden bekannt wurden.

- Ist es für Sie ermutigend zu wissen, dass Gott nicht nach unserer Pfeife tanzt, sondern seine eigenen Standards setzt? Erläutern Sie Ihre Antwort.
- Können Sie von sich behaupten, dass Sie Gottes Gebote achten und ein reines Herz haben? Haben Sie es sich zur Gewohnheit gemacht, Ihre Sünden zu bekennen?

3 Die Bibel berichtet nichts davon, dass David jemals bei irgendeiner anderen Gelegenheit getanzt hätte. Er vollführte keinen Freudentanz, als er Goliat besiegt hatte, und auch als er unter den Philistern weilte, tat er nichts dergleichen. Zu seiner Krönung gab es keinen Kaiserwalzer, und die Einwei-

hung Jerusalems wurde nicht mit einem Ball gefeiert. Doch als Gott zu ihm in die Stadt einzog, da gab es für ihn kein Halten mehr.

- Warum hat David vor Freude getanzt, als die Bundeslade nach Jerusalem gebracht wurde?
- Ist die Gegenwart Gottes auch für Sie ein Anlass zum Tanzen? Erläutern Sie Ihre Antwort.

4 Gott liebt Sie zu sehr, als dass er Sie jemals sich selbst überlassen würde, und deshalb hat er es auch noch nie getan. Sie sind nicht allein mit Ihren Ängsten, Ihren Sorgen, Ihrer Krankheit und mit der Realität Ihres Todes. Ist das kein Grund zum Feiern?

- Sind Sie froh darüber, dass Gott Sie niemals sich selbst überlassen wird?
- Inwiefern kann Gottes Zusage, für immer an Ihrer Seite zu sein, Ihnen heute die Kraft geben, sich den Aufgaben des Lebens zu stellen?

5 Die Leiche Usas ist eine unmissverständliche Warnung, dass Gott nicht so achtlos mit sich umspringen lässt. Ein Mangel an Respekt vor Gott ist tödlich. Gott lässt sich nicht heranzitieren, herbeizaubern oder herabzerren. Er ist eine Person, die liebt, und die gerne heilt, hilft und eingreift. Er reagiert nicht auf Zauberformeln, und kluges Gerede beeindruckt ihn nicht im Mindesten. Er hält Ausschau nach mehr: nach Ehrerbietung, Gehorsam und nach Herzen, die ihn wirklich suchen.

- Woran wird Ihr Respekt und Ihre Ehrfurcht vor Gott sichtbar?
- Was haben Ehrfurcht, Gehorsam und ein hungriges Herz miteinander zu tun und wohin werden sie uns am Ende führen?

Marschbefehl

1 Lesen Sie 2. Samuel 6.
- Vergleichen Sie die Verse 1–7 mit Sprichwörter 4,14. Welchen Fehler machte David bei seinem ersten Versuch, die Bundeslade an ihren neuen Bestimmungsort zu bringen? Wie hätte diese Tragödie verhindert werden können?
- Wie wird Davids Verhalten in den Versen 14,16 und 20 beschrieben? Was können wir in diesem Abschnitt über David lernen?
- Wie reagiert David auf die Kritik seiner Frau in den Versen 21–22? Was zeigt uns das über Davids Charakter?

2 Lesen Sie Matthäus 28,18–20.
- Woher nehmen wir die Gewissheit, dass wir alles erledigen können, was Jesus uns aufträgt (Vers 18)?
- Welche Rolle spielen Sie in dem Auftrag, den Jesus uns in den Versen 19–20 gibt?
- Inwieweit lehrt uns Vers 20, dass dieser Auftrag nicht nur für die Gläubigen des ersten Jahrhunderts gedacht war?

3 Lesen Sie Hebräer 10,22.
- Wozu ermutigt uns dieser Vers?
- Wie sollen wir uns dabei verhalten?
- Wie kann uns das gelingen?

Schlachtplan

Viele von uns haben sich so an die Annehmlichkeiten unseres modernen Lebens gewöhnt, dass sie das Wunder der Schöpfung Gottes gar nicht mehr richtig wahrnehmen können. Um Ihrer Dankbarkeit für Gottes Größe und Erhabenheit ein wenig auf die Sprünge zu helfen, sollten Sie sich einen Ort in der Natur suchen, der weit von jeder größeren Stadt entfernt liegt und dort für einige Stunden die Natur genießen. Blicken Sie in die Weiten des Nachthimmels und versuchen Sie, die Sterne zu zählen. Halten Sie sich vor Augen, dass Gott jeden Himmelskörper in seine Umlaufbahn gesetzt hat und ihn mit Namen kennt. Wie unfassbar groß Gott doch ist!

14 Harte Zusagen

Feindaufklärung

1 David hat einfach nur eine Zusage eingelöst. Die Güte, die König David dem Jungen hier erweist, hat nichts mit ihm selbst zu tun, sondern einzig und allein damit, dass David zu seinem Wort steht.

- Welche Zusagen haben in Ihrem bisherigen Leben die größte Bedeutung für Sie gehabt? Wer hat Ihnen diese Zusagen gegeben, und wie haben die betreffenden Personen ihre Versprechen gehalten?
- Warum gibt uns eine feste Zusage so viel Sicherheit? Können Sie von sich behaupten, dass Sie Ihre Versprechen einhalten?

2 Gott wird die Zusagen, die er gibt, niemals brechen. Das hebräische Wort für Bund lautet *berijit*, was so viel bedeutet wie „eine feierliche Übereinkunft mit bindender Wirkung". Gottes unwiderrufliche Bundeszusage zieht sich wie ein purpurroter Faden durch die ganze Bibel hindurch.

- Wie hat Gott Ihnen bisher gezeigt, dass er seine Versprechen hält?
- Was bedeutet es für Ihr Leben, dass Ihre Errettung durch einen göttlichen Bund besiegelt ist?

3 Das ewige Leben ist eingesetzt, besiegelt und abgesichert, einzig und allein durch den Bund Gottes. Darum – und nur darum – können Sie den Schlüssel für die Absteige in Lo Debar getrost in den Mülleimer werfen: Weil Gott seine Zusagen einhält! Sollte diese Treue Gottes uns nicht inspirieren, es ihm gleichzutun?

- Inwieweit würde Ihr Leben anders verlaufen, wenn Gott nicht zu seinen Zusagen stehen würde?
- Warum sollte Gottes Treue uns dazu ermutigen, es ihm gleichzutun und ebenso wie er zu unseren Versprechen zu stehen?

4 Sie sind einfach erschöpft. Sie sind wütend und enttäuscht. Ihre Ehe ist nicht das, was Sie sich erhofft hatten. Das Leben läuft völlig anders, als Sie dachten. Doch irgendwo im Nebel der Vergangenheit steht dieses Versprechen, das sie gemacht haben, und ich möchte Sie dringend bitten, alles zu tun, was in Ihren Kräften steht, um es einzuhalten. Wollen Sie nicht noch einmal einen Versuch wagen? Warum sollten Sie? Weil Sie auf diese Weise das Ausmaß der Liebe Gottes begreifen.

- Wo sind Sie im Augenblick am meisten in Gefahr, eine Zusage, die Sie einmal gegeben haben, zu brechen?
- Wenn Sie sich dazu durchringen würden, dieses Versprechen dennoch zu halten, könnte Ihnen das am Ende zu einem tieferen Verständnis der Liebe Gottes verhelfen?

5 Wenn Sie dort lieben, wo Ihre Liebe nicht erwidert wird, dann bekommen Sie einen kleinen Einblick davon, was Gott Ihnen schenkt. Wenn Sie für Ihren verlorenen Sohn die Laterne neben der Haustür brennen lassen; wenn Sie tun, was richtig ist, obwohl Ihnen selbst übel mitgespielt wurde; wenn Sie den Schwachen und Kranken Ihre Liebe erweisen, dann tun Sie genau das, was Gott Tag für Tag ohne Unterlass tut.

- Welche „unerträgliche(n)“ Person(en) gibt es in Ihrem Leben, die Sie nach Gottes Willen lieben sollen?
- Halten Sie sich einmal die vergangene Woche vor Augen. In welchen Bereichen hat Gott Ihnen seine Liebe erwiesen, obwohl Sie sich nicht liebenswert verhalten haben?

Marschbefehl

1 Lesen Sie 2. Samuel 9.

- Was hat David dazu bewogen, sich nach Sauls Familie zu erkundigen?
- Was dachte Mefi-Boschet zu Anfang des Kapitels, warum David sich auf einmal für ihn interessierte?
- Wie ist es David gelungen, Mefi-Boschets Befürchtungen zu zerstreuen (Vers 7)?

2 Lesen Sie 2. Korinther 1,20.

- Wie viele Verheißungen Gottes sind bereits jenseits ihres Verfalldatums?
- Wem gelten Gottes Verheißungen?
- Wie können wir Gott dafür danken, dass er zu seinen Verheißungen steht?

3 Lesen Sie 2. Petrus 1,3–4.

- Fehlt uns etwas, um in diesem Leben zu reifen Christen heranzuwachsen?
- Welche Arten von Verheißungen wurden uns gegeben?
- Wozu befähigen uns diese Verheißungen?

Schlachtplan

Das erste Buch Mose enthält viele der bedeutendsten Bündnisse, von denen uns die Bibel berichtet. Nehmen Sie sich einmal die Zeit, die folgenden Bündnisse näher zu betrachten, vor allem im Hinblick auf die Frage, was diese Bündnisse mit Ihrem eigenen Leben zu tun haben: 1. Mose 6,18–22; 9,9–17; 15,18–19; 17,2–14 und 19–21 (außerdem 2. Mose 2,24).

15 Höhenrausch

Feindaufklärung

1 David leidet unter einem Höhenrausch. Er hat sich zu lange auf dem Gipfel aufgehalten. Die dünne Luft hat seine Sinne beeinträchtigt. Er kann nicht mehr so gut hören wie einst. Die warnenden Hinweise seiner Diener und die mahnende Stimme seines Gewissens dringen nicht mehr zu ihm durch. Er ist taub für das Reden Gottes. Das Leben auf dem Gipfel hat ihn schwerhörig und kurzsichtig gemacht.

- Versuchen Sie einmal, diese Art von Höhenrausch in Ihre eigenen Worte zu fassen.
- Wann besteht bei Ihnen die größte Gefahr, dieser Art von Höhenrausch zu verfallen?

2 Wie ist es um Ihr Gehör bestellt? Hören Sie die Boten, die Gott Ihnen über den Weg schickt? Hören Sie die Stimme Gottes, wenn sich Ihr Gewissen regt? Wie sieht es mit Ihrem Sehvermögen aus? Haben Sie noch einen Blick für Menschen, oder sehen Sie nur Funktionsträger? Sehen Sie Menschen mit ihren Nöten, oder sehen sie nur Untergebene?

- Wie würden Sie diese Fragen für sich persönlich beantworten?
- In welchen Bereichen Ihres Lebens versucht Gott im Augenblick Ihre Aufmerksamkeit in die richtige Richtung zu lenken?

3 David hat sich von den Folgen seines Absturzes nie wieder ganz erholt. Machen Sie nicht denselben Fehler wie er. Steigen Sie lieber vom Berg herab, anstatt es auf einen Absturz anzulegen.

- Was will uns der Autor vermitteln, wenn er schreibt: „Steigen Sie lieber vom Berg herab, anstatt es auf einen Absturz anzulegen"?
- Von welchem Berg sollten Sie lieber freiwillig herabsteigen?

4 Streben Sie nach Demut. Nehmen Sie Ihre Armut an. Widerstehen Sie der Versuchung, berühmt sein zu wollen.
- Was könnte es für Sie persönlich bedeuten, nach Demut zu streben?
- Welche Art von Armut in Ihrem Leben sollten Sie annehmen?
- Wo sollten Sie der Versuchung widerstehen, berühmt sein zu wollen?

Marschbefehl

1 Lesen Sie 2. Samuel 11,1–26.
- Welchen Fehler machte David zu Anfang dieses Kapitels und brachte damit eine Lawine von Problemen ins Rollen?
- Inwieweit verhielt sich Uria (der noch nicht einmal ein Israelit war, sondern ein Hetiter) in diesem Kapitel ehrenvoller als David (Vers 11)?
- Inwieweit illustriert dieser Vorfall die Wahrheit, die uns in 4. Mose 32,23 vermittelt wird?

2 Lesen Sie Sprichwörter 16,18.
- Wie kann Stolz einen Menschen zerstören?
- Worin zeigt sich Davids Stolz in der Geschichte mit Batseba?

- Welchen negativen Konsequenzen musste David ins Auge sehen, als Gott ihn seiner Sünde überführte?

3 Lesen Sie 1. Petrus 5,6.
- Wozu werden Christen in diesem Vers aufgefordert?
- Welche Verheißung wird uns gegeben, wenn wir uns an diese Schriftstelle halten?
- Zu welchem Zeitpunkt wird der Herr diese Verheißung erfüllen?

Schlachtplan

Die Bibel fordert uns immer wieder dazu auf, demütig zu sein. In welchen Bereichen Ihres Lebens haben Sie es ganz besonders nötig, sich zu demütigen? Nehmen Sie sich Zeit, über diese Frage einmal gründlich nachzudenken. Entwickeln Sie einen Plan, wie dies ganz praktisch aussehen könnte. Welche konkreten Schritte können Sie diese Woche machen, um sich in Ihren kritischen Lebensbereichen in Demut zu üben? Machen Sie sich an die Arbeit.

16 Katastrophale Abstürze

Feindaufklärung

1 David verführt Batseba – Gott bleibt außen vor. David schmiedet sein Komplott – kein Wort von Gott. Uria kommt um, Batseba wird Davids Frau – Gott bleibt im Hintergrund. Gott wird nicht gefragt, und er meldet sich auch nicht zu Wort.

- Glauben Sie, dass diese Gottesferne eher der Grund oder das Ergebnis von Davids Lebensumständen war? Erläutern Sie Ihre Antwort.
- Warum spricht Gott ausgerechnet in dieser bösen Phase nicht mit David? Warum schweigt er einfach?

2 In Gottes Worten klingt nicht Hass, sondern Schmerz, nicht Erniedrigung, sondern Unverständnis. Alle Hügel sind doch von deinen Schafen bedeckt! Warum stiehlst du? Dein Palast ist von lauter Schönheiten bevölkert. Warum nimmst du, was dir nicht gehört?

- Was schmerzte Gott Ihrer Meinung nach am meisten an Davids sündigem Lebensstil?
- Was schmerzt Gott wohl am meisten an Ihren Sünden?

3 Ein katastrophaler Absturz hinterlässt seine Spuren. Er ist wie ein Furunkel.

- Warum hinterlassen katastrophale Abstürze ihre Spuren? Ist diese Tatsache für uns eher positiv oder negativ? Erläutern Sie Ihre Antwort.
- Haben Sie jemals einen solchen katastrophalen Absturz erlebt? Welche Schritte haben Sie unternommen, um diese Erfahrung konstruktiv zu verarbeiten?

4 Sie finden, dass meine Mutter vielleicht ein wenig zu unsanft war? Dann sollten sie erst mal Gott kennenlernen. Unbekannte Sünden sind wie Eiterbeulen am Herzen, die sich immer weiter ausbreiten und alles vergiften. Und Gott ist so gnädig, zuzugreifen und Druck zu machen.

- Warum ist es manchmal so schwer, vor Gott unsere Schuld einzugestehen, wenn er doch ohnehin schon alles weiß?
- Warum löst Gottes Gnade bisweilen so tiefes Leid aus? Wie kann Schmerz jemals etwas Positives bewirken?

5 Und Gott tat das, was er auch mit Ihrer und meiner Sünde tut: Er nimmt sie weg. Wäre es nicht an der Zeit, dass Sie Ihre leidige „dritte Woche im März 1987" endlich ein für alle Mal hinter sich lassen? Rufen Sie eine Dreierkonferenz ein: Sie, Gott und Ihre dunklen Erinnerungen. Bringen Sie das Übel vor dem Richterstuhl Gottes ans Licht. Lassen Sie Gott das Urteil darüber sprechen, seine Vergebung gewähren, um es dann für alle Ewigkeit zu begraben.

- Es ist etwas anderes, ob Gott eine Sünde tilgt oder einfach nur vergisst. Wo liegt Ihrer Meinung nach der Unterschied?
- Haben Sie Gott jemals darum gebeten, Ihre Sünden wegzunehmen – alle Ihre Sünden? Erläutern Sie Ihre Antwort.

Marschbefehl

1 Lesen Sie 2. Samuel 11,27–12,25.

- Zählen Sie alle Verhaltensweisen Davids in diesem Abschnitt auf, die Gott missfallen haben.
- In 2. Samuel 12,10 finden wir eine Prophetie für das Haus

David. Inwieweit kam diese Prophetie im Leben Jesu zu ihrer eigentlichen Erfüllung?
- Was tat David als Allererstes, nachdem die Monate der offenen Rebellion gegen Gott zum Ende gekommen waren (2. Samuel 12,13)? Wie reagierte Gott darauf?

2 Lesen Sie Psalm 32,3–5.
- Wie fühlte sich David bei dem Versuch, seine Sünde vor Gott zu verheimlichen?
- Wie ging Gott in dieser Lebensphase mit David um?
- Wie reagierte Gott, als David endlich bereit war, seine Sünden einzugestehen?

3 Lesen Sie Psalm 103,11–13.
- Wem gilt nach Aussage von Vers 11 Gottes Liebe in ganz besonderer Weise? Was bedeutet es, den Herrn zu fürchten?
- Fassen Sie die Aussage von Vers 12 in Ihren eigenen Worten zusammen.
- Wem schenkt Gott nach Aussage von Vers 13 sein Erbarmen?

Schlachtplan

Gibt es in Ihrem Leben eine Sünde, die Sie dem Herrn bisher nicht bekannt haben, und von der sie auch nicht ablassen wollen? Wenn Sie diese Frage mit Ja beantwortet haben, dann sollten Sie sich jetzt Zeit nehmen, um vor Gott zu kommen. Gestehen Sie ihm Ihre Schuld ungeschminkt ein, denn jede Sünde ist letztlich geistliche Rebellion, ein Schlag ins Gesicht Gottes und eine hässliche Entstellung der heiligen Person, die Gott in Ihnen geschaffen hat. Danken Sie Gott dafür, dass er Ihre

Schuld so weit von Ihnen entfernt, wie der Osten vom Westen ist. Bitten Sie den Herrn darum, dass Sie in Zukunft nicht nur einen großen Bogen um diese Sünde machen können, sondern dass Sie mit Freude seinem Wort und seinem Willen gehorchen wollen.

17 Familienangelegenheiten

Feindaufklärung

1 Der Ausverkauf seiner Familie war Davids gravierendster Fehler. Die völlige Vernachlässigung seiner Kinder und sein über weite Strecken hemmungsloser Umgang mit Frauen. Dies waren nicht einfach Ausrutscher aus Langeweile oder Verzweiflungstaten. Das familiäre Chaos, das David fabrizierte, war eine lebenslange Verirrung, für die er am Ende einen hohen Preis zahlte.

- Stimmen Sie damit überein, dass der Ausverkauf von Davids Familie sein gravierendster Fehler war? Erläutern Sie Ihre Antwort.
- Gibt es zwischen Ihrem Umgang mit Ihrer Familie und Davids Gepflogenheiten irgendwelche Parallelen?

2 David hat überall Erfolg, nur nicht in seinem eigenen Haus. Kann man überhaupt von Erfolg reden, wenn die eigene Familie scheitert?

- Wie würden Sie diese Frage beantworten?
- Inwieweit ehren wir Gott, wenn wir unserer Familie gerecht werden?

3 Am Tage Ihrer Hochzeit hat Gott Ihnen einen Schatz anvertraut – ein filigranes, edles Meisterstück. Dieses einmalige Geschöpf hat er Ihnen anvertraut. Halten Sie es in Ehren. Gehen Sie würdig mit ihm um und versuchen Sie, es mit Gottes Augen zu sehen.

- Wenn Sie verheiratet sind, dann beschreiben Sie doch einmal das Kunstwerk, das Gott Ihnen am Tage Ihrer Hochzeit anvertraut hat.

- Wie können Sie Ihrer Frau ganz praktisch und nachvollziehbar Ihre Wertschätzung zum Ausdruck bringen? Wie können Sie Ihren Ehemann konkret und in angemessener Weise ehren?

4 Mütter und Väter sind weitaus bedeutsamer als alle Wirtschaftsbosse und Parlamentarier im Land. Ganz still und unscheinbar halten sie die Welt zusammen.
- Stimmen Sie mit dieser Aussage überein? Erläutern Sie Ihre Antwort.
- Beschreiben Sie, welchen Einfluss Ihre eigenen Eltern auf Sie ausgeübt haben.

5 Vermutlich hätte David in diesem Moment all seine zahlreichen Eroberungen für die zärtlichen Arme eines geliebten Menschen hergegeben, doch es war zu spät. Er starb in den Armen einer Fremden, weil er seiner eigenen Familie entfremdet war. Doch für Sie ist es noch nicht zu spät.
- Welche Bereiche Ihres Familienlebens würden Sie in den nächsten Monaten gerne verbessern oder weiterentwickeln?
- Was können Sie persönlich dazu beitragen, dass diese Veränderungen auch tatsächlich gelingen?

Marschbefehl

1 Lesen Sie 2. Samuel 13,21.37–38; 14,28; 15,1–37; 1. Könige 1,6.
- Wenn Sie die Informationen aus diesen Bibelabschnitten betrachten – was für ein Vater scheint David gewesen zu sein?
- In welchen Bereichen hat David als Ehemann versagt?

- Wo hätte David sich Ihrer Meinung nach anders verhalten müssen, um sich auf lange Sicht familiäre Probleme zu ersparen?

2 Lesen Sie Sprichwörter 25,28; 29,11 und Apostelgeschichte 24,25.
- Warum ist ein Mann, der seinen Zorn nicht zurückhalten kann, wie eine offene Stadt ohne Mauer?
- Wie nennt die Bibel einen Menschen, der nicht bereit ist, seinen Ärger zu kontrollieren?
- Überrascht es Sie, dass Paulus Selbstbeherrschung in einem Atemzug mit Gerechtigkeit und dem künftigen Gericht nennt?

3 Lesen Sie Epheser 6,4 und Titus 2,3–5.
- Warum richtet sich die Aufforderung in Epheser 6,4 ausdrücklich an die Väter und nicht auch an die Mütter?
- Wem fällt die Aufgabe zu, den jungen Müttern beizubringen, wie man eine tragfähige und gottgefällige Familiengemeinschaft aufbaut?
- Welcher Gedanke mag der Aussage in Titus 2,5 zugrunde liegen?

Schlachtplan

Wollen Sie wirklich wissen, wie gesund Ihre Familie ist? Wenn ja, dann fangen Sie einmal damit an, jedes einzelne Familienmitglied zu unterschiedlichen Themen zu befragen. Führen Sie diese Gespräche unter vier Augen. Fragen Sie, wie jeder Einzelne sich von Ihnen behandelt fühlt, wie Sie Ihre Position als Mutter oder Vater ausfüllen und wie der Einzelne sich von Ihnen versorgt und getragen sieht. Nehmen Sie diese Gespräche sehr ernst, wagen Sie die notwendigen Veränderungen, entschuldigen Sie sich, wo es angebracht ist, und nehmen Sie sich vor, mit Gottes Hilfe eine starke und gesunde Familie zu werden.

18 Zerronnene Hoffnungen

Feindaufklärung

1 Ich hatte mir vorgenommen. Ich hatte mich angeschickt. Aber Gott …

- Was können diejenigen, die meinen, dass persönliche Träume immer der Königsweg zu Gottes Absichten für unser Leben sind, aus dieser Geschichte aus dem Leben Davids lernen?
- Welche Pläne haben Sie selbst gehabt und angepeilt bis deutlich wurde, dass Gott etwas anderes vorhat?

2 Wie gehen Sie mit diesen „Aber Gott"-Erfahrungen im Leben um? Wie reagieren Sie, wenn Gott Ihre guten Pläne über den Haufen wirft?

- Wie würden Sie diese beiden Fragen beantworten?
- Sind diese „Aber Gott"-Erfahrungen im Leben für Sie etwas Gutes oder etwas Schlechtes? Erläutern Sie weshalb.

3 Wer wird die fehlende Kirsche auf dem Sahnehäubchen monieren, wenn er eine Riesenportion gemischtes Eis auf dem Teller hat? David trat dem Ungeheuer seiner Enttäuschung mit einem „Nun …" entgegen. Er entzog Gott nicht sein Vertrauen.

- Warum beschweren wir uns oft über eine fehlende Kirsche, obwohl Gott uns einen Rieseneisbecher beschert? Ist Ihnen das schon einmal passiert? Wenn ja, beschreiben Sie die Situation einmal näher.
- Wo haben Sie Gott auch in den enttäuschenden Momenten Ihres Lebens vertraut?

4 Auf das „Aber“ Gottes antwortete er mit einem „Nun ...“ Wer vermag zu sagen, wohin ein solches „Nun“ in Ihrem Leben führen kann?

- Wie vollzieht sich der Übergang vom „Aber Gott“ zum „Nun ...“? Was ist der entscheidende Unterschied?
- Welches „Aber Gott“ möchten Sie gerne in ein „Nun ...“ verwandelt sehen? Erläutern Sie.

Marschbefehl

1 Lesen Sie 1. Chronik 28,2–19.

- Was hatte David eigentlich vorgehabt? War dies ein gutes Ansinnen (siehe 2. Chronik 6,8)?
- Warum erlaubte Gott ihm nicht, sich diesen Wunsch zu erfüllen?
- Was gab Gott David stattdessen?

2 Lesen Sie Apostelgeschichte 16,6–10.

- Wie sahen die Reisepläne von Paulus ursprünglich aus? War es gut, dass Paulus überhaupt einen Plan gemacht hatte?
- Inwieweit hat Gott diese Pläne von Paulus verändert? Warum tat er dies?
- Was geschah, nachdem Paulus es Gott gestattet hatte, in seine Reisepläne einzugreifen?

3 Lesen Sie Hiob 42,2; Sprichwörter 21,30; Jeremia 29,11.

- Warum können wir den Plänen Gottes vertrauen?
- Warum brauchen wir keine Angst zu haben, dass die Pläne eines anderen Menschen die Zukunftspläne Gottes für unser Leben vereiteln könnten?
- Was für Pläne hat Gott nach Jeremia 29,11 für uns?

Schlachtplan

Allzu oft planen wir auf eigene Faust und bitten Gott, unsere Pläne zu segnen, anstatt Gott zu bitten, uns dabei zu helfen, so zu planen, dass es ihm gefällt. Haben Sie Ihre Pläne Gott untergeordnet? Wenn nicht, dann tun Sie dies gleich hier und heute. Beten Sie zum Beispiel wie folgt: „Vater, ich möchte nicht meinen eigenen Kopf durchsetzen. Ich möchte da sein, wo du mich haben willst, und tun, was du möchtest. Bitte vergib mir, dass ich Pläne gemacht habe, ohne dich zu fragen, und hilf mir, den Weg zu finden, den du dir für mich gedacht hast. Bitte zeige mir deine Pläne für mein Leben, und gib mir den Mut und die Weisheit, mich danach zu richten. Und wenn ich auf ein „Aber Gott" stoße, dann hilf mir bitte, sofort nach einem „Nun …" Ausschau zu halten, in Jesu Namen. Amen."

19 Räumen Sie diesen Goliat aus dem Weg!

Feindaufklärung

Nehmen Sie sich Ihre fünf Finger zur Hilfe, um sich die fünf Steine zu vergegenwärtigen, die Sie brauchen, um Ihrem Goliat das Handwerk zu legen. Der Daumen ist die Gedächtnisstütze für den ersten Stein.

1 Der Stein Ihrer Geschichte mit Gott

Führen Sie Buch über Gottes Erfolge. Machen Sie eine Liste seiner Weltrekorde. Hat er Sie nicht treu durch reißende Fluten geführt? Hat er seine Treue nicht immer wieder unter Beweis gestellt? Haben Sie nicht wieder und wieder seine Versorgung erlebt? Schreiben Sie die Sorgen von heute in den Sand. Die Siege von gestern aber meißeln Sie in Stein!

- Welche Erfolge hat Gott Ihnen im vergangenen Jahr geschenkt? Welche Sturmfluten haben Sie im Laufe Ihres Lebens mit Gott und seiner Hilfe überstanden?
- Wenn Sie einmal auf den vergangenen Monat zurückblicken, welche Sorgen haben sich in Luft aufgelöst?

2 Der Stein des Gebets

Schauen Sie sich einmal Ihre Hand an. Zwischen Ihrem Daumen und Ihrem Zeigefinger liegt eine Senke. Wenn Sie vom Daumen zum Zeigefinger wollen, müssen Sie da durch. Lassen Sie es sich als Gedächtnisstütze dienen, dass auch David diesen Weg zurücklegen musste. Bevor er hoch hinaus konnte, musste er zuerst einmal tief hinab. Bevor er zum Kampf hinaufging, musste er in die Senke, um sich vorzubereiten. Stellen Sie sich dem Riesen erst dann, wenn Sie vorbereitet sind. Nehmen Sie sich Zeit zum Gebet.

- Für welche Anliegen beten Sie normalerweise? Welchen Anliegen schenken Sie wenig Aufmerksamkeit?
- Welche Tageszeit eignet sich für Sie am besten zum Gebet? Warum?

3 Der Stein des Prioritätensetzens

Nehmen Sie den längsten Finger an Ihrer Hand als Gedächtnisstütze, um Ihre allererste und wichtigste Priorität nicht zu vergessen: Gottes Ehre.

- Wenn Gottes Ehre und Ansehen allein auf Ihrem Verhalten beruhen würde, wofür wäre Gott dann bekannt?
- Wenn Sie Ihr ganzes Leben, einschließlich Ihres Familienlebens, Ihrer Arbeit, Ihrer Freizeit usw. zur Ehre Gottes leben würden, was müsste sich dann ändern?

4 Der Stein der Leidenschaft

David lief nicht vor dem Riesen davon, sondern er rannte auf ihn zu. Tun Sie es ihm gleich! Was bringt es Ihnen, dasselbe Problem immer wieder hin und her zu wälzen? So ausgiebig, wie Sie Ihren Goliat angestarrt haben, wissen Sie doch inzwischen sicherlich längst, wie viele Haare er auf der Brust hat. Hat Sie das auch nur einen einzigen Schritt weitergebracht? Nein. Das Auflisten von Wunden bewirkt keine Heilung. Das Aufzählen von Problemen bringt Sie der Lösung keinen Schritt näher. Das Katalogisieren Ihrer Ablehnungserfahrungen schafft die Ablehnung nicht aus der Welt. David konnte seinen Riesen einen Kopf kürzer machen, weil er ganz auf den Herrn ausgerichtet war.

- Was ist Ihre größte Leidenschaft überhaupt? Würden Sie von sich behaupten, dass Sie Leidenschaft für Gott besitzen? Erläutern Sie.
- Wie könnten Sie Ihre Leidenschaft für Gott vermehren? Was könnten Sie tun, damit Gott Ihnen wichtiger wird?

5 Der Stein der Beharrlichkeit

Geben Sie nur ja nicht auf! Vielleicht reicht ein Gebet nicht aus. Womöglich ist es mit einer Entschuldigung nicht getan. Ein Tag oder auch ein Monat des entschlossenen Gegensteuerns sind möglicherweise nicht genug. Vielleicht müssen Sie auch den einen oder anderen Rückschlag einstecken, aber geben Sie nicht auf! Laden Sie Ihre Schleuder immer wieder neu nach und seien Sie bereit zum nächsten Schuss.

- Inwieweit hat Ihnen in der Vergangenheit Ihr Mangel an Beharrlichkeit geschadet? Wo hat es sich für Sie ausgezahlt, beharrlich zu sein?
- Wer ist der beharrlichste Mensch, den Sie kennen? Worin äußert sich diese Eigenschaft? Was können Sie von dieser Person lernen, um selbst beharrlicher zu werden?

Schlachtplan

1 Lesen Sie 1. Chronik 16,7–36.

- Warum ist es so wichtig, immer wieder davon zu sprechen, was Gott alles getan hat?
- Warum ist es wichtig, sich die Bundeszusagen Gottes immer wieder vor Augen zu halten?
- Warum ist es so wichtig, Gott mit Freude und Dankbarkeit im Herzen anzubeten?

2 Lesen Sie Epheser 6,18–20.

- Was bedeutet es, „im Geist“ zu beten?
- Für wen sind wir hier angewiesen zu beten? Wie oft?
- Warum ist es wichtig, in unseren Gebeten wachsam zu bleiben?

3 Lesen Sie Kolosser 3,23–24.

- Einmal abgesehen davon, wer rein formal gesehen Ihr Arbeitgeber ist – für wen arbeiten Sie wirklich? Warum ist es wichtig, sich das vor Augen zu halten?
- Warum ist es in Gottes Augen so wichtig, dass wir unserer Arbeit von ganzem Herzen nachgehen?
- Welcher Lohn wird denen zugesagt, die dieses Gebot ernst nehmen?

Schlachtplan

Die ganze Bibel hindurch und bis auf den heutigen Tag ist Gott auf der Suche nach Menschen, die alles, was sie anpacken, mit ganzem Herzen zu seiner Ehre tun. Machen Sie einmal eine persönliche Bestandsaufnahme. Welche Dinge tun Sie wirklich von ganzem Herzen? Welche Dinge tun Sie nur halbherzig? Wie können Sie Ihr ganzes Leben unter die Herrschaft Gottes bringen und überall dasselbe Maß von Hingabe und Leidenschaft entfalten?

Nachwort

Was in Bethlehem begann

Feindaufklärung

1 Es scheint beinahe so, als ob Sie und Jesus eine ganze Reihe von Gemeinsamkeiten haben, ebenso wie Jesus und David. Ist das denn wichtig? Das möchte ich wohl meinen. Jesus versteht Sie. Er kennt den Klatsch der Kleinstadt ebenso wie den Stress des Großstadtlebens. Er hat Pfade von Schafhirten beschritten und die Paläste der Herrscher von innen gesehen. Er hat selbst erlebt, was Hunger, Kummer und Tod bedeuten, und er möchte an Ihrer Seite sein, wenn Sie damit zu tun haben.

- Was haben Sie mit Jesus gemein? Listen Sie mehrere Punkte auf.
- Wie kann Jesus Ihnen helfen, Hunger, Kummer und Tod zu bewältigen?

2 Jesus hat niemals das Ziel verfehlt. Was jedoch ebenso erstaunlich ist: Er hat sich niemals von jenen distanziert, die es taten.

- Warum ist es bedeutsam, dass Jesus niemals das Ziel verfehlt hat?
- Inwieweit kann Jesus Ihnen ein Beispiel im Umgang mit schwierigen Menschen sein?

3 Jesus schämte sich nicht um Davids willen. Ebensowenig schämt er sich um Ihretwillen. Er bezeichnet Sie als seinen Bruder und seine Schwester. Nun stellt sich nur die Frage: Ist er Ihr Retter?

- Warum schämte sich Jesus nicht um Davids willen? Warum schämt er sich nicht um Ihretwillen?
- Ist Jesus Ihr Retter? Erläutern Sie Ihre Antwort.

4 Ein Wort genügt, und Gott wird genau das tun, was er auch mit David und Millionen von anderen getan hat: Er wird Ihnen sein Siegel aufdrücken, Sie erretten und in seinen Dienst nehmen.
- Welche Bedeutung hat es für Sie, dass Gott Ihnen sein Siegel aufgedrückt hat?
- Was glauben Sie, wie Gott Sie in seinen Dienst nehmen möchte? Welchen Auftrag hat er für Sie vorgesehen?

Marschbefehl

1 Lesen Sie Hebräer 4,14–16.
- Warum sollte die Tatsache, dass Jesus unser Hohepriester ist, es uns erleichtern, „unerschütterlich an unserem Bekenntnis festzuhalten" (Hfa).
- Wie kann Jesus uns in unserer Schwachheit verstehen?
- Was unterscheidet unseren Hohepriester von uns?

2 Lesen Sie 1. Johannes 4,9–11.
- Wie hat Gott seine Liebe zu uns gezeigt? Was war seine Absicht dabei (Vers 9)?
- Wozu kam Jesus nach Aussage von Vers 10 in die Welt?
- Zu welchen Schlüssen kommt Johannes auf der Basis dessen, was er in den Versen 9–10 angesagt hat?

3 Lesen Sie Hebräer 2,11–18.
- Wie nennt Jesus nach Vers 11 diejenigen, die er errettet? Warum nennt er sie so?

- Zu welchem Zweck ist Jesus nach Aussagen von Vers 14–15 Mensch geworden?
- Warum kann Jesus nach Aussagen von Vers 17–18 jedes Problem und jede Schwierigkeit nachvollziehen, denen Sie sich gegenübersehen? Wieso ist Jesus infolgedessen der perfekte Helfer an Ihrer Seite?

Schlachtplan

Nehmen Sie sich etwas Zeit, Gott dafür zu danken, dass er Ihnen sein Siegel aufgedrückt und Sie errettet hat, und dass er Sie in seinen Dienst nimmt. Bitten Sie ihn, dass er Sie dazu gebraucht, um andere Menschen zu sich zu ziehen, und dann suchen Sie aktiv nach Gelegenheiten, andere Menschen so zu segnen, wie Gott Sie gesegnet hat. Vergegenwärtigen Sie sich auch noch einmal die fünf Steine, die Ihnen in die Hand gegeben wurden, um Ihren Riesen entgegenzutreten.

ANMERKUNGEN

Kapitel 1

1 Paraphrasierung der Bibelpassage durch den Autor.
2 Siehe 2. Mose 9,22–23; Josua 6,15–20; 1. Samuel 7,10.
3 Paraphrasierung der Bibelpassage durch den Autor.
4 Hervorhebungen durch den Autor.

Kapitel 3

5 Name geändert.

Kapitel 4

6 Eugene H. Peterson, *Leap Over a Wall: Earthy Spirituality for Everyday Christians. (dt. Sprung über eine Mauer: Weltliche Spiritualität für jeden Christen).* San Francisco: HarperSanFrancisco, 1997, S. 65.

Kapitel 5

7 Malachi Martin, *King of Kings (dt. König der Könige).* New York: Simon and Schuster, 1980, S. 206.
8 „Reinstated“, *Favorite Stories from Bob Russell,* vol. 5, CD-ROM. Louisville, KY: Living Word, Inc., 2005.

Kapitel 6

9 Website: http://www.oklahomacitynationalmemorial.org/media

[10] M. Norville Young und Mary Hollingsworth, *Living Lights, Shining Stars: Ten Secrets to Becoming the Light of the World (dt. Lebendiges Licht, schimmernde Sterne: Zehn Geheimnisse, wie man das Licht der Welt wird).* West Monroe, LA: Howard Publishing, 1997, S. 39.

Kapitel 7

[11] Ernest Gordon, *To End All Wars: A True Story About the Will to Survive and the Courage to Forgive (dt. Ein Ende für alle Kriege: Eine wahre Geschichte über den Willen zu überleben und den Mut zur Vergebung).* Grand Rapids: Zondervan, 2002, S. 105–106, 101.

[12] Hans Wilhelm Hertzberg, *Das Alte Testament deutsch. Teilband 10. Die Samuelbücher.* Göttingen: Vandenhoeck und Ruprecht, 1968.

[13] Ernest Gordon, a. a. O., S. 101–102.

Kapitel 8

[14] Aus einer Meldung der Nachrichtenagentur Associated Press am 8. Juli 2005: „450 Schafe stürzen sich in der Türkei in den Tod."

[15] C. J. Mahaney, „Loving the Church", Predigtkassette von einem Gottesdient der *Covenant Life Church* in Gaithersburg (Maryland), ohne Datum, zitiert in Randy Alcorn, *Heaven (dt. Der Himmel. Was uns dort wirklich erwartet, Hänssler).* Wheaton (Illinois): Tyndale House, 2004, xxii. (Deutsche Ausgabe: Der Himmel. Was uns dort wirklich erwartet, Hänssler 2005.)

Kapitel 9

[16] Peterson: *Leap over a Wall,* S. 112.

Kapitel 10

[17] C. S. Lewis: *A Grief Observed.* San Francisco: HarperSanFrancisco, 1961, S. 24. (Deutsche Ausgabe: Über die Trauer, Insel Verlag, 2005.)

[18] F. B. Meyer, *Abraham,* zitiert bei Charles R. Swindoll: *The Tale of the Tardy Oxcart: And 1501 Other Stories (dt. Die Geschichte des langsamen Ochsenwagens und 1501 andere Geschichten).* Nashville: Word Publishing, 1998, S. 254.

[19] Ann Kaiser Stearns, *Living Through Personal Crisis.* New York: Ballantine Books, 1984, S. 6. (Deutsche Ausgabe: Und plötzlich ist alles anders. Verluste verstehen und meistern. Kösel, 1991.)

[20] Thomas P. Davidson, *I Called Him Roosk, He Calls Me Dad: A Collection of Thoughts About a Father's Faith, Love, And Grief After Losing His Son (dt. Ich nannte ihn Roosk, er nannte mich Dad).* Privatdruck, S. 36–37.

Kapitel 11

[21] Georg Arthur Butterick, ed., *The Interpreter's Dictionary of the Bible: An Illustrated Encyclopedia (dt. Des Übersetzers Wörterbuch der Bibel. Eine illustrierte Enzyklopädie).* Nashville: Abingdon, 1962. „Urim and Thummin", and Merrill C. Tenney, gen. ed., *Pictorial Bible Dictionary.* Nashville: Southwestern Company, 1975, „Urim and Thummin".

[22] F. B. Meyer. *David: Shepherd, Psalmist, King (dt. David: Hirte, Psalmist und König).* Fort Washington, PA: Christian Literature Crusade, 1977, S. 101–102.

Kapitel 13

[23] Manche Theologen neigen zu der Auffassung, dass die Wendung „Söhne Abinadabs" in 2. Samuel 6,3 weiter ausgelegt werden sollte, im Sinne von „Nachkommen Abinadabs". Earl D. Rademacher, Ed., *Nelson's New Illustrated Bible Commentary*

(dt. Nelsons neuer illustrierter Bibelkommentar). Nashville: Thomas Nelson Inc., 1999. Siehe auch 1. Samuel 7,1, wo Eleasar als Sohn Abinadabs bezeichnet wird.

Kapitel 14

[24] Fred Lowery, *Covenant Marriage: Staying Together for Life (dt. Ein Ehe-Pakt. Wie man ein ganzes Leben lang zusammenbleibt)*. West Monroe, LA: Howard Publishing, 2002, S. 44.

[25] Lowery, a. a. O., S. 45.

Kapitel 16

[26] *San Antonio Express News*, „Does Texan have a prayer of trading domain name?" 23. April 2005.

Kapitel 18

[27] Paul Aurandt, *Paul Harvey's the Rest of the Story (dt. Paul Harveys Rest der Geschichte)*, zusammengetragen und herausgegeben von Lynne Harvey. New York: Bantam Books, 1978, S. 107–109.

Kapitel 19

[28] Die Spendenaktion übertraf übrigens unsere Erwartungen.